·学术规范与研究方法丛书·

给研究生的学术建议
（第二版）

[英] 玛丽安·彼得（Marian Petre） 著
戈登·鲁格（Gordon Rugg）
彭万华 刘文月 译 彭凯平 等校

著作权合同登记号 图字：01-2013-2167

图书在版编目（CIP）数据

给研究生的学术建议：第二版 /（英）玛丽安·彼得 (Marian Petre)，（英）戈登·鲁格 (Gordon Rugg) 著；彭万华，刘文月译 . — 北京：北京大学出版社，2021.7
（学术规范与研究方法丛书）
ISBN 978-7-301-31891-1

Ⅰ. ①给⋯　Ⅱ. ①玛⋯　②戈⋯　③彭⋯　④刘⋯　Ⅲ. ①研究生教育　Ⅳ. ①G643

中国版本图书馆 CIP 数据核字（2020）第 247803 号

Marian Petre and Gordon Rugg
The Unwritten Rules of PhD Research (Second Edition)
978-0-33-523702-9 (pb)
Copyright © 2010 by McGraw-Hill Education.
All Rights reserved. No part of this publication may be reproduced or transmitted in any form or by any means, electronic or mechanical, including without limitation photocopying, recording, taping, or any database, information or retrieval system, without the prior written permission of the publisher.

This authorized Chinese translation edition is jointly published by McGraw-Hill Education and Peking University Press. This edition is authorized for sale in the People's Republic of China only, excluding Hong Kong, Macao SAR and Taiwan.
Copyright © 2021 by McGraw-Hill Education and Peking University Press.
版权所有。未经出版人事先书面许可，对本出版物的任何部分不得以任何方式或途径复制传播，包括但不限于复印、录制、录音，或通过任何数据库、信息或可检索的系统。
本授权中文简体字翻译版由麦格劳－希尔（亚洲）教育出版公司和北京大学出版社合作出版。此版本经授权仅限在中华人民共和国境内（不包括香港特别行政区、澳门特别行政区和台湾）销售。
版权 ©2021 由麦格劳－希尔（亚洲）教育出版公司与北京大学出版社所有。
本书封面贴有 McGraw-Hill Education 公司防伪标签，无标签者不得销售。

书　　　名	给研究生的学术建议（第二版） GEI YANJIUSHENG DE XUESHU JIANYI (DI-ER BAN)
著作责任者	［英］玛丽安·彼得（Marian Petre）　［英］戈登·鲁格（Gordon Rugg）著 彭万华　刘文月 译　彭凯平 等校
策　　　划	周雁翎
责任编辑	张亚如
标准书号	ISBN 978-7-301-31891-1
出版发行	北京大学出版社
地　　　址	北京市海淀区成府路 205 号　100871
网　　　址	http://www.pup.cn　新浪微博：@北京大学出版社
微信公众号	通识书苑（微信号：sartspku）　科学元典（微信号：kexueyuandian）
电子邮箱	编辑部 jyzx@pup.cn　总编室 zpup@pup.cn
电　　　话	邮购部 010-62752015　发行部 010-62750672　编辑部 010-62753056
印　刷　者	天津中印联印务有限公司
经　销　者	新华书店
	650 毫米 ×980 毫米　16 开本　21.5 印张　280 千字 2009 年 1 月第 1 版 2021 年 7 月第 2 版　2023 年 9 月第 3 次印刷
定　　　价	58.00 元

未经许可，不得以任何方式复制或抄袭本书之部分或全部内容。
版权所有，侵权必究
举报电话：010-62752024　电子邮箱：fd@pup.pku.edu.cn
图书如有印装质量问题，请与出版部联系，电话：010-62756370

第二版前言

应各界的广泛要求,我们根据读者反馈对初版做了一些修改。新版反映了影响学生学术研究诸多方面因素的发展变化,比如开源期刊数量的增加。我们保留了初版最精华的部分,并增加了一些有用的信息。

第一版前言

很多研究生毕业以后会发出这样的感叹:"为什么没有人早点告诉我这些呢?"如果早点知道一些事情,学生们就可以少点困惑、失望和痛苦了。但是,在现实中,往往没有人愿意主动将这些事情告诉你,或者将其写到教科书中去。

本书作者曾经花费大量的时间来帮助那些满怀求知欲的初学者,经常是一边喝咖啡一边向他们解释学术研究的规则。为了缓解学生的焦虑,作者决定将这些技巧、规则等都写入书中。书中将阐明学术界的一些基本技巧和规则,并介绍学术研究工作的一些细节问题。本书所关注的焦点正是那些主流教科书所不屑于提及,但实际上至关重要的问题,因为主流的教科书大多想当然地认为可以把这些问题留给读者的导师来解决。

如果你正在攻读博士或者硕士学位,本书将帮助你少走弯路,做出最优秀的研究成果。同时,本书也将帮助你充分利用这些研究成果,将它们变成你的职业生涯和个人发展的重要组成部分。这样就可以避免以下情况出现:毕业的那一天,你拿着学位证书,却苦于不知道下一步该做些什么,猛然发现自己花费了多年时间,却是在一个错误的方向上痛苦前行。

本书作者背景丰富，其身份有：发表了众多期刊论文的博士、高层次学术研究团体的成员、学术期刊编辑、核心期刊和科研基金的评审人，以及上百万英镑科研基金的捐赠者。多年来，作者与许多学生保持着联系，为他们提供建议，并得到了极高的赞誉。

本书使用须知

我们曾经花了很多时间去帮助博士生们解决问题，也曾为那些将要成为博士生并且希望避免一些类似问题的人提供过建议。大部分人都已经读过诸如《如何获得博士学位》(How to Get A PhD)这一类的书，也曾得到来自导师的建议。这方面的书大多是非常出色的，我们所听到的建议也大多是比较合理与中肯的，但这些书和建议实际上并没有解决学生的问题。本书将致力于填补这些空缺。

我们关注的大部分问题是那些通常被称为"隐性知识"的内容——这些知识，没有人愿意明确地告诉你，因为他们默认你已经知道了；或者因为他们对这些知识太过熟悉，没有意识到其他人也许并不知道；抑或是因为他们认为这些知识不值得提起。作者们通常认为，这些东西应该会被导师们在一些日常场合中提到。在理想的情境中，的确应当如此，但现实情况是：导师们也都是普通人，他们并非没有缺点，而且他们工作都很忙，所以难免会有所疏漏。我们要做的就是对这些没有写下来的规则做一个概述和总结，以便让你对现实情况有一个更深入的了解。这样，你就可以向你的导师询问，你所研究的学科究竟是什么样的；运气好的话，你还可以从导师那里得到很多翔实且清晰的指导。

按照我们的经验，博士生们通常会在两类问题上遇到麻烦。一类是，学术系统怎样运行以及为什么这样运行之类的大问题。例如：学术界一些杰出人物有什么样的特殊经历，他们的职业发展路径是怎样的？为什么学术写作如此枯燥？为什么有的人博士还没有毕业就可以在非常好的院系获得讲师职位，而另外一些人在获得博士学位十年以后仍然要为找工作而发愁？好的院系的评价标准是什么？有的学生担心问这些问题会显得自己很无知，而更多的学生则因为过于关注与博士学位直接相关的问题，而缺乏长远考虑，当他们意识到这些问题的时候，一切都晚了。

另一类则是技巧层面的问题。有一些相对低层次的技术问题，通常被认为不是那么重要，也通常没有书谈及。这些技巧一般都是导师在平时传授给学生的。这类问题包括一些十分具体的信息，例如，"我在论文的第一段中应当提及几条参考文献？"也包括一般的经验法则（rules of thumb），例如，"我如何才能在没有刻苦阅读文献的情况下，对导师给我的题目有一个清晰而完整的认识？"这些特定的技巧会因学科的不同而不同，但是你一旦了解了这些技巧层面的基本内容，马上就可以找到自己学科的诀窍所在，并很快掌握。

本书中每章会介绍博士学习的某一重要方面的知识。一些十分具体的问题，比如"怎样对待批评"，则在好几章中都有论及。还有一些一般的主题（例如写作）在每章中都有讨论。每个章节都是从文字描述某个主题开始，并通过一些例子来解释说明。文字描述是为了帮助你理解实际情况是怎样的，为什么事情会是这个样子的；例子是为了说明那些潜在的要点，并帮助你记住它们。

对关键问题的理解当然很重要，但是如果明天就是你的第一次研讨会发言，而你正在担心自己忽略了一些显而易见的问题，那仅仅理解是不够的。所以，我们提供了许多清单和要点总结，以便你核对自己是否已经记住了那些关键的事情。

以上介绍的就是本书的主体内容。我们建议你先把书从头到尾通读一遍。接下来最好能够细读一遍，首先从那些离你最遥远的主题开始（例如，先读那些关于博士毕业以后应该做什么的章节，然后是关于论文写作和答辩的章节）。之所以这样，是因为大部分学生都过于关注当前他们所面对的问题，而很少关注下一步。在短期内，这也许是不错的选择，但是从长期来看，这常常会造成一些问题。例如，你所在的院系要求你在相关的学术期刊上至少发表两篇论文，并且拥有至少两年的兼职授课经验，才能将你列入全职教员的最终候选名单，那将会怎样呢？如果再有6个月就博士毕业了，你还没有发现这个问题，而你又想直接获得这份教职，你将会遇到很大的麻烦；如果你很早就知道这个问题，你将有充分的时间去准备。

在读这本书的时候，你需要充分意识到每个学科都是不一样的。这也是为什么我们经常使用"通常"这个词。简历中个人特质的确切说明会因学科不同而不同，但是基本的概念通常是相同的。本书的目的是帮助你理解这些基本的概念，进而找到这些概念在你所在的学科中的表现形式，然后确保你在自己的论文、陈述报告和简历中展现出应有的水平。

对于本书中的一些非正式话题，我们也有意使用一种非正式的方式。这并不是我们在其他场合（例如撰写期刊论文时）使用的方式，因此请不要在论文写作中采用。我们也在写作中交替使用了一些词的完整缩写形式（例如Ph.D.，在某些特定段落中）和一般简单缩写形式（例如PhD，在文章的主体部分）。简单缩写形式对于本书的写作更加方便，但是在正式的场合中，你应当表现出你知道正确的写法，并且坚持使用完整缩写形式。

我们还有意省略了一些内容,比如如何运用统计数据,这些知识在别的书中有详细的介绍,在本书中就不重复了。希望本书能够给你带来帮助和享受。

致　谢

我们向所有在撰写和出版这本书的过程中给予我们帮助的人表示感谢。

我们感谢约翰·奥茨（John Oates）先生允许我们使用他关于研究伦理的资料，我们感谢英国研究理事会和Vitae（一个包括英国毕业生项目在内的全国性项目）允许我们使用关于研究技能的资料。这本书不可避免地引用了我们一直以来积累的来自各种场合的资料，有的资料与其他公开发表或出版的文件中的资料相似。我们已经尽自己最大的努力寻求引用许可。

我们也向自己的博士生导师表达感激。从他们那里，我们学会了很多，很多东西我们当时都没有意识到。我们犯的错误都是自己造成的，不是他人之过。最后，我们想感谢那些直接或间接给我们生活带来丰富色彩的学生，他们也给世界的咖啡制造商带来了财富……没有他们，这本书不可能写完，我们的生活也会缺失不少乐趣。

目 录

第一章　你必须知道的"读博"那些事 1
　　第一节　什么是博士学位 2
　　第二节　做学位论文需要精湛的技艺 5
　　第三节　研究生阶段必须掌握哪些基本技能 7
　　第四节　工具性行为和表现性行为同等重要 10
　　第五节　导师一般不教的那些秘而不宣的技能 12
　　第六节　一篇合格的博士论文的标准是什么 17
　　第七节　给研究生的十个建议 20

第二章　各种类型的博士学习模式 23
　　第一节　"读博"的三个阶段 23
　　第二节　"读博"的六个关键步骤 24
　　第三节　各种类型的博士学习模式 28
　　第四节　指导博士生的三种形式 32
　　第五节　论文的各种形式 34
　　第六节　遵循流程和步骤，保持良好的研究习惯 35

第三章　培养独立研究的能力 38
　　第一节　成为一名"独立的研究者"是什么意思 40
　　第二节　学术技能如何在研究项目和论文中体现 41

第三节　重视技能培养 42
　　　第四节　如何成为一名国际化的研究者 44
　　　第五节　研究生必须掌握的研究技能 50
第四章　如何与导师相处 53
　　　第一节　导师应该提供哪些方面的指导和帮助 55
　　　第二节　学生要明确学习要求 58
　　　第三节　从导师见面会中学习 59
　　　第四节　进行有效的争论 61
　　　第五节　建立良好的师生关系 63
　　　第六节　预防比"治疗"要好 67
　　　第七节　出错后的对策 68
　　　第八节　最重要的原则 70
　　　第九节　为使导师见面会达到预期效果而需要做的简单规划 70
第五章　如何建立人际关系网络 73
　　　第一节　主动搭建人际关系网络 74
　　　第二节　建立人际关系网络的小技巧 76
　　　第三节　与陌生人联系的技巧 78
　　　第四节　除了研究人员，你还应该认识哪些人 81
　　　第五节　建立人际网络关系的有用建议 83
第六章　如何阅读文献 85
　　　第一节　为什么要大量阅读文献 85
　　　第二节　文献梳理和文献综述有什么不一样 86
　　　第三节　建立自己的核心文献库 87
　　　第四节　阅读文献要有所取舍 88
　　　第五节　如何引用文献 88

第六节　如何找到正确的参考文献 90

第七节　如何利用线上资源 91

第八节　从其他途径获得参考文献 96

第九节　阅读论文的技巧 96

第十节　如何写文献综述 99

第十一节　剽窃和引用虚假文献是大忌 101

第十二节　编制一份带说明的文献目录 103

第十三节　终身读书的人有哪些读书习惯 106

第七章　了解学术论文的各种类型 108

第一节　数据导向型论文 109

第二节　方法导向型论文 112

第三节　理论型论文 113

第四节　唤起问题意识型论文 114

第五节　议程设置型论文 115

第六节　评论型论文 116

第七节　立场型论文 117

第八节　选择不同类型研究论文的一般原则 117

第八章　如何进行学术研究的设计 119

第一节　实证研究设计：三个关键步骤 120

第二节　要考虑所提问题对所引出答案的意义 123

第三节　寻找可靠的证据 125

第四节　预研究 126

第五节　选择研究领域和研究重点 127

第六节　伦理规范 133

第七节　如何避免不良后果 135

　　　　第八节　如何找到正确的研究问题 139

第九章　保持批判性思考 142
　　　　第一节　研究就是在进行对话 143
　　　　第二节　什么是批判性思考 145
　　　　第三节　批判性思考与理论有什么关系 146
　　　　第四节　研究风格、研究规则和寻找真理的方法 148
　　　　第五节　数据不一定是证据 152
　　　　第六节　构建批准性思维框架 156

第十章　论文写作与投稿 161
　　　　第一节　明确自己要写的是哪类文章 162
　　　　第二节　初学写作者经常问到的问题 163
　　　　第三节　学术期刊论文的写作建议 165
　　　　第四节　论文被接收后还有哪些流程 170
　　　　第五节　学位论文发表应该遵守的一般原则 174
　　　　第六节　论文检查清单 176

第十一章　如何运用语言风格和组织论文结构 179
　　　　第一节　根据内容确定写作风格 180
　　　　第二节　如何运用学术语言：一个案例 188
　　　　第三节　不同的语言风格传达出不同的信息 190
　　　　第四节　如何组织论文结构 194
　　　　第五节　避免犯一些典型错误 200

第十二章　如何应对写作过程中遇到的问题 202
　　　　第一节　放下杂念，集中精力 203
　　　　第二节　着手写作 203
　　　　第三节　开始动笔时可以做的事 205

第四节　找到重点 206
　　　第五节　控制写作进程 207
　　　第六节　克服写作过程中的困难 208
　　　第七节　论文写作进入尾声 214
第十三章　如何做好口头陈述报告 216
　　　第一节　口头陈述报告内容选择的关键要素 217
　　　第二节　口头陈述报告的形式和风格 221
　　　第三节　做口头陈述报告时要注意的其他问题 227
　　　第四节　公共演讲的三条黄金法则 232
　　　第五节　陈述报告前的准备工作 233
第十四章　如何参加学术会议 234
　　　第一节　新手如何参加学术会议 235
　　　第二节　学术会议的组织过程 239
　　　第三节　新手参加学术会议特别要注意的问题 241
　　　第四节　如何最好地利用学术会议 242
第十五章　如何进行学位论文答辩 245
　　　第一节　表现不佳的答辩可能会使你前功尽弃 245
　　　第二节　答辩时意外发现论证不严密怎么办 247
　　　第三节　校外评审人的意见 249
　　　第四节　了解答辩过程：开场、中场和结束 251
　　　第五节　为答辩做好充分准备 258
　　　第六节　按照答辩委员会的意见尽快修改论文 262
　　　第七节　答辩中的一些注意事项 264
　　　第八节　答辩中一般会问到哪些问题 271

第十六章　如何养成良好习惯 273
    第一节　建立良好的名声 273
    第二节　改掉有害的习惯 275
    第三节　合理规划时间，采取有用的替代活动 279
    第四节　养成良好的习惯 283

第十七章　答辩后还有哪些事情要做 289
    第一节　成功学术生涯的驱动因素 289
    第二节　选择学术界还是其他职业 293
    第三节　不同的学术职业生涯各有利弊 295
    第四节　使自己快速成长的路径 297
    第五节　善于抓住机遇 299
    第六节　如何写简历 299
    第七节　申请表和求职信的不同作用 303
    第八节　如何求职面试 304

第十八章　最后的建议 316

附录：一些有用的术语 317

第一章 你必须知道的"读博"那些事

攻读博士学位的人大致可以分为两种。第一种人知道自己正在做什么，然后顺着规划好的道路前行，他们偶尔陷入沮丧和绝望，但往往最后都会顺利地拿到博士学位——除非在这期间，他们做出了一些相当愚蠢的事情或半途而废。然后，他们顺理成章地进入人生的下一阶段。第二种则是多数博士生的缩影。他们跌跌撞撞地闯进来，在数年里漫无目标地徘徊，时常陷入沮丧和绝望的境地，最后可能拿到，也可能拿不到博士学位。在这之后，他们仍然继续徘徊，不知道在人生的下一个阶段中该做些什么。本书正是为这些觉得自己正在第二条路上徘徊的人写的。

针对那些想要攻读博士学位的人写的好书有很多。你如果正在考虑攻读博士学位，那么至少应该找一本这样的书来看看。这些书在你需要做什么这方面提供了很多不错的建议。但是，我们还是花了不少时间来帮助那些读过这类书的学生们。他们需要帮助并不是因为这些书的内容本身有什么错，问题恰恰在于这些书所没有涉及的内容上。一方面，这些书中通常缺少一个关于攻读博士学位的"完整流程"；另一方面，这些书中普遍缺少一些介绍基本技能、技巧的内容。之所以出现这些问题，大概是因为这些书的作者都认为，这些基础知识和基本技能目前大部分博士生在导师那里或者在培训班里都已经学过了。本书旨在填补上述空缺。

攻读博士学位有不同的原因，有的出于实际考虑（比如在学术或是实践领域获得某项研究的认证），有的出于某种理想（比如对深厚学识的渴求），也有的出于好奇心，或者想去探索长期以来的疑问、逃避无聊的工作以及证明自己。完成博士学业更重要的动力是，当学习出现困难时，促成你克服困难的决心。很多学生给出的读博理由是强有力的：为了能够完成别人无法完成的事情；当面嘲笑那些幼稚的、看不起人的老师；逃避征兵；不愿意继承家庭生意；为了获取一份梦想中的工作。你为了完成博士学业而坚持的理由对最终能否成功至关重要，你需要一个有力的理由帮助你克服读博过程中的困难。

第一节 什么是博士学位

刚入学的学生总是觉得攻读博士学位是一项"宏图伟业"，以完成一个伟大的作品结束。然而，这个要求很难达到，很少有学生能够通过博士阶段的学习最终赢得诺贝尔奖，就像一位同事所说的，与其说攻读博士学位像拿着砍刀在丛林中开路，不如说像拿着放大镜在平地上匍匐前行，很难发现新大陆，大多数情况都是费力地对已知领域进行细致研究。更现实地来说，博士学位是对研究能力的证明。你在毕业论文中需要展示一些东西：

- 选题的精妙；
- 研究的洞察力；
- 对制度的尊重；
- 独立研究的能力；

- 阐明研究结果和拓展的能力。

这些内容都反映了一定的专业能力，而不是伟大和崇高的精神。重要的是，这些内容对理解他人的工作和完成自己的工作一样重要。

所以，博士学位意味着研究训练，是你拥有专业研究资格的证明。攻读博士学位是一个在工作岗位培训之前有深度的、具体的受教育过程（需要注意的是，没有任何迹象表明博士学位是教育或者训练的终点）。这个过程需要你做大量的研究，以书面语言写出成果，并与学术界的专业人士探讨。你有一位导师（或者两位，或者更多）来帮助你，给予建议，但是从理论上来说，是你自己主导博士学习，这也是证明自己具有独立研究能力的过程。这个过程不会一帆风顺，但你也会学到很多关于做研究的方法。

如果纯粹从功利主义的角度来说，博士学位是一个资格证明，它表明你的研究能力足以被某大学录用。如果你想谋求大学老师的工作，有博士学位是最好不过的。如果你想做服务于企业的研究人员，这个学位也是非常有帮助的。博士学位通常在全世界都能得到认可，具有相当可观的影响力。也就是说，一个国家的博士到了另外一个国家，也能得到认可。另外，博士学位通常能保证你达到更高的收入水平。

另外，博士学位的取得，相当于你通过了学术界的入会测试。因为这表明你经历过严峻考验，并且较好地通过了这个严峻考验，从而正式被批准成为学术界的一员。以此类推，尽管有博士学位并不足以让你成为一个学术带头人，但它至少标志你已经正式"成年"了。在你获得博士学位后，学术界对待你的方式就发生了细微的变化，你会明显感觉到自己已经是"他们中的一员"了。

成为博士并不仅仅是一件功利的事情，博士阶段的学习可以教会你以不同方式看待事物。博士学习可以看作进入学术界的敲门砖（也就是大概了解学术团体的情况，并有一个良好的研究基础）。博士学习真正教给你的是看待和论证事物的方式。这就意味着你需要通过学习论证和质疑假设，培养批判性思考的能力。在这个过程中，你会意识到自己看待事物的方式慢慢不同了。最好的例子就是对待本科教学计划的方式：在很多院系，已有博士学位的教职人员往往想通过这种计划来教会学生如何做研究，而未获得博士学位的老师则更多地把这个计划看作培养学生职业能力的机会。前者的观点是，作为学生们将来人生中一项颇为重要的技能，培养他们的批判性思考能力是必要的；后者则认为，需要做的是训练学生的职业技能，让学生毕业后能尽快找到工作。究竟谁的观点才是正确的呢？这是个好问题，但讨论这个问题可能岔开正题。总而言之，最为重要的一点是，攻读博士学位确实会改变你。

博士学位意味着很多事情：研究训练，推动你学习专业技能的助推剂，身份转变的证明，工作能力的证明，等等。对于你来说，博士学位的意义取决于你想用它抓住什么样的机会，是想关注"全局"，还是构建怎样的关系，等等。所以，博士学位的意义在于它能从哪方面帮助你。

有很多不同种类的研究型学位，它们的共同特点是以学生进行研究为中心。这与授课型学位不同。授课型学位包含一个研究项目，但是这个研究项目只是课程学习的一个组成部分。

严格来说，要获得研究型学位需要提交一篇论文（thesis），用于呈现你的研究所提出的论点。而毕业论文（dissertation）是描述你论点的"书面文件"。一般来说，这篇"论文"指的就是"毕业论文"。万一有迂腐的校外学术评审人考查你这方面的问题，你要知道这其中的区别。

下一节我们介绍的概念非常重要，且不经常出现在其他书中。这些内容包括：（a）在攻读博士学位期间，你要做的是什么；和（b）在完整的流程中，一切都是如何运作的。第一个问题我们将用"制作橱柜"的比喻来解释，第二个涉及工具性行为和表现性行为的区别。

第二节　做学位论文需要精湛的技艺

攻读博士学位和传统的橱柜制作有不少相似之处。在过去，一个学做橱柜的学徒完成其学徒生涯的重要标志就是做出一个橱柜。如果橱柜外观得当、功能完备，就表明他已经完全掌握了一位杰出的橱柜制作者所需要的全部技能。这个橱柜就被叫作"最终的杰作"。一篇成功通过了答辩的博士论文也扮演着类似的角色。它表明你已经掌握了一位可以凭借自己的能力独立进行研究的研究者所需要的全部技能。这种展示是非常必要的。考查博士生的主要内容是博士学位论文，其次才是答辩。不论你有多聪明睿智，也不论你有多博学多才，如果你的聪明睿智和博学多才没有体现在你的博士论文中，你就不可能取得博士学位。

因此，你很有必要清楚地了解哪些技能在你的研究领域中是必不可少的——因为不同的学科对技能的要求不尽相同——并确保在你的博士论文中能够体现出你熟练地掌握了这些技能。你如果是个做事情相当有条理的人，那么或许会列出一张所需技能的清单，并在上面勾出那些在你的论文中已经体现出来的技能。对一个制作橱柜的工匠来说，所需的技能无非是接好若干复杂的接头，安好合页，贴上胶合板，磨光并擦亮表面，等等。而对一个做学术研究的人来说，需要的技能则是掌握正式的学术用语，熟悉该学科的相关文献，掌握搜集资料的方法，坚持严谨的标准，等等（我们将在第三章里继续讨论研究技巧）。

另外，个人对研究领域的兴趣以及选题在伦理道德上的重要性，这些方面通常不会被列入这个清单之中。在你的论文中花大量篇幅详细讨论这些问题并没有任何意义——你被授予博士学位仅仅表示大家承认你"制作橱柜"的技术已经达到杰出手工艺者的水平，而不是承认你觉得制作橱柜是个很有趣的工作或者制作橱柜能让世界变得更加美好。在实际操作中也是这样，很少有人做博士项目的时候会在一个自己丝毫不感兴趣的话题上花上数年甚至一辈子的时间，所以个人兴趣通常被评审人认为是进行研究理所当然的前提。伦理道德这个问题就更有意思了，评审人通常不会把一个问题在伦理道德上的重要性列为评定标准。原因之一在于，糟糕的研究会把其他研究者引入歧途，成为探寻问题答案的阻碍。一项糟糕的研究，无论它涉及的伦理道德问题有多么重要，它也只能是个糟糕的研究。所以，还是让我们言归正传，回到正题。

不同的学科对研究技能的要求是不同的。大多数研究者都把这些技能当作理所当然的事情，因为他们自己已经对这一切非常熟悉了。因此，无论给他们多少杯咖啡都很难让他们清楚地回想起来，并拟出一个清单。但是，其他一些研究者（尤其是那些专门教授研究方法课程的研究者）或许能给你满意的答复。另外，在你的学科领域内会有不少介绍研究方法的书，翻看这些书的目录对你来说也有一定的意义，因为目录中会涉及学科领域内的很多重要话题。你所在大学的博士生规章制度对你来说也是很有帮助的。

下一节我就研究所需的主要技能列出了一个清单。这个清单不是权威的，只是作为示例——因为不同的学科一般会有不同的清单。不过，也有不少技能是相同的，因此这个清单可以让你有个大概的了解。简要的总结见本章第七节。

以下要提到的大部分技能都建立在一个前提下，即你的研究范围只涵盖一个学科。跨学科的博士项目不仅非常有趣，而且很有价值，但是这种项目往往需要格外小心谨慎，否则就很容易出现两头落空的风险。这种项目在实际操作方面也存在着一些问题，比如很难找到一个合适的校外评审人。在理论方面也有麻烦，例如，万一这几个不同的学科在研究方法上完全不同，那么你应该采用哪个学科的研究方法呢？比较明智的做法是确定一个"主要"学科，把跨学科的研究定位在这个主要学科内，再从别的学科中引进概念。

第三节 研究生阶段必须掌握哪些基本技能

大部分研究都需要下列技能，但也有个别不同情况。

1. 提出一个合适并有价值的研究问题

任何研究的核心都在于研究问题的选择。研究结果的质量往往取决于选题的优劣：为什么这个问题会被提出？这个问题是如何与其他问题和其他知识相关联的？以及，这个问题的答案为何？所以，一项关键的技能是能够提出有价值的问题。你需要证明自己能够：

- 阐明研究的动机及研究问题的意义。
- 阐明该问题在现有文献中的研究情况：已有研究的研究范围和局限性；你的研究属于本学科的哪个研究范畴，以及对本学科的贡献。
- 了解和评判其他研究方法的优缺点。

2. 学会使用学术语言

学术研究的一个重要部分就是"研究对话"：交流研究想法、研究过程和研究结果。良好的交流依赖于对学术团体的规则的理解。因此，掌握使用学术语言的能力非常关键。这种能力包括：

- 正确使用专业术语；
- 注意标点符号和语法等细节问题；
- 注意排版及格式（空格、版面设计、标题格式），从而让你的论文理解起来更容易；
- 能够合理组织语言并且进行清楚连贯的论证，包括学会使用"路标"——比如使用小标题以帮助读者理清文章的结构；
- 使用恰当的学术语言进行写作。

3. 了解背景文献知识

研究不是单一的活动，而是在已有的思考、知识、证据、实践的背景下展开的。很关键的一点是了解学术研究背景，提升自己的研究能力。这包括：

- 正确引用以往的一些重要文献，以表明你读过这些文献，并批判性地对它们做出评价；
- 参考文献要能准确地反映出研究的发展进程——从以往的重要文献到当前的研究报告；
- 辨别哪些文献是你博士研究中的关键文献，阐明这些文献对你的选题的意义所在，以及它们和你的选题的不同之处；
- 厘清从其他学科中引用的相关文献和概念；
- 把所有引用的文献组织成具有连贯性和批判性的结构，以表明你不但读懂了这些文献，而且清楚地了解哪些是重要的，哪些是不重要的。

4. 运用合适的研究方法

已有学科都有自己的研究方法体系。很多学科已形成了方法论，规定了如何对所使用的方法和技术进行选择、组合和排序。有的学科并没有严格要求使用哪些研究方法，而是更多地从其他领域借鉴。所有的学科都需要一套适合的研究方法，以确保研究的严谨性。因此，正确选择和运用研究方法是一项重要的技能。这项技能包括：

- 了解你的学科领域使用的主要研究方法，包括如何搜集数据、如何做记录以及如何分析数据；
- 了解在你的学科领域内，哪些内容可以作为"证据"（论据），哪些内容被看作已知的知识；
- 熟悉并正确运用至少一种研究方法；
- 批判性地分析你所在学科领域的某一种标准研究方法，以表明你知道该方法的优点和局限所在。

5. 掌握相关理论

再次说明，研究是在已有的观点、证据和思考的基础上进行的。因此，了解理论背景，以及知晓该如何将其运用到自己的研究中是非常重要的，包括：

- 熟悉你所在学科领域内的关键理论流派和概念；
- 了解这些理论应如何在你的研究选题里体现；
- 能够为你所在领域的理论争论做出贡献。

6. 培养独立研究的能力

博士学习的一个重要方面是证明你拥有"独立研究"的能力。你需要证明自己能够：

- 独立完成上面所提及的全部工作，而不是简单地做导师让你做的事情；
- 清楚地意识到你所做的一切与你所在的学科之间的关系，以及对这个学科有何贡献；
- 对你所在的学科具有全局性的认识，具备相关的技能。

第四节　工具性行为和表现性行为同等重要

在童话故事里，你有时会找到一本魔法书。这种书常常在需要的时候适时出现，并且书中刚好有可以化解危机的方法。化险为夷后，当男主角或女主角回过头来，再想从书中找到其他一些睿智的见解时，这本书往往就神秘失踪，再也找不到了。在故事里，找到这样的书，一辈子可能只有一次机会，那就是在你最需要它的时候。

而现实生活往往并非如此。就以我们的切身经历为证，这样的书出现过不止一次，而且还通常不是在最需要它的时候。第一种情况是，这是一本关于新宗教运动（new religious movement）的作品选集，其中的一篇文章在当时读起来是很有趣的，却和我们当时正在做的事情没有什么直接的联系。第二种情况是，这是一本非常好的心理学百科全书，其中提供了大量的关于申请基金所需的关键信息。而我们当时疏忽了，没有留意这两本书完整的书目信息，也没有留意在相关图书馆查找类似图书的详细过程。这样的经历，就是我们花这么多篇幅讨论把读过的文献做成一份文献目录的原因之一，也是这一节中讨论工具性行为和表现性行为而缺少确切的参考文献的主要原因。如果你有幸再找到原来的那篇文章，你会发现这篇文章讲的是美国德莱昂政治运动（the de Leonist political movement），收录在一本关于新宗教运动的作品选集里，而这本书大约在 1986 年到 1992 年间存放在诺丁汉大学图书馆。

上文提到的那篇文章的作者是一个研究德莱昂运动者的社会学家。但他也并不是十分理解德莱昂运动者的某些行为——比如，他们曾一度花大量的时间在城镇周围贴海报，宣传一个已经发表过的讲演。直到后来，作者才意识到这种做法正是所谓的表现性行为，而非工具性行为。

工具性行为是指一系列为了达到预定目标而进行的行动。打个比方来说，如果你的目标是学会开车，那么工具性行为就包括报名参加驾驶培训班、购买一份交通法规等。以这些标准来衡量的话，德莱昂运动者的行为似乎是毫无意义的。

表现性行为则是指那些可以表现出来，让别人看到你是什么样的人的举止。比如坐在报告厅最靠前的位置，以很引人注意的方式记大量的笔记，显示你对待学习的态度是十分认真的。如果以这些标准来评判的话，德莱昂运动者的行为就很容易让人理解了——这样的行为在很大程度上是为了显示他们整个集体的忠心耿耿，也是为了表现给集体中的其他成员看。想要表明你自己是一名效忠于组织的成员，张贴大量海报来宣传一件已经发生过的事情无疑是一种很好的方式。不仅如此，这样的行为还可以提高你在组织中的身份地位和名望。

工具性行为和表现性行为是同等重要的。从我们的经验来看，学生们往往比较擅长一些工具性行为，但可惜的是在一些表现性行为方面表现得十分糟糕。出现这种情况的原因通常是没有人给他们解释应该如何表现。

以参考文献为例。从工具性行为的角度来说，这是非常重要的，因为不完整的记录通常会导致这样的结果——你无法再找到一些你之前读过的关键文章；而这些关键文章对于其他一些想要深究你的某个观点的人或者想要核实你的某个断言的人（比如校外评审人）来说也是十分重要的。从表现性行为的角度来说，一个好的参考文献目录也同样重要：它可以显示出你对待核心学术规则的态度是严肃认真的，你熟悉核心的技能技巧，它还可以表明你是一丝不苟的、专业的，等等。

然而，我们经常看到学生这样的表现性行为——"看啊，我是多么努力啊"，比方说，他们在图书馆花费了整整一天的时间，也不管自己读的东西有用与否。这样做常见的后果就是导师迟早会注意到这个学生没有任何进展，并且向他指出这一点。此时，这个学生的反应可能是做出更加具有表现性的行为，却仍然传达相似的信息，导师自然会注意到他仍然没有进展，直到最后结束（通常是个不愉快的结局）。出现这种情况的学生应该意识到问题不在于他们如何"努力"地去做事情，而往往在于被他们忽略掉的事情。这本书的很大一部分是关于做好博士研究所必需的工具性技能，另一大部分则是关于一些你需要表现出来的具有专业水准的技能，而这些技能是需要通过正确的表现性行为来体现的。此外，还有很重要的一部分则是关于如何鉴别出错误的表现性行为，以及如何纠正它们。

第五节　导师一般不教的那些秘而不宣的技能

对《1066和其他》（*1066 and All That*）一书比较熟悉的读者会欣喜地发现，如果你掌握某一些技能，会被认为是件幸运的事情，尤其是掌握所谓的"可迁移性技能"（transferable skills）。不同于其他一些毫无趣味的职务，你可以把这些技能当作有效资产，写入你的个人简历。你所在院系的培训课程中可能会提到各种各样的技能——可迁移性的、通用的、以项目为基础的、以学科为基础的若干技能。可迁移性技能在学术体制中尤其受欢迎，因为这种技能的使用范围不局限于学术界，还可以拓展到其他很多领域。这种技能包括写作、公开演讲和如何应对偏见等。

我们将在第三章中谈论研究技能的事情。本章接下来要谈到的技能也许是你所在的院系培训课程中不会提到的。

1. 学会运用"外交"手腕

作为一个博士生，你必须接受这样的事实——你所在的位置并非学术等级的顶端，一个刚入学的博士生只不过是初出茅庐的新手。因此，在开始的一段时间里，你有必要规矩和低调一些，只有这样你才能够学到一些想要学习的东西。博士生通常喜欢抱怨学术体制是如何不好，等等，却忘记了这个学术系统悠久的历史几乎可以追溯到欧洲中世纪——因此在其如此长的历史进程中必然形成了一两套应对抱怨的方法。一个很重要的技巧是：对于一个问题，你要知道什么时候应该不加计较，而什么时候应该（机敏、礼貌但坚定地）坚持到底。否则你会发现自己赢了小战役却丢了大战场。比如，你很可能会抱怨学校的图书馆有若干缺点，几乎世界各地的博士生都对图书馆有不少抱怨，但这些抱怨通常都是站不住脚的。因此，如果你在这个问题上比较"刁蛮"的话，是不大可能博取到同情的——"图书馆里关于我研究方向的书太少了"通常被理解为"我还不知道眼下我应该读哪些学术期刊上的文章"。你所在院系开设的针对研究生的培训课程会教给你不少研究方法，对这些研究方法的含金量你可能会有些怀疑，但跟一个负责该课程的教授发生激烈的意见冲突是不太可能有什么好结果的。相比之下，提一些措辞委婉、顾全面子的建议更有可能达到预期的效果。还需要记住的一点是：大部分博士生都清楚地知道他们想要什么，而不是他们需要什么——这两者之间的差别有时候是巨大的。所以我们需要掌握以下重要技巧。

2. 向高手问道

对你来说，可能最重要的"研究工具"就是一杯咖啡了。成功的学生知道这点，而不成功的那些往往会疑惑我们为什么浪费这么多时间来讲笑话，然后开始抱怨世界对他们是多么不公平。知识就是力量，稀缺的知识就是更大的力量。要找到你真正需要了解的东西，最好的方式是找对陪你喝咖啡的那个人，然后（机智巧妙地）征求他们的宝贵建议。谁是这个合适的人选？答案是"一个很有知识的人"，这也就是说，大多数情况下这个人不大可能是另外一个博士生——如果他还是个学生的话，不管他如何想给予你帮助，对你如何友好，你也不能确定他给出的建议是真诚并且正确的，还是真诚但错误的，因为他们自己也还没有顺利地拿到博士学位。

在社交生活中，你的同学是不错的支持力量，在诸如帮忙照看小孩等方面，同学是很好的助手。但是如果你想就论题应该如何写，或是在哪里可以找到下次实地考察时需要的设备这样的问题寻求建议，你的同学也许不能算是合适的人选。

这个合适的人选应该是一个在相关选题上有着"成功纪录"的人，例如某些导师（他们指导的学生到最后都修成了正果）、某些声誉不错的重要技术人员（在一切希望似乎都破灭的时候，他们成功地将"碗橱"做成了"工具箱"）、某些图书管理员（他们帮助你的朋友找到过那些晦涩难懂但是非常有用的参考资料）。有必要对他们进行正确评价，并且对他们给出的建议保密，除非他们特别要求你公开说明。最有用的知识往往是人们最不愿意提供的，例如想找到合适的可以提供帮助的人的时候，究竟谁好谁坏这样的问题。

3. 提出恰当的研究问题

一旦你学会了这个技巧，你将会发现生活完全变样了。因为这个话题非常重要，我们另外用了一整个板块来讨论，而我们之所以在这里就提到这个技巧，是因为这个技巧实在是太重要了，它值得我们反复提及。提出下一个研究问题的技巧也很重要。真知灼见往往蕴藏在进一步的观察和评估中——即对问题意蕴和局限性的进一步探索。

4. 培养优秀的学术写作能力

写作的确是一项可迁移性技能，你可以把学术写作的技巧从一个学术环境迁移到另一个学术环境，也可以把商务写作的技巧从一个商业领域迁移到另一个商业领域。在某些情况下，你甚至可以把学术写作的技巧迁移到工业管理领域中，反之亦然。

大多数学生知道攻读博士学位需要良好的知识水平、优秀的科研能力，或者其他的优秀管理技能等。很多人忘记了还需要优秀的"讲故事"能力。在展现研究者能力和洞察力时，将论文以正确的形式和风格呈现，与正确把握论文的内容一样重要。论文体现了学术写作的"最高水平"，对文章内容、准确度、论证力都有极高的要求。论文是研究者的"杰作"这个观点并不是从"最终工作成果"方面来说的，而是说，论文是展现研究者研究和组织能力的"杰作"。

5. 如何正确而迅速地填写各种表格

填表格是你归属于一个组织（及受到一个组织资助）需要交付的"税项"。学术界总是有无穷无尽关于质量和程序的表格，这些表格被学生们称作支架和螺钉。正确及时地完成表格填写可以使你交到很多朋友，比如行政管理人员、预算控制人员、导师和院长，他们能够帮你扫清道路上的一些障碍。因此，填写表格是一种示好的方式，你需要学习如何迅速处理表格。以下是一些有用的方法，没有特定的先后顺序：

- 从头到尾认真阅读表格；
- 了解受众——了解将要阅读表格的人以及他们的意图，这可以帮助你高效且正确地填写表格；
- 如果表格很重要，而你只有一份，那么你应该复印一份，在填写最终版前，用复印版提前练习；
- 如果你不确定表格中某一项的含义，那么需要查询相关注释——大多数表格都有注释以便人们阅读；
- 如果你不确定某项内容该如何填，那么可以把其他学生填好的表格作为示例；
- 以最简洁的方式填写内部行政类表格——想象一下有人要阅读50份表格，你就会理解为什么对于标准表格，比如费用声明、办公用品申请、进展报告和差旅报告，简明的清单比长篇的论述更受欢迎；
- 了解申请（比如基金申请、奖学金申请和奖项申请）的小窍门，但是注意叙述简洁；
- 通读填写完成的表格（你会惊讶地发现自己犯了多少低级的错误）；
- 如果你觉得自己难以完成表格填写，请寻求他人帮助，如果你过于恐慌，则需要向处理过这种情况的人寻求帮助；
- 复印填完的表格，然后将其整齐地保存起来，这些表格有助于你记录如何正确填写表格。

第六节 一篇合格的博士论文的标准是什么

博士生经常担心他们的研究是否够格获得博士学位。记住大多数学校对于博士生考核的标准是非常有帮助的:博士的"原创研究"需对"现有知识有显著的贡献"。大多数期刊和会议都使用类似的评判标准——研究团体名义上通过期刊和会议论文等出版物来交流和构建知识体系。因此,你在递交毕业论文之前,可以通过在知名期刊和会议中发表自己的作品,来证明自身研究的"重要性""原创性"和"对知识的贡献"。这一点在本书后面的很多地方都会讲到。获得博士学位并不需要做出重大的发现,只需要证明自己有很好的独立研究的能力就可以。

1. 博士论文的关键要素有哪些

一篇令人满意的论文有很多重要的要素:

- 一个论点:一个能体现研究洞察力的、完整而重要的"故事"或者论点;
- 现有知识的情况:对以往研究的批判性评述;
- 创新性,对知识的贡献;
- 恰当的论据:清楚明晰的证据、证明和推理过程。

成熟的心智和批判性思维比研究发现更能证明一名博士生的能力。一篇能够真实反映实践能力和批判性思维能力的论文是成为优秀的博士生的基础。

2. 博士论文要有"显著的贡献"

当大多数学生听到"显著的贡献"(significant contribution)这一描

述时，想到的是一项新理论的产生、关键实验的成功、技术的突破，以及那些足以获得诺贝尔奖的事情。但是对一名博士生来说，"显著的"（significant）的含义并不是"革命性的"或是"重大的"，也不是"巨大的"。这一描述应该被理解为"显著的但不是那么显著的贡献"。

描述你的贡献意味着回答"那是什么"这样的问题，就是要解释清楚下面的事情：

- 研究问题的重要性（它为什么值得被提问？）；
- 研究发现的重要性（为什么人们要在意这个发现？它有什么意义？）；
- 理论意蕴；
- 推广的局限性。

做出一项"显著的贡献"意味着"增加知识"或是"有助于研究对话"，也就是说为有价值的结论提供证据。研究不是一项"独自完成"的工作，而是基于很多研究者的讨论进行的，每位研究者都会提供证据、进行论证，并批判性地看待已有证据，这有助于知识进步和扩充理解。研究是通过多种技巧对观察和调查的现象进行阐述和分析的过程。研究不仅是描述世界的工作，更是分析与解释世界的工作。随着更多证据的发现，分析和解释将得到重新论证。知识主张（knowledge claims）在其中的影响力有时没有那么大，但是在讨论过程中仍有一席之地。

毕业论文一般都要有什么样的贡献呢？

- 在新的研究情境中重新应用已有的技术、理论或者模型（在新的情境中运用已有的技术、在新的设定中测试已有的理论、在新的情况下运用已有的模型）：分析这些技术、理论或模型是否适用以及原因。
- 进一步论证已有的模型（比如改变其中一个条件并重新评估效

果；验证这个模型某一方面的功能）。
- 证明现有模型或者模型一部分是错误的或矛盾的。
- 将两个或者多个观点结合在一起形成新的有用的观点。
- 阐释一个概念：说明某事物的可行性和功能（或者说明其不可行性并解释原因）。
- 把理论应用于实践：说明在实践中如何应用理论，把他人的想法具体化，从而证明这个想法的实践性和局限性。
- 重新分析看似显而易见的事情：为普遍承认的观点提供证据（或为看似"确凿"的观点收集证据，证明它是不正确的）。
- 以经验为基础描述一个现象（比如详细地、批判性地分析一个观点的演变历程；详细描述和分析一个关键的案例、一个新的化学合成物或者一颗新发现的行星）。
- 对已观察到的现象进行分类。
- 对现有的理论或证据进行详细的批判性思考（比如将一系列已有的研究结果相联系，并说明它们的特征、遗漏之处等）。
- 对已有问题提出新的解决办法（并论证新方法的效力），用新的阐述方法来描述和解释一些现象。
- 弥补小的技术不足（比如说明某个"调整"对现有算法或者技术来说更有效，或者发明一个全新的方法）。

关键点是，尽管毕业论文必须展示你独立研究的成果，但是研究本身并不是孤立的。做研究意味着对研究对话有所贡献——扩展知识，推动研究进程。我们认为"研究进程如同婴儿学步"以及"研究者站在他人的肩膀上"。一个"显著的贡献"是一次婴儿的进步，是其他"婴儿学步"推动的成果。一名优秀的博士生至少应当在一份权威的同行评议期刊上发表过一篇研究文章。

第七节　给研究生的十个建议

1. 读，再读，反复读

经验丰富的研究者通常有一份不断完善的"文献目录"，由 100～150 部文献组成。这份文献目录集中了他们所在专业的核心参考文献，有了这份目录，他们就能非常熟悉自己所在专业的文献。当然，要制作这样一份目录，学生们首先要读足够多的书。

2. 写，再写，反复写

- 写作是熟能生巧的技能：写得越多，写起来也就越容易。
- 在写作的时候首先应该以发表为目的，也就是要成文，这样做的好处之一是为将来的修订带来便利；其次是如果有人对你的研究感兴趣，你也有东西可以展示给他们看。
- 不要扔掉你写过的东西。把它们编好日期并存放在一个"便携"文件夹里，这些材料对你来说可能会是有用的。
- 做修订通常比写新东西来得容易。

3. 做一份带说明的文献目录

这是唯一一个你能够提供给自己的最好的研究工具。它应该是一个非常具有个性色彩的工具，包括常用的书目信息、阅读该文献的时间，以及其他一些注释（文献中你认为有趣的/有创造性的/让人不满的内容）。

4. 组成一个非正式"委员会"

尽量找到这样一小批可靠并且对你的研究感兴趣的人——他们愿

意读你的东西，愿意对你的观点发表评论，愿意给你提供一些值得注意的文献，愿意把你介绍给其他的研究者……这些人既包括那些能做出专业判定的专家，也包括专提刁难问题的通才。

5. 发表你的作品

在技术报告会、学术研讨会上公开发表你的文章。获得信息最好的办法就是和别人共享信息。人们只有知道了你的思想，才能够做出回应。把你的文章公之于众可以让你更早面对来自他人的问题和批评（因为还早，这些问题和批评对你都是有好处的），也可以帮你融入一个"人际网"，还是锻炼表达能力、推理论证能力的机会。

6. 然后呢？学会问其他的问题

学生们往往是有一点成果之后就忘了要走下一步了。"嘿，我找到它们之间的联系了！""然后呢？"要学会超越你最初的研究问题，学会换个角度思考，只有这样才能看到不同的角度，并找到其他可供选择的方向。

7. 不要躲着你的导师

"躲导师"从某种程度上来说是研究生的通病。事实上，要想最大限度地从你的导师那里获取信息，主动和导师交流是首要的条件。

8. 多做备份（保证其中一份是不在网上的）

不止一个学生因为忽略了多做备份这一最基本的问题而不得不重新写起，或者重复实证性研究。

9. 至少完整地读完一篇博士学位论文

要思考博士学位论文的结构、内容、风格和"它提出了什么论点",读一些"通过"了的文章,是一个非常不错的方法。

10. 只有取得 / 未取得博士学位两种情况

学会适时放弃。

第二章　各种类型的博士学习模式

获得博士学位不是一个人的事情，而是机构、学科和院系共同的事情。差异性是这个世界上最常见的特征，有很多比喻意在说明做事情有不同的方式。然而，在表面的差异之下，事物往往都有共同点。无论是否通过相同的学习方式习得技能，优秀的人总是能够与他人分享自己所掌握的技能，辨别出他人拥有的某项技能，并对其加以赞赏。

本章将要讲述博士学习中的相同点和不同点：不同的博士学习模式，不同的指导形式，及其背后的相同点。我们将从博士学习的阶段和关键点开始讨论。

第一节　"读博"的三个阶段

现代的博士项目通常有三个阶段，这三个阶段是完成博士学习所必备的。

1. 定位

第一个阶段：定位。这个阶段需要掌握相关文献（包括梳理已有的理论和证据），形成你自己的研究问题（并与现有的理论和证据相联系），确定解决研究问题、细化研究计划的合适方法，包括论证如何实现"成功"。有的时候，你的研究问题已经在提交给导师的计划书中写明了。不过，即使在这种情况下，你也应熟悉学科内的相关文献，并了解你的研究问题和文献的相关性。

2. 开展深入研究

第二个阶段：开展深入研究。涉及开展研究项目，合理清楚地进行论证分析以形成结论，进行批判性思考，反复论证研究成果，并能够指出研究的可推广性和局限性。

3. 参与研究对话

第三个阶段：参与研究对话。即让你的研究工作得到他人的评判，这意味着以口头和书面形式来展示你的研究成果，并为你的研究成果进行辩护。这个过程包括向会议和期刊提交论文，在学术研讨会上做陈述报告，回复评审人的评论，并最终递交毕业论文及进行论文答辩。

这三个阶段分别对应对博士生的三个关键要求：

- 掌握学科概况——了解已有研究的情况；
- 做出规划，全面开展研究；
- 勤于沟通。

为了取得博士学位，你必须满足这三个要求，因为它们是做出显著贡献的必要条件。

第二节 "读博"的六个关键步骤

除了学术上的阶段，博士项目还有很多行政性步骤，基本所有的博士项目都涉及这些步骤。

1. 入学时应该了解的一些原则

在你成为一名博士生后,你需要主动推进学习,而不是错误地认为一旦开始博士学习,就会自动地完成每个阶段的任务。博士学习最初的阶段是为了弄明白一些基本原则:了解相关文献,初识规则,训练基本研究方法,弄清楚谁具有决定权,明白学术体制的政治属性、程序和结构。有些学校有正式的入学熟悉阶段,有些学校则让学生自己去摸索熟悉。从周围其他学生处获得一些情况后就自以为熟悉一切的学生,往往会在日后为自己的傲慢(和无知)付出代价,到那时,他们才惊讶地发现,情况并不是他们想象的那样简单。

2. 撰写研究计划书

不管是在申请过程中,在"考察期"(probation),在和导师讨论的时候,还是完成论文的前五分钟,你都必须说服你的导师、院系,让他们相信你提出的问题是值得研究的问题。你必须制订研究计划:明确需要回答或解决的研究问题,将它设定在别人了解的研究领域,并提出解决问题的具体方法。研究计划书并不是一成不变的——研究很少严格根据计划执行(否则它就不是研究了)。研究计划书的意义在于展示你想要研究的问题以及回答这些问题所采用的严谨方法。

3. 升级或通过"考察期"

不论是从学术角度还是行政角度,通过"考察期"和注册升级(transfer)都是成为一名博士的关键步骤。

博士生可能认为学院不在意他们能否取得博士学位,而事实上学院非常关心博士学位申请的通过率,因为通过率太低会给学校带来负面影响，并且会影响学院获得资助的多少。降低学生在论文答辩阶段的失败率的简单而有效的方法就是让他们在到达这个阶段之前，改变路线——如果他们尚未到达这一阶段，那么也就不存在失败了。这个阶段被称为升级阶段。这个转折点通常介于第一学年末和博士学业的中途，此时，你已经为学术体制（System）做了很多工作，基于这些工作，学术体制对你的能力也有了客观公正的了解。（如果你没有足够努力，或者学术体制尚未对你的能力有一个公正的了解，那么这意味着你达不到完成任务的要求，因此你就不得不改变路线了。）升级是一个主动的过程，而不是一个盖"橡皮图章"的被动过程：学生需要通过这个环节并获得继续攻读博士学位的批准。

升级通常需要对你的学习情况做出真实的学术评定。这个环节可以采用"资格考试"或者其他正式测验的形式，比如考评文件（"研究计划书"或是"考察期报告"）；可以采用现场展示的形式，比如开展院系学术研讨会或口试，或者要求展示研究技能的实践情况，或是这些形式的结合。这些测试可以看作是对开展研究、完成毕业论文和答辩的实用练习。这个环节的目的是展现你自己的能力，而不是展示你的完美，也不是让你实施具体的研究方案。

在评定升级之前，一些学生认定读博士并不适合自己。光荣地退出，或是转而攻读研究型硕士学位，这些对于学生、导师以及学术体制来说都是一种成功。对于所有的人来说，这样的选择比数年后的焦虑和失败要令人开心得多。

4. 完成年度报告

博士学习的每个学年，大多数学院都会要求你的研究生导师交一个年度报告（annual report），概括你当年所取得的进步，评估你继续完成学业的潜能，并且提出你能否继续下一学年学习的建议。一些学校要求学生参与到这个过程中，一些学校要求学生完成中期评估（比如，要求学生完成报告并进行中期答辩），一些学校会让导师之外的人或机构进行评判，如学术学位委员会。过程可能不是特别正式，但是结果都记录在案。一个明智的策略就是将每年的报告视作一次反映自己进步情况的机会，而不是一个行政上的障碍。

5. 填写候选人申报表

在提交论文之前，你需要提交一份表格，正式通知你所在院系你已经做好准备，这份表格被称为"候选人申报表"。它主要有两个目的：

- 它要求你的导师对你研究的质量进行担保，因为在申报表上签字的时候，他们必须声明已经阅读过完整的稿件，并且肯定该作品有被考核的价值；
- 它促使组织开始为你选定评审人，这个过程可能需要花些时间，因为要递交简历，填好完整表格以及获得相关委员会的批准。

6. 提交论文和答辩

博士学习是一个漫长的过程，以一篇论文的完成和一次讨论会的召开为终点。这篇论文就是你的毕业论文，这次讨论会就是答辩"考试"，也就是你被一组非常聪明、知识渊博的评审人提问的环节。学术体制通过你完成论文和答辩的情况来决定是否授予你博士学位，其他的工作成果则无足轻重。

第三节　各种类型的博士学习模式

在以前我们攻读博士学位的时候，典型的博士学习过程是这样的：你需要寻找适合的导师，告诉他们你的研究想法。如果他们觉得你值得教授，你就会成为他们的学生，开始博士学习。博士阶段的课题很可能和你最开始提出的不一样。你在导师的随意监督下把学业糊弄过去，提交毕业论文毕业（毕业论文的内容估计和你最开始提出的想法以及你后来修改过的课题大不相同）或是放弃学业从事其他的工作，比如成为德文郡的一名蘑菇种植者。另一种学习模式是院系将博士生关进办公室里，三年后再打开门，并询问："你结束学习了吗？"

这样的时光已经一去不复返了。虽然仍有学校使用"将博士生们扔进办公室"这样的博士培养模式（为什么不呢，我们这些人最终还是获得了博士学位），但当下的博士学习模式已经远不同于以前了。学习的模式受到了学习地点（比如在"象牙塔"里，在校园中，在工业实验室里，或是在厨房桌子上），学习专注程度（比如是全日制还是非全日制），学生研究的自主性（比如是由学生主导，或是属于大型研究项目的一部分等），受到的指导程度（比如是教学式、半指导半合作式，还是大部分由学生独立完成），以及谁来进行技能培训（比如只研究无教学，或是教学占一部分）等因素影响。我们将讨论几个最普遍的学习模式。

1. 基本的博士学习模式

基本的博士学习模式是学生专注于博士研究，以最简单的导师指导关系为支撑，完全凭借最终的成果来评判。这个成果是博士学习的核心，每位博士生最终都需要找到自己攀爬研究巅峰的路。在一些地方

（如英国），这是主要的博士学习模式，导师指导关系是博士项目中最重要的特征。这是所有学习模式中最不需要详细说明、结构最简单的一种，但是仍包括一些基本的步骤和关键点。一些学校不愿意"将博士生们扔进办公室"，而是将技能训练相关的内容融入基本的博士学习模式中，比如形成指导小组和研究小组、开展学术讨论会、开设关于研究方法和专业话题的课程等。

2. 基于研究项目的博士学习模式

资助博士生的方法之一是让他们参与到研究项目中。这种方式有利也有弊。其优点在于：让本来没有机会（或者获奖机会很小）的博士生获得奖学金；有明确的奖学金设置方法和考核重点；方便研究团队的管理，让学生产生研究动力和责任感。其缺点是将博士学习同项目目标以及项目的政治性捆绑在一起，会使学生自己的兴趣让步于项目关注的重点，使他们成为项目的"产品"——更可能的是，使得博士学习附属于项目研究，降低学生的可塑性。基于研究项目的博士学习模式，最大的挑战是在项目中保持对自己身份的清晰认识，参与这个项目的学生肯定总是问："我的博士学习内容是什么？如何将其与研究项目区分开？我能够清楚说明个人的贡献是什么吗？"

3. 授课型博士学习模式，或硕博连读模式

这种模式在北美洲很普遍，学生花一两年的时间进行学习以获得继续攻读博士学位的"达标"资格。这个最初的阶段通常由他们专业领域的课程和一些前期考试组成。一些学校将向完成这一阶段学习的学生颁发硕士学位证书，但也有一些学校只是将硕士学位颁发给那些没有继续攻读博士学位的学生。这一阶段的学习是非常有用的，它保证所有的博

士生在进行独立研究前都具备一定的技能，也有利于学生增强自己的信心。

近来欧洲的一些学校也采用这样的模式，学生先要花费一两年的时间获得授课型硕士学位，这是攻读博士学位的前提条件，甚至在申请博士项目前就有这个要求。硕士阶段的学习可以使学生受到特定研究技能的训练或是在申请某一领域博士项目前进行提前学习。在后面的博士学习中，学生就可以进行独立研究了。

4. 专业博士学位学习模式

专业博士学位（professional doctorate）学习模式是为那些希望将研究与专业实践相结合的学生设计的。这种学习模式基于这样的认识：专业领域的知识有助于学生提升研究技能，专业实践本身就能提供相关（尽管不是充足的）研究技能的训练和知识的应用。这种学习模式充分利用各种专业实践活动，通常包括教学（和评估），也直接从专业实践中获取各种案例和数据。虽然专业博士学位最终的测评通常包括博士论文和口试（oral examination），但是这种论文通常篇幅较小，有明确的论题，并与专业经验相关。

5. 基于企业的博士学习模式

这种学习模式是学术和企业的结合：学术界与从事前沿研究的非学术组织合作，非学术组织可以从学术界获得学术认证。学生利用非学术组织的资源并为其工作和研究，他们的博士研究成果也和非学术组织的研究联系在一起。非学术组织在大学的学术规范引领下拥有明确的研究方向。这种模式中除了设置大学导师外，还通常设置企业导师。因为涉及学术和企业两个维度，学生可能面临事情优先级、截止日期和知识产权方面的冲突，并感到被孤立，但是这种模式也可以为学生提供优越的研究环境和工作机会。

6. 基于发表成果的博士学习模式

很多情况都会应用这种模式。这种模式可以看作是对发表专业成果给予学术认证的机制，成果包括一系列学术著作、专利权或是已发表的技术进展，及已经实行的创新教育方法。在这种情况下，博士论文说明了成果的重要性及其对知识领域做出的贡献。这种基于发表成果的博士学习模式使博士研究在接受审查前，受到同领域研究人员的评判，即要求博士论文主要由已在高质量的同行评议期刊和会议上发表的文章内容组成。在这种情况下，博士论文通过绑定已经发表或出版的作品而与现有的知识和理论产生对话。在很多学科领域，学生在博士学习期间发表会议论文和期刊论文是很正常的，发表文章对毕业论文的撰写很有帮助。基于发表成果的博士学习模式，明确地要求学生将学术作品发表或出版，而不是将它们默默地重新写进论文章节。

7. 非全日制博士学习模式

非全日制博士和全日制博士项目有很多相似的地方，但是难度更大，因为非全日制博士生们通常都有日常工作，他们能获得的支持和帮助较少。他们的日常工作和博士学习之间存在联系，有的时候互相受益，这与专业博士学位学习模式和基于企业的博士学习模式可能有些相似。这种模式有两种类别——市场型（market）和学术型（academe），这两种类别的学习特征和侧重点不同。如同与来自不同国家、说不同语言、有不同饮食和生活习惯的舍友共处一室，每个人都觉得自己说了算。最糟糕的情况是，日常工作和博士学习都在抢占你的时间和精力，让你疲于应付。

不管是哪种学习模式，最终都要完成论文和答辩。但是由于不同学习模式受到不同国家和制度文化的影响，博士学位的可比性有一定争议。

第四节　指导博士生的三种形式

指导形式完全是个性化的。每份指导关系都是独特的。同一个导师的学生可能会对这个导师形成不同的看法，拥有不同的指导经历。就像让某个家庭中的几个孩子说出自己成长的体验，得到的答案有时就如同他们生养在不同的家庭。但是，还是存在一些普遍的模式。

1. 单一导师制

以前的指导关系是一个封闭体系。一位导师"拥有"一名学生，其他老师不能侵犯和干扰。若导师非常优秀，这种关系就很适用。然而，并不是所有导师都很优秀。现在仍有很多"领头"导师疏于日常工作，而这位导师通常是学生的主要指导人和联系人。当然，这种指导关系不是排外的，而且现在很多导师要同时对其他导师或其他形式的指导工作负责，这样可以学习其他老师的经验和专长。

2. 导师联合指导

后来，学术界认识到导师是这个过程中除学生之外唯一的人类（尽管这样说像恐怖电影一样），导师联合指导能够弥补单一导师制的不足，是更可靠的方式。导师联合指导有很多形式：

- 1+1：在这种模式中，有两位（或更多的）独立导师，他们与学生分别见面，并让学生单独与他们沟通。学生可以接受两次教导。这种模式具有单一导师制的所有缺点，缺点总数取决于导师的数量。学生在同一房间里和各位导师进行共同讨论的次数越多，学习效果越好。但这种模式可能出现"导师缺席"的现象。实际上，制度规定有两位导师，但有的时候学生仅受到一位导师的指导。

- 专家制：导师是根据其专长和时间被选派来指导学生的。一位导师是通才，另一位导师是某领域的专家；一位导师负责实验设计，另一位导师负责数据分析；一位导师擅长理论分析，另一位导师擅长实践应用；等等。只要角色选定和决策的过程经全体同意、沟通顺畅，这个机制就可以顺利运行。这个机制适用于各方能够定期见面的情况。

- 领导和支持机制：一位导师是主要导师，其他导师支持他的工作，比如提供专业知识或者作为评阅者。这种机制的特点是，主要导师有话语权，其他导师容易产生疏离感和不满，导致他们有能力做事的时候也碌碌无为。

3. 指导小组或指导委员会

指导小组或指导委员会可以看作是单一导师制和导师联合指导的结合。大多数指导都是正式和非正式方式相结合，指导委员会的运作方式也是这样。委员会的专家负责监督研究工作，具有在正式会议中做出或批准重大决定（关于研究设计和研究方向）的权力。日常的指导则由一位导师负责，他主要负责掌管非正式的研究活动。这种模式在北美洲很普遍。优点和缺点都在于专业意见的集中。很多人参与意味着可能存在很多意见分歧。从另一方面来看，若全部委员通过一项决定，也会给学生带来充分的信心。

所有指导模式的关键都在于沟通、清晰的责任划分和决策制定。导师联合指导有一定优点：多位导师提供了更全面的知识和技能指导，使得单个导师的缺席对整个过程影响不大。学生可以从不同导师不同视角的教学中学到很多知识。聪明的学生可以处理好与导师的关系，学习导师最擅长的知识，并用一位导师的优点弥补另一位导师的缺点。我们将在第四章中更多讨论关于导师的内容。不学无术的学生则试图糊弄导师，将博士学习的失败归罪于导师。如果你认可导师联合指导的机制并能够处理好其中的问题，这个机制将会运行得非常顺利。

第五节 论文的各种形式

有多种不同的论文形式，其结构和内容各不相同，比如：

- 学术性著作，深入地讨论现有的证据，并以令人信服的叙述方式表达观点；
- 论文集，将共同讨论的研究结果编撰成册；
- 工程技术模型，通过建造一种工具、实施一种方案、创造一种算法或是设计一种流程或方法来解决问题；
- 实证导向型（empirically-driven）论文，在这类论文中，论点是通过一系列的实证研究来论证的；
- 科学论文，即通过实践应用或基于实验性证据生成理论来解决问题；
- 理论导向型论文，即基于论据、分析和案例，或者使用实证证据，提出一个新的理论或是对已有的理论进行创新性解释；
- 数学证明，要求具有深刻的洞察力，论证正确。

显而易见，这份清单既不明确，也不完整。

不同的学科有不同的要求，数学和美术，生物学和历史学，考古学和计算机科学的期望目标不同，对论文的要求也不同。不同点不仅在于论文的长度和结构，更在于对知识主张和实践的要求。此外，还体现在论文是如何展现和讨论现有的知识，提出了哪些论点，如何将理论和证据相结合，以及提供的证据性质和论文讨论的范畴。所有这些都可能存在不同的要求，所以，你要了解你所在学科的要求。

第六节 遵循流程和步骤，保持良好的研究习惯

做学术是带有形式主义色彩的。一些流程和步骤是一直存在的，即使你不再从事学术研究，那些条文依旧存在。因此，你不得不了解那些烦琐和看似无意义的流程。我们的建议是不管它们有无意义，你都要处理这些流程。如果它们对你来说没有意义，你也要为节省力气处理其他的事情而遵守流程。如果一点实用意义都没有，你也需要对这些复杂的机制有所了解。整齐地填写表格，按时递交，最重要的是，展现你的能力。时刻遵循流程和步骤是"保持良好研究习惯"的一种形式。

下面有很多你可以采用的方法。这些方法易于实行，并极有好处。如果你觉得这些事无足轻重，那么你就错了。

1. 积累想法

- 博士研究的一个重要（也许是最重要的）部分就是想法的积累，包括关于课题的核心想法的整理和组织、对自己研究的想法的确认和发展。想法来自很多方面，包括文献、经验、实践和公交车上的即兴对话。

- 使优秀的研究者脱颖而出的就是对所收集的资料及研究想法的组织和"过滤"（filter）能力。重要的想法必须加以突出，不同的想法必须深入理解。研究者必须重视那些对自己研究有用的想法。阅读文献的一个意义在于帮助你意识到哪些想法是反复出现的。一旦你找到了想法，你需要根据你的兴趣、可行性以及它们的重要程度来确定研究的优先顺序。

2. 记录进程

仅仅在一页纸上列出的在某个时期内做出的成果和参与的活动的清单，也可以成为很有用的资料。你可以使用"观点和研究进展""出版物和演讲""实证研究和其他研究步骤""文献知识""技能发展"等来进行分类。不论你什么时候完成了一件事，都把它简单记录下来。大多数学术工作者通过这样的清单来记录进程，这种形式方便检查，并且不需要依赖记忆或向别人询问，就能帮助你快速完成年度进展报告的任务（反映你最近在做什么）。

3. 做一份带说明的文献目录

- 时刻记录参考文献似乎太浪费时间，但是这会帮助你以后节省更多的时间（和减轻焦虑）；
- 像审稿一样阅读资料，像写评论一样记笔记；
- 认识到阅读资料应随着个人的知识水平和研究环境变化而变化；
- 记录能反映观点变化的笔记；
- 以不同的视角（比如你的研究目标、研究方法的检验等）深入阅读；
- 记录那些与你研究不相关的论文，这样你就知道已经看过这些文章了并且做出了判断；
- 保存论文的电子版。

4. 每周发邮件和导师沟通

有效的沟通应该行文简短，几句话总结你上周做了什么事情，有哪些疑惑，下周计划是什么。这是一种"诚实对待"自己和导师的方式，能够为导师提供有用的信息来帮助你。这一点对非全日制博士生尤为重要。

5. 一旦通过"考察期"就起草论文大纲和摘要，并定时更新

更新论文大纲和摘要是及时反映你"宏伟文章的整体面貌"的重要方式。不断更新的版本也记录了你的思考是如何随着时间发展的。

6. 列出待办事项清单

列出你的待办事项（比如把它们写在便利贴上，并将它们分组）：优先列出紧急和重要的事项。说明你的目标，描述如何可称作目标达成。"完成任务的技巧在于不停开始新的事情"：先着手那些容易实现的目标。

7. 定期备份

这还需要解释吗？

第三章 培养独立研究的能力

我们攻读博士学位的时候,"让学生自己在学术中摸索"是教学的常规模式。学生们在学术的殿堂中逡巡,仿佛自知在研究什么。导师对博士生的指导是神秘且不可侵犯的,导师与学生的指导关系是非常私密的。因此,对于指导技能,新的导师通常是利用自身当学生的经历,通过观察以前导师的行为自学成才。有的导师是对学生非常有帮助的良师,指引学生成为独当一面的学者。有的导师则没有那么内行,他们与学生各自摸索。还有一些导师,开设博士"工厂",生产出一模一样、扁平包装而非精雕细琢的学术论文。这种导师没有教会学生真正的独立性,而是使他们附属于某些模式。还有一些导师并不称职。有的学生跟随这样的导师完成学业,有些则半途而废。

博士学习是一个以学位论文完成和答辩通过结束的漫长过程。你是否能够取得博士学位取决于论文完成的情况和答辩的表现,在这个环节中,你将展示学习期间的努力成果。人们对这个过程主要有三种看法:

- 你仍需要专注于每个阶段的学习任务,并且按时完成,只有这样才能顺利提交论文,进行答辩。
- 无论以什么方式,你只要通过了前面的学习阶段,就能达到写毕业论文和答辩这一最重要的阶段。

- 所有这些内容都是为你获得博士学位之后的事情做准备。

第一种看法降低了学生在早期学习中因设定的目标较高而遇到困难的风险，因此在管理者和紧张（可能是大多数博士生的状态）的学生中盛行。第二种看法则没那么普遍，尽管这个看法容易使人误解，造成不该出现的悲剧（比如，没有意识到了解如何应对各种流程是一项必要的技能），但是这种看法更准确。第三种看法是最不为人所称道的，但是它是对你的博士学习和日后的生活最有用的观点。第三种看法就是本章所要讲的内容：你需要明白，要提高撰写博士论文和答辩的能力，需要学习一系列技能，并要学会向他人展示这些技能。

有一个关于第二个观点错误之处的经典故事：一名学生学习专注，提交了毕业论文，开始寻找讲师的工作。他发现如果想要在该研究领域内获得比较好的工作，需要两年的教书经验和一篇发表了的期刊文章。如果这个学生在两年前就知道这种要求，他可以做一些教学实习并且提交一两篇期刊文章。另外一个例子是，一名学生也仅仅专注于完成论文和答辩，在找工作的过程中发现，求职者需要具备团队工作经验、与人交流的技能和不同研究方法的实践经验。同样，如果他早些知道这些要求，也许能够获得相关经验并得到实习机会。完成毕业论文和通过答辩是你获得博士学位的必要路径，但是在博士学习期间，也要同时考虑如何为就业做准备。

这就是这里我们所要讲述的观点。如果你坚持以官僚主义的视角来看待，这个技能无非就是填写表格，判断对错。如果你以建设性的角度看问题，它是关于你作为一名全面发展的、独立的研究者，应当如何以全局观来看待个人的发展。这个理论也认为，人生不以一场成功的答辩结束——你答辩成功的那天才是你剩余人生的开始。在获得博士学位之后，你需要为接下来的人生做好准备。

第一节　成为一名"独立的研究者"是什么意思

成为一名"独立的研究者"意味着拥有研究必备的知识、技能、批判性思考能力和主动精神。我们已经勾画出一系列基本技能——比如在学徒期需要掌握的"制作橱柜"的技能。你可以将这些技能，与本章末英国相关研究机构编制的技能相比较，或者干脆自己头脑风暴一下研究生涯所需要的一系列技能。如果你将这三者做比较，你会发现它们当中一些重要的相同点，这并不令人意外。

然而，独立并不意味着独自工作，独立的意思是有能力发起、设计和领导一个研究项目，专业技能只是这其中的一部分。大多数研究是在一定社会环境中完成的，因此了解你想加入的学术或者企业研究团体的"游戏规则"，以及拥有在团体内进行有效社交的能力和组织能力，也是这些技能的一部分。

独立也不是在没有任何人的帮助和指导下，对每一件事亲力亲为。实际上，在完全孤立的状态下工作，是极其不对的。这意味着你缺失了很多关键能力。想象下自己隐居在一个完全隔离的象牙塔顶端，这可能是一个很诗意的画面，但即使是数学家也不得不出现在别人的面前，讨论他们的论证过程。科学史是由五湖四海的科学家们内容丰富的书面信函推动的。这就是我们强调"研究对话"的原因。那些远离对话和互动的学生将失去与学术界的联系，毕竟，在学术界中，是由审查人（examiners）、评论家和审稿人组成的学术团体对个人研究做出评判。学习表达自己的观点并参与到与这些人的研究对话中，是一项基本的研究技能。沟通是研究的必要组成部分，像其他所有技能一样，沟通也需要练习。

向其他人咨询、争论学术观点或者获得专业的建议不是一种欺骗行为，而是一种能力。这是成为专家的过程中非常重要的环节。

第二节 学术技能如何在研究项目和论文中体现

很多研究者在接受正式的研究技能培训之前就已经掌握了相关专业技巧。成为一名独立的研究者所必备的知识和技能是良好监督管理体制下的自然产物——真正的"议程事项改变"不是引入技能培训，而是引起人们对这些事项的关注。比如，很多年前，我们和学生见面的时候，做了一次内部的技能调研。这个调研的问题类似于：学生能够阅读（或者准确汇报他们所阅读的内容）吗？学生可以熟练地（以标准的英文语法）写作吗？学生可以机智地反驳吗？我们过去常常用这种方法"考量学生"，如果我们发现任何缺陷，都会相应地调整指导模式，引导学生提高阅读、写作和论证的能力。我们只是从未讨论过这套方法。

那么，这样的方法和以前的方法区别是什么？直观地说，是要求学生定期思考，然后制订计划，最后记录结果。关键的环节是，让学生注意并定期反思自己的不足。

毕业论文和答辩是体现学生所积累的技能的最重要的两份"证据"。优秀的毕业论文和表现良好的答辩是学生掌握必备技能的外在表现方式：提出恰当的问题，在文章主体部分陈述学过的知识、理论和实践方法，批判现有的知识、理论和实践方法，以此为基础引经据典，制订研究计划，严格高效地开展研究，分析结果，讨论研究的局限和含义，做出总结并升华理论，阐明某人的观点并为其做辩护，清楚地阐述研究内容，等等。

前文提到的"考察期"评估报告、学术研讨会和年度报告等，也是一些证明能力的证据，让学生们知道自己所做事情的意义。这就是为什么博士学位不仅意味着"对知识的显著贡献",更是对研究能力的证明。

第三节 重视技能培养

技能培养不是一件简单的事情。技能有很多种类,比如基本技能和可迁移性技能(即基本所有领域都涉及的一种技能)、学科技能(discipline skills,即某学科内关于规范准则和实践的技能,比如不是每个人都需要知道在实验室中穿戴橡胶手套和实验服对健康和安全都有好处)和项目技能(开展某个具体研究项目所需要的技能,比如不是每个人都需要应用结构化理论或使用 Java 程序)。

当然,时间也有很重要的作用。在博士学习期间,不仅技能本身会改变,(很有可能)得到更新发展,而且对"能力"的评判标准也随着角色和项目的不同而变化。技能发展不是接种疫苗,一次学习,终身受益。它需要你循序渐进地练习,一次次小的进步和锻炼最终会积累并形成一项内在技能——技能日后也将继续得到发展和提升。如果你已经深思熟虑,要培养某项技能,那么你需要关注短期目标和长期目标,制订个人目标和研究计划。这种规划可以帮助你在有明确产出结果和时间要求的几个目标之间分出轻重缓急。

技能常常以非常抽象的词表达出来。我们在本章第五节列出了英国研究理事会和英国毕业生项目使用的词汇,你看下其中的内容就知道我们的意思了。但是了解它们的具体含义却不难。思考一下本章第五节中列出的第一个技能:"具备清楚地识别(recognize)和确认(validate)问题的能力"。请自由想象,这句话是什么意思。

第三章 培养独立研究的能力

- 你可以认识到你所阅读的研究论文中的研究问题吗?
- 你已经清楚地描述出在博士学习期间所研究的问题了吗?
- 你可以从研究问题中引出有效的研究假设吗?
- 你可以:

  从别人探讨相关问题的文献中举出一些例子吗?

  解释为什么这些研究者提出这些问题吗?

  对这些方法的优点和缺点进行讨论吗?

- 你可以解释清楚在你研究领域看起来合理有效的证据和 / 或者论据吗?
- 你可以设计一个研究方案,解决其中的问题吗?

如果你可以完成以上所有的问题,那么你大概能够证明自己拥有"识别和确认问题的能力",并且在实际研究中使用这些技能,比如和导师讨论研究文献中的"空白"地带、书面分析报告中所涉及的问题,以及如何处理这些问题和各种处理方法的优势和劣势。

我们举另外一个例子,需要你从书桌上抬起头环顾四周,回答如下问题:"请从国内和国际角度来说明你对研究环境具有广泛的了解。"

- 你知道你所在国家是如何资助研究项目的吗?你知道国家是如何提供奖学金资助的吗?
- 如果你需要额外的资助(比如,去参加一个会议),你知道在校内和校外的哪些地方申请吗?
- 你能大致描述出你所在的大学、院系和研究机构在学术研究方面的组织架构吗?
- 你能描述出你所在领域的研究工作是如何通过重要的专业组织、会议、社会团体、出版商和资助机构展开的吗?
- 你能描述出申请论文出版的行政流程吗?

- 你是否定期参加学术讨论会并与同行和导师定期讨论？你是否参加本学科外的学术讨论会？你是否参加就业相关的讲座？
- 你是否审阅或评判过他人的研究论文？你是否阅读过其他评审人的评论意见？

正如你所知，了解周围的研究环境，明白研究团体运行的基本原则，对博士学习和今后的研究工作都非常有帮助。

思考技能的具体含义，不仅能让你明白它们的内涵和对你的帮助，也有助于你选择参加哪些活动来培养这些技能。反过来，参与这些练习活动还能帮你记录下技能掌握的程度。有效的监督可以推动学生思考，并有助于博士研究顺利完成。思考技能含义的关键就在于反思和讨论——想想哪些技能是最重要的以及如何培养这些技能，这样也可以为你提供一些与导师讨论的话题。

实际上，大多数人一般自己私下里就完成了这一过程。绝大多数学者都有证明自己掌握了某些技能的"一系列证据"，尽管很多人不这么认为。在一些情况下，他们会有已经发表的论文的合集（可能一些人并没有）、所发表的演讲中使用的幻灯片和笔记、基金申请报告、不断更新的简历等。在工作面试的时候，你通常会被要求列举已掌握的技能的情况：你能否举出你参与团队合作的经历？你能否给出设计研究方案的例子，并说明你是如何做出方案决策的？你能否说出自己曾领导完成一个项目的例子？等等。记录自己掌握的技能本身就是一项基本技能。

第四节 如何成为一名国际化的研究者

为什么不继续讨论独立性的话题了？如果你日后想要成为一名专业的研究员，那么你需要建立国际声誉。这不是你在博士学习期间必须要达到的目标，但是你可以先打基础，并引导自己以战略眼光看待自己的研究。

1. 详细了解研究领域的必备资质

大多数研究者在一开始的时候，就知道自己需要的资质，但这还不够。你了解得越多，就越能出色地完成工作。

了解一下"行业的必备资质""游戏规则"和"参与标准"总是有好处的。就像在语言学习中要了解词汇和语法，或者在某一行当中要了解其使用的主要工具。方法论、标准和规则是你作为研究者的"工作语言"。如果一个人没有全面地掌握乐器演奏的机制以及乐理知识，他很难成为一名杰出的小提琴演奏者。但是，既定的方法论、标准和规则不是你唯一的"词汇表"，像语言一样，它们也会发生变化。随着研究的深入，方法论、标准和规则也会发生变化。创造性有时就是偏离标准和规则的一个结果。然而，如果你比较"激进"，想推动研究的重大变化，你需要让所在的研究团体了解你的创新，并且巧妙地将其与既定的标准和规则相结合，使得你的创新更容易被研究团体接受。

2. 找到学习榜样

在研究领域中找到一个你钦佩的对象。研究这个人发表的作品。这些作品都是在哪里发表的？作品最开始得到认可的时候是在哪里发表的？了解这个人所参加的活动。他都参加了哪些活动？参与了哪些项目？这些项目是如何得到资助的？他出席了哪些会议？调查下这个人的合作伙伴。他是与谁共同发表文章，与谁合作完成项目的？他经常拜访的人是谁？了解这些榜样的行为，作为你处理事务的参考。

3. 成功的关键

你会发现国际化的研究者有一些共同的品质。

- 素养：（尽管有些愤世嫉俗的人认为这点可有可无，但是这个品质确实能帮助研究者们保持热情，请参见下文。）正如一位聪明的同事曾经说的，"出色地完成工作，并讲好其中的故事"。
- 参与：不仅做好研究工作，还要加入研究对话，成为研究团体的一员。
- 热情：你需要非常向往研究工作。
- 视野：认清自己的研究领域，并能够清楚、完整地讲述自己的研究工作。
- 合作：与那些能够激励你并提高你认知与思考能力的优秀人才合作。
- 诚实：你不可能一直成功。承认"这次我不行"不会妨碍你下次成功，承认"我不知道"然后聪明地回复对方，这会使你得到更为专业的帮助。
- 简化：不要试图一口气完成所有事情；优秀的工作将会引出更加优秀的成果。

4. 形成你自己的研究议程

你需要选择"正确的"领域。首先，你得对这个领域非常感兴趣，愿意为之付出长期努力。然后你选择的研究课题要合适：你需要一个还没有被研究透彻、具有"开放性"的课题，它能被主流的研究会议接受又少有人研究（综合性、跨学科的话题比较适合）。你需要明确你的研究领域。找到一些这个领域内你感兴趣的议题/问题。选择一些有助于完成研究"全景"的二级话题，保证你的研究能够讲成一个完整连贯的故事。

在开始任何新的工作之前问下自己：这项工作是否对我的研究议程有帮助？明确能够帮助你开展研究的短期目标，制订有助于推进你研究议程的、在国际上发表作品的目标。切记"科学（或其他研究）的发展都是步履蹒跚、缓慢前进的"。

5. "聪明地"工作

你不可能每件事情都亲力亲为。努力工作是必要的，但是过度地工作往往不是正确的方法。因为一个人的精力是有限的，你需要选择产出较高的活动。

- 学会说"不"。
- 致力于参与国际会议和在国际期刊上发表论文，充分利用现有的资源。
- 找出"看门人"（gatekeepers），并设法明白他们遵循的规则。
- 持续渐进地发表作品，从小规模的会议论文开始，再到期刊文章，最终构建自己的研究体系。
- 重复使用内容：将想法、理论和文献综述用在不同的地方（比如将基金申请报告改写为论文，反之亦然）。针对不同的读者改写材料（比如，一个关于需求获取的实证研究可以写成一篇关于机械行业需求的文章，或者写成以软件开发为主题的实证研究论文）。学会区分"自我抄袭"与材料改写是非常重要的。如果你重复使用已经将版权授予第三方的材料，比如使用已经发表了的文章的内容，就可能陷入麻烦的法律纠纷。如果你不确定是否违反法律，可以向有经验的人咨询。

- 只接受具有战略意义的邀请，比如演讲、出版、合作、审稿等。你不必因为受到邀请就做所有被要求的事情。仔细考虑这些被邀请做的事情是否对你的研究议程有帮助，或者有助于提升你在研究团体中的地位，或者它仅仅是一项毫无战略意义的工作。关注那些能够给你的研究带来帮助的活动邀请。

6. 加入研究团体

- 与外界沟通：多与他人沟通。
- 参加相关机构的学术研讨会，确保会后能与重要的研究者进行一对一的有效交流。通过电子邮件或其他通信方式对某类感兴趣的话题持续跟进。
- 加入重要会议的统筹委员会。（随后成为重要期刊的审稿人，最终加入期刊编委会。）
- 主持工作坊或者学术辅导课（tutorial）。邀请重要的研究者到场并且找到机会与他们交流。
- 公开场合好好表现自己。在会议上提出好问题，在同领域专家面前提出建设性的建议。
- 做一名"优秀的公民"：谨慎引用他人的作品并注明来源。在讨论中传阅所参考的文献，在适当的时候，通过给他人递送论文复印件保持联络，信守诺言。这些行为可以帮助你成为一个博学和受欢迎的人。

7. 与杰出的人士合作

积累广泛的人脉资源——你可能需要在某些特殊的课题中联系该研究领域的熟人。挑选你信任和尊敬的同事成为"顾问"人脉网络的核心，你可以与他们交换研究底稿以及共同探讨包括早期构思在内的研究项目事宜。与你所在的院系、大学和国家之外的研究者建立合作关系。不要局限于你所在领域的学术研究者：寻找企业中的合作者和其他领域有趣的研究者。集中精力与那些聊得来的杰出人士建立联系。

如果你在博士学习期间练习构建自己的社交网络（参见第五章），那么你会发现与他人，甚至与国外人员建立联系也没那么难。参加国际会议和进行研究访问是结识同道之士的好方法。很多资助者都提供海外差旅经费来促进国际合作，即使没有差旅经费，你也可以与其他研究者讨论他们的工作。浏览讨论会列表、期刊、会议纪要和新闻简报，时刻了解你的研究团体中有影响力的人物。

8. 如何加入统筹委员会

对很多会议来说，加入其统筹委员会是一个渐进的过程：开始的时候你是一个小"学徒"的角色，然后过了一些年，你的角色会越来越重要。实际上，你需要积极融入该学术团体并且展现你能够为它做些什么：去参加会议，参与"商务会面"或者"反馈环节"，提出建设性意见。结识现任的统筹委员会成员，并表达自己想加入委员会的想法，事后记得发送邮件。如果你被要求审阅论文，那么一定认真对待这项工作（对论文的优点和缺陷提出客观、建设性、有信息量的反馈），按时提交。

9. 拥有一个优秀的网页

确保你在网站上的介绍都是以热忱的语气陈述的。在网站首页放上吸引人的、令人愉悦的照片。在网站上写一些好玩儿有用的东西，比如相关领域的参考书目、一些有趣的软件、一些专业的研究技巧，或者是其他时髦的相关网站。

第五节　研究生必须掌握的研究技能

英国研究理事会和英国毕业生项目联合发布了《关于研究生研究技能训练要求的联合声明》，声明中详细列举了研究生必须掌握的研究技能。

1. 研究技能和技巧

- 具备清楚地识别和确认问题的能力；
- 具备独立和批判性思考，以及发展理论概念的能力；
- 了解自身研究领域和相关领域最近的进展；
- 了解自身研究领域内相关研究理论和技术及其应用；
- 具备批判性分析及评估自己和他人发现成果的能力；
- 具备总结、记录、报告和反思进步的能力。

2. 关于研究环境

- 广泛了解国内和国际研究环境；
- 了解关于其他研究者、研究对象以及其他可能影响你研究的人员的权利方面的问题，比如机密性、道德问题、作品归属与版权、作弊问题、数据所有权和《数据保护法案》（Data Protection Act）的相关要求；
- 了解其他机构和/或学科优秀的研究实践的标准，对其表示赞赏；
- 了解健康和安全相关的问题，开展负责任的研究实践；
- 了解获得资助的过程和研究评估的情况；

- 在自己的研究中运用相关原则和实验技术；
- 了解对研究成果进行学术应用或商业开发的过程。

3. 研究管理能力

- 在设定研究目标、研究过程中要达到的阶段性目的和安排研究活动的优先次序方面，拥有有效的项目管理能力；
- 能够通过有效地利用合适的资源和设备，设计信息获取和信息整合系统，实现系统的良好运行；
- 能够找到恰当的文献资源、档案和其他相关信息；
- 能够在数据库管理、信息记录和信息呈现方面恰当地使用信息技术。

4. 个人能力

- 有强烈的意愿和能力学习和掌握新知识；
- 在研究方法上有所创新；
- 有灵活性和开放性思维；
- 有自我意识，能够意识到自身的培训需求；
- 自律、有目的性，能够全面地看待问题；
- 能够认清研究的边界并恰当地使用论据；
- 有主动性，能够独立工作。

5. 沟通能力

- 能够清楚地、以合适的风格撰写研究材料，比如进度报告、发布的文件和论文；
- 能够形成条理清楚的论点，能够通过一系列技巧清楚地阐述观点；

- 在学术研讨会和答辩过程中能够有建设性地对自己的研究成果进行辩护;
- 能够提高公众对某研究领域的认识;
- 如果参与到教学、辅导或者演示活动中,能够有效地帮助他人进行学习。

6. 社交能力和团队合作能力

- 与导师、同事和同行在学术机构和研究社团内保持合作关系和工作关系;
- 在正式和非正式的团队合作中,理解他人的行为,对他人产生影响,为团队的成功做出贡献;
- 倾听、接受他人意见,对他人意见做出反馈。

7. 事业管理能力

- 意识到职业继续教育的重要性,并积极参与;
- 实现对自身职业发展的自我管理,设定现实中可以达到的职业目标,通过各种途径提高自身就业能力;
- 深刻认识到可迁移性技能对在其他工作环境中工作和获得学术领域内部或外部工作机会的影响;
- 通过个人简历、申请书和面试展现个人技能、品质和经历。

第四章　如何与导师相处

从你成为博士研究生的那一刻起，你就开始与导师形成一种非常密切的关系。这种关系既是私人方面的也是学术方面的。学生与导师之间的关系可能会和你以前与老师的关系有所不同，因为作为研究生，你需要占用导师很多时间，花费他们的精力。你不能像以前上课那样默默无闻；作为博士研究生，你需要表现自己。

你的导师对你非常重要，与你本科时期的论文写作指导老师不同，他不再是你的众多老师中的一员，而是你唯一的指导老师。

良好的师生关系需要双方共同的努力。你的导师没有义务把所有事情都做得完美无缺；论文的成功与否取决于你们共同的付出与合作。很多博士生遇到一些不必要的麻烦，因为他们在处理与导师的关系时，犯了某些很常见的错误。很不幸的是，我们的经验是，很多学生没有深入思考这种关系，而且大部分问题都是可以预料的，也是可以避免的。如果你已经透彻地思考了这些问题，那么你很有可能会被导师和院系看作是一笔宝贵的财富，最后结局皆大欢喜。

大多数关于攻读博士学位的"恐怖"传说，都源自糟糕的学生—导师关系，而不是研究课题很难或校外评审人很苛刻。最常见的原因莫过于学生不听取导师意见。不太常见的或不为人所知的则是因为指导老师很无能而造成的"恐怖"。现在流行的培养模式是每个博士生有一位以上的指导老师，这样做的目的是减少你遇到一个无赖或者无能之辈的风险。此外，院系一般都会密切关注学生每个阶段的表现，比如说在升级评定研讨会上，无能导师的表现就会暴露于众，院系也会就其能力进行调查。

师生关系就像婚姻一样亲密，相伴终身。这个比喻在很多方面都很恰当。对此，很重要的一点便是兼容性。如果是与第一次见到的单身异性结婚，没有一个理智的正常人会期待自己的婚姻美满幸福。同理，你也不能期待与每个导师的关系都能那样好，有的师生关系可能会很直接，但是有的师生关系却不是这样。同样，你的导师也没有义务忍受每个笨蛋令人讨厌的癖好，尤其是不能忍受这些人还指望带着这些癖好做博士论文。作为一个学生，你要摆正自己的位置：你是学徒，而不是万事皆正确的顾客。

关于"合适"这个问题，没有一种类型的学生我们可以称之为"合适的学生"，也没有一种类型的导师可以被称为"合适的导师"，就像婚姻中没有一类人被称为"合适的配偶"一样。导师有很多类型，学生也有很多类型。某种类型的导师可能会非常适合某种类型的学生，不适合另外一种类型的学生。谈到这点，上面将师生关系比作婚姻关系就显得有点牵强附会了。过去，很大比例的学生入学时就明确要跟某个导师做博士论文；现在博士生入学只是与学院或系里签约，然后学院或系里负责给其安排一位导师或几位导师。更贴切的比喻莫过于两三个人遭遇到海难，船只失事，他们被迫留在一个荒岛上，不得不学着与他人和平相处，并且共同努力工作。坐在海滩上抱怨其他的幸存者不是完美的同伴、无法帮你生火取暖和找到食物于事无补，同样，坐在桌边抱怨你的导师不够完美，也于事无补。除非情况已经变得十分糟糕，否则你必须充分利用你所拥有的一切。注意这个过程需要积极的态度和举措，而不能太被动；不要简单地忍受你的处境，相反，你需要找出自己所拥有的资源，发挥自己的智慧，并充分利用这些优势。你最好先做个自我鉴定，主要是明确你的性格和需求等。这样你就可以确定要从导师那里学到哪些知识，以及如何以一种适合双方的方式获取这些知识。与此相关的因素包括对技术支持的需求、对情感支持的需求、对论文结构设计的指导需求、对待批评的能力、准时提交论文的能力和保证论文达到一定标准的能力等。

问问自己哪些特点可能会使自己在面对导师指导时很尴尬，哪些特点会给导师指导带来麻烦或不便。然后要思考自己希望在哪些方面有改进或取得进步，对待导师、博士学位的态度将对你造成什么样的影响等问题。

第一节 导师应该提供哪些方面的指导和帮助

导师应该提供哪些方面的指导和帮助呢？学生们很少思考这个问题。

一种误解就是认为导师是单纯意义上的"技术资源"，他们能够提供专业知识，解答你所研究的领域的难题。比如你以 UNIX 操作系统作为研究课题，期望导师能够解答你遇到的技术难题。持有此看法的学生，一旦发现导师不能解答某个难懂的专业问题，就会感到不解，抱怨导师没有能力，而后也弄不明白学院或系里为什么不会因此同情自己。设置博士学位的目的在于展示你作为一个独立的研究者，能够发现新的知识的能力，如果你期待导师熟知你研究课题的所有方面，那么你就没有理解博士学位的意义所在。

指导博士论文有很多方法，导师可以扮演很多不同的角色；每个学生都与众不同，也就需要不同的支持和帮助。其中一些学生可以独立完成大部分工作，导师见面会就成为师生双方都很享受的时刻：因为彼此能够相互学习。这种情况虽然很少，但是确实存在。这类学生一般入学成绩都不是很高，成绩不是最优秀的，但是他们有一个共同点，即擅长自学，能够适时判断什么时候应该停下来接受反馈。另外一种类型的学生从来不主动去学习什么知识，他们需要他人不间断的反馈、积极的鼓励，总是期待有人一勺一勺地来喂他们，甚至到了一种令人担忧的程度。对于第一种类型的学生而言，导师们经常会忙于幕后工作，想方设法帮他们寻找毕业后需要的资助；对于第二种类型的学生而言，导师们则不会有时间照顾他们。

导师的指导还体现在帮助你填写相关表格、撰写年度报告、联系实习单位等小事方面。除此之外，导师还要扮演很多的角色，有些角色可能与你的博士研究相关，有些角色可能你并没有注意到。

其他角色包括：

- 专业技术支持者：例如提供一些技术技巧培训，包括如何利用图书馆，如何使用专业软件以及如何查找相关文献；提供与其他研究者联系的机会和方式；指导建构论文主题；培养学生批判性阅读技能。
- "拓展型"智力支持者：例如帮助学生培养讨论技巧和批判性思维能力；提供本领域内的研究论题；提供专家意见，指导学生学会在此领域内做研究工作。
- 行政管理支持者：例如帮助寻找资金及其他资源；保护学生不受学校中政治或行政方面的干扰；帮助学生发表论文或出版著作。
- 管理者：例如提供一整套方案（涉及导师见面会、最后期限、目标等），规定完成期限和实施方案。
- 个人支持者：例如进行就业指导，提供情感支持和建议等。

如果你对此感到不满意，那么你需要记住一点，机构对学生表现情况的评定与导师的一些活动相关，相关的工作包括上交各种报告（如关于博士生考核未通过比率的详细调查报告）、参加导师见面会、完成研究评估演习，以及接受资助方的审查等。

为什么人们要成为指导教师呢？当然，钱肯定不能成为他们这样做的唯一理由，因为指导、监督几乎不给报酬。也不是由于指导论文就可以从其他任务中解放出来，因为校方的工作量安排总是低估指导工作花费的时间，实际上花费的时间总比时间表上安排的要长得多。人们做导师的原因五花八门：有的教师是听从系主任的安排不得已而为之；有的教师是受责任感驱使；有的教师唯利是图，以自我利益为出发点（比如为了利用学生发展自己的事业）；有的教师则信仰理想主义，喜欢和学生一起工作。

不管导师的动机如何，彼此相处融洽对双方都有好处。遇到一件具体的事情，不管从道德上讲谁是谁非，为了自己的利益，你应该与导师维持和睦的师生关系；如果论文不能通过，拿不到博士学位，这对你而言将是个灾难，而对你的导师而言可能没有那么严重。所以我们建议在处理与导师的关系的时候，你需要采取一些策略，而不是期望导师一直主动，一直领着你向前走。一般情况下，你要学着从他们的角度看问题。如果有人要你去指导学生完成一篇本科生论文，你希望指导哪一类学生呢？不想指导哪一类学生呢？一旦你把这个问题想通了，就试着从这个角度来审视一下自己的表现：你有多少次没有出席导师见面会？有多少次迟到？多少次没有任何准备就来开会？多少次希望导师把所有的事情都想到？

最终对论文负责的人应该是你，而不是你的指导老师。在这种导师与学生间监督与被监督的关系中，作为学生，你要承担起自己的那份责任,这点对于论文写作和答辩都很有帮助。因为论文答辩时,学生必须承担传达信息的责任——如果评审人认为主题不清楚,这是学生的问题,而不是评审人的问题。所以在与导师交流的过程中,你要练习传达信息的能力,明确你希望从博士课程中学到哪些知识,希望从单独见面会中学到哪方面的知识,并且把你的想法汇报给你的导师。

与婚姻关系一样,师生关系的培养也需要付出努力,因为这种关系至少持续三年。与导师建立起和睦的师生关系也会对你的职业生涯很有裨益。婚姻关系中的对方是普通人,同样,在师生关系中,导师也是普通人——他们也有不开心的日子,也有自己的弱点。现实一点,如果导师在哪方面没有达到你的期望,或者让你失望的话,学会原谅。这样你才有机会与导师建立不错的关系。

第二节 学生要明确学习要求

你可能认为学生的角色仅是要获取博士学位的博士生。现实中却不是这样的。学生的目标是获取博士学位,为了达到目标,学生要扮演很多角色:热忱的学生,研究团体中做出贡献的一员,机构的初级员工等。你的博士学位并不只"关乎你自己",也与你的导师、院系和学校相关。这个过程不全是"获得",你也要给予。

不管你对博士学习的要求是什么,博士学习对学生也有要求,你需要知道这些学习要求。有的要求是履行相关义务:参加指定的培训课程、按时完成表格填写、与导师讨论等等;有的要求是表现得体:按时参加会议、及时与导师沟通、了解伦理道德问题等等;有的要求与研究环境(research environment)相关:参加研究小组会议、参加研究培训、参加学术研讨会;有的要求是在研究团体中积极主动:和其他研究者交流、阅读他人的论文、为他人提供一些帮助等等；还有的要求与导师相关：积极热忱、认真负责、提出想法和证据并继续跟进等等。一般来说，学生手册和培养方案中会有关于博士学习要求的内容，但是最好还是与你的导师聊聊。

第三节　从导师见面会中学习

通常情况下，如果试着从他人的角度看问题，很多答案就会变得非常明显。导师们通常是积极的研究型学者，而研究型学者都是非常可怕的工作狂。指导博士研究生占用时间，时间又是最匮乏的资源，从这个意义上讲，指导工作就是义务，或更确切地说是债务。聪明的学生会减少导师的"负债额度"，优秀的学生会想方设法使自己成为积极的资产，而非消极资产。

帮助导师减少负担是一项基本素质。博士学位是你的学位，而不是你导师的学位。如果你自己都不努力，导师为何要努力帮助你？努力的方面包括充分重视导师见面会：你应该主动安排见面会，提前发布一些相关信息，起草一份日程表，准备一整套报告材料和相关问题等。有一点容易被人忽视，那就是你应该学会做会议记录，记录会议上通过的决议以及决定实施的措施，在会议结束后分发会议备忘录，然后核查措施是否已经付诸实施。协调会议安排并且保证会议顺利召开不是人人都能做好的，所以我们在这里总结了一些关键点——这些技巧在各行各业都颇有应用价值。

会议有很多种类型，适用于不同的目的。我们下面要讲到的主要是关于正式会议的。博士课程中也会召开非正式会议。非正式会议给博士生提供了与导师轻松交流的机会，你可以与导师共同探究某个想法，讨论你的长期职业规划，或者解决某个正在困扰你的难题。这种谈话都可以喝着咖啡轻松进行。

1. 如何召开会议

第一，会议召开前几天，会议组织者应该做的事情：

- 分发会议日程表；
- 如果会议地点不是设在导师办公室，在召开会议前，核实会议地点是否可用；
- 提醒与会者开会时间与地点；
- 分发情况简介等资料，包括上次会议的备忘录。

第二，在会议期间，会议主席应该做的事情：

- 记录会议日期以及与会者名单；
- 检查是否所有人对上次会议的备忘录没有异议；
- 检查上次会议确定的措施是否已经付诸实施；
- 记录所有决议，包括重要事项等（核对无误——每个人都同意记录的内容）；
- 记录所有协商通过后发布的措施规定（核对无误——每个人都同意记录的内容）；
- 确定下一次会议召开的时间与地点。

第三，会议结束以后的注意事项：

- 组织者应该补写本次会议的备忘录，然后分发给与会者；
- 每个人都应该按照会议协商通过的决议做事。

2. 导师见面会结束后及时发邮件

由于学生与导师在经验、权威性、处理事情的速度和对论题熟悉程度等方面有差距，他们时常与导师的意见相左，并产生"事后领悟"现象。学生们往往在导师见面会结束后才明白导师说的一些话的含义，才想起应该如何做出回答，应该问哪个问题或者说哪些话。

这就需要电子邮件发挥作用了。学生可以在会后理清思路，然后及时给导师发送邮件。

3. 要避免以下行为

学生们有一些破坏会议和使导师厌烦的做法：

- 没有充分重视最后期限；
- 导师时间紧迫，事情繁多（指导你只是众多事情中的一件），你却没有尊重导师的时间；
- 在最后一分钟提出很多要求，而不给导师思考的时间；
- 要求导师第二天就阅读你的文稿；
- 期待由导师来安排一切事情；
- 不听取导师的意见就擅自组织一些事情（从某种程度上讲，独立精神固然重要，但是你要保证自己的"独立精神"恰到好处）。

第四节　进行有效的争论

很多学生不擅长发言。一些导师（包括我们）为此非常气恼，导师们喜欢能够为自己观点辩护的学生。毕竟答辩是他们为了论证自己的论点必须要做的事情。

互相尊重的气氛有助于争论的展开。很多学生认为"我的导师是个白痴"或者"我不想那样做"。这样的学生被无知捆绑，产生错误的想法。如果你的导师批评你的想法或反对你的建议，可能是有原因的。与其尖刻地批评导师的学术水平，不如意识到你的导师知道一些你不了解的知识，或者有你不曾有的经验，或者能从你看不到的视角看待问题。你需要了解这些知识、经验和视角。导师并不是在批评你，而是在批评你的观点或是建议，这一区别非常重要。

另外，一些学生受到尊敬师长文化的熏陶而不愿意质疑或者挑战导师的观点。实际上，告诉导师你的观点，在讨论中说明你的理解，是表达尊敬的一种形式。这证明了你在认真学习，承担学习责任，尊重导师的时间并能够贡献自己的力量。争论需要证据作支撑。你需要充分搜集资料并整理好相关证据，以支撑自己的观点："我认为我们应该检验这个工具的可靠性——我已经阅读了所有的资料；我认为我们应该重新搭建结构，因为新的结构能够详细阐明观点；我不是很信赖布洛格斯（Bloggs），因为他的研究在如下方面有缺陷；我认为我们应该让其他人参与讨论，因为我需要听取不同的意见。"你还要给出事实来分析和评判你的观点和证据，并对其中一些做调整或删除。

你自己并不等同于你的观点。当你的导师质疑你的观点时，并不是在对你的智力进行攻击，理解这一点很重要。

你要学会提出问题。"最愚蠢的问题是你还没提出的那个问题。"大多数误解源于沟通不畅。人类"发明"了各种捷径来快速思考，但是在与导师讨论的过程中可能会出现一些问题。对事情的含义、内在原因和假设进行提问是你理解研究主题以及你导师了解你的想法的关键。

你要学会提出问题，而不是陈述观点。有效争论的一个技巧就是学会非进攻性的表达方式。寻求解释说明，而不是直接发起挑战。这种方式可以在你发现自己做出了错误结论或存在误解时避免你陷入尴尬境地。试着问"为什么有的人认为这种微生物可以治疗疾病？"而不是下结论"哪个傻瓜会觉得这种微生物能治病？"尝试提出"为什么那种方法行得通？"而不是说"那种方法行不通"。尝试引出话题："你能给我举个例子吗？""为什么是这个而不是那个？""我可以给你重复一下吗？""我觉得自己的理解不准确"……

学会处理好与导师的关系，并进行有效争论，可以使你掌握学习的主动权。

第五节 建立良好的师生关系

攻读博士学位期间，有很多方法可以帮助你处理与导师的关系。但是并不是每个人都能意识到这些方法的重要性并将其付诸实践。这些方法包括：

- 互相帮助：比如你的导师需要一本罕见的参考书，你帮老师找到了这本书，反过来，你可以请求导师给你提供一些有关工作申请的建议；
- 向老师表示你很敬重导师的知识和经验；
- 努力按照导师的方法做事情，制定标准和完成日期，这样到期你就可以按照标准检验与衡量该方法是否有效了（尤其是在你极其不愿意按照导师的方法做事的时候）；
- 不要因为不喜欢就拒绝做某件事情，主动提出其他方法作为参考；
- 搜索自己导师的研究成果——令人吃惊的是，尽管导师的研究成果可能是该领域内最有价值的参考资料，但是很少有学生会这样做；
- 允许自己导师有人性化的一面——包容导师身上的弱点与不足，充分利用导师的优势。

1. 学生应该做的事情

导师与学生的关系是双向的，学生应该主动学习，而不是被动地等待导师解答所有的问题。

在学术层面上，你应该积极主动地发现问题，积极主动地产生新想法。你的博士学位论文进展是"正常"的，有两个标志：一个标志是你一直在产生新想法，这些想法是你导师以前所不知道或没有听说过的；另一个标志就是导师发现你的所有想法中至少有一个非常有意思，而且值得拿来进行研究讨论。将你的想法写成提纲交给导师阅读，如果导师希望了解更多细节，你应该提供相关资料的全文，这样做显得你很有礼貌。

在研究方法层面上，你应该就具体的研究问题提出自己的想法，并且采用具体的研究方法来进行研究。在攻读博士学位的过程中，你需要一直坚持这样做，做得越多，你学到的东西也就越多。针对这些想法，导师很有可能会提出反对意见，你需要做的就是找出导师提出这些意见的理由，仔细斟酌，而不要躲进一个角落里生气懊恼。一位优秀的导师在其自身的研究中，新的观念也会层出不穷，但是同时也会由于各种原因抛弃其中的大部分。现在你还只是一个学徒，要学会接受意见，改进研究方法。你不可能在学徒阶段就超过你的导师。

你应该拥有研究热情。如果你对自己的研究没有兴趣，你的导师也会厌烦。让他们期待与你再次会面，而不是一想到你就想逃离。

2. 学生的正当请求

在攻读博士学位的各个阶段，学生可以礼貌地提出很多不同的请求。

早期阶段，你应该要求接受关于研究方法或者其他有益内容的培训，比如自信心增强训练与放松训练，或者一些技能训练，如如何安排时间或其他辅助技能训练。如果需要用到专门的技巧，你可以向导师咨询。（例如，会议文件的具体格式是什么？如何阅读一篇论文？如何在阅读时做笔记？）如果导师能够通过具体例子给你讲解，而不是只告诉你如何去做，那么这样将会非常有帮助。很多学生都不好意思向导师询问这些问题，因为他们认为自己应该知道这些事情。这种想法是不正确的。攻读博士学位的意义就在于学习这些技能——如果你已经了解了这些，那么攻读博士学位也就没有什么意义了。

在学习期间，与导师讨论自己的发现的时候，你可以请导师推荐其他能够帮忙的专业人士，或者请导师介绍你们认识。这方面的请求要慎重。导师一般不可能给你介绍一些会窃取你的想法并将其发表的人士（这是很多博士生没有根据的想象而已），但是你需要对学术界的礼仪有足够的了解，这样才能够有礼貌地处理相应的情况。

3. 学生需要向导师汇报哪些事情

你应该向导师汇报以下事情：

- 你的工作状态；
- 你感兴趣的事情与你关注的事情；
- 外界观点：准确及时地向导师报告你在与他人谈话时和在他人论文中获取的反馈信息，指出具体的赞扬与批评；
- 对关键问题的决定（导师具有敏锐的洞察力，能够先发制人，防止你做出草率的错误决定，这点对你大有裨益）；
- 生活环境：告诉导师影响你学习和生活的人或事，最好是在这些人或事成为主要问题之前就要告诉导师。

4. 要多跟导师商量

有一些事情你可以自己完成，但是在做这些事情之前，你要向导师通报一声。这样做一方面是出于礼貌，另一方面也是为了你自己的利益着想。（这样做，在你可能要做一些傻事的时候，你的导师可以及时阻止你。）

另外一件很值得做的事情，就是成立一个非正式的"委员会"，组成人员包括院系内部与校外的一些教师与学生，他们可以为你完成博士论文提供指导意见或建议。关于这点，你必须铭记于心的是：这个委员会的人员只能起到辅助你导师的指导作用，但是不能够取代导师的地位。这个非正式委员会可以帮你很多事情，从后勤服务（比如照看孩子）、实践技能（例如学会如何合理使用计算机）到精神支持与专家学术意见（这些意见可以补充导师的指导意见，例如帮你翻译研究领域内的国外文章）。

此外，你还可以参加学术研讨会，或者分发论文草稿。这样可以增加你的经验，给你提供反馈信息。

5. 一些常见的会破坏你与导师关系的行为

以下这些行为常常会破坏你与导师的关系，一定要避免：

- 隐瞒（真正存在的问题）；
- 忽视（你没有懂得的建议或者你不喜欢的忠告）；
- 混淆（事业与娱乐或者事业与私人问题）；
- 背后议论人长短（关于你导师或同事的流言蜚语）；
- 贬低（导师、院系、学校）；
- 避开或绕开（你的导师，没有询问导师的意见就做决定）；
- 想当然地认定（某件事的意思，以及你有资格做的事情）；

- 犯罪（违法或者不道德的行为——这些与上述所列的过失属于不同的类型）。

以我们的经验来看，所有的学生都会隐藏一些事情。你需要注意的是：你真的要再一次推迟和导师的会面，下周再完成那篇烦人的论文，还是承认自己在写论文的过程中卡住了，向导师求助？

如果你对某个问题有疑问，一定要提问，尤其是关于上述行为中最后两条的问题。学生通常不会在意自己是否真正理解了那些自己原本不确定的东西，最后就可能造成严重的误解和问题。同样，学生常常误解那些大家认为合乎礼节的事情，比如：没有事先约定，给导师家打电话合适与否？违法行为一般很容易识别，而不道德的行为可能需要更多的知识。比如，在致谢部分写出要感谢的人的姓名，被视为真诚感激的表现，但是这样做在某些时候可能破坏了匿名性，可能导致严重的职业与法律问题。商业敏感性是另外一个问题多发区。所以如果你有疑问，一定要提问。

第六节　预防比"治疗"要好

在任何如同攻读博士学位这样需要很长时间完成的事情中，学习新的技能，展现自我性格和智慧，接受监督，都会不可避免地出现问题。关键是，将会出现什么样的问题，你要如何应对。

在学生和导师的关系中出现的最困难的事情莫过于一些"错误"，而不是一些"阴谋"。前提是各方的初衷都是善意的。在这种情况下，预防是最好的方法。如果你有良好的工作习惯（比如建立有效的社交网络、时刻记录工作进度、与他人沟通工作进程、及时发布内部和外部报告、清楚及时地与他人沟通），可以避免很多问题的出现。好习惯也有助于尽早发现问题。良好的沟通通常有助于在问题恶化前解决问题。

一个典型的例子是约见总是没空闲的导师。在这种情况下，你可以和导师的秘书成为朋友，知道导师的日程安排，并确保自己的约见能够安排在他的日程表上。和导师讨论时间安排问题，解释清楚你需要他能够挤出时间指导你的论文。如果导师需经常出国，你可能无法常常见到他，但是你可以通过远程沟通的方式获得导师的建议。你可以在导师忙碌的时候咨询别人的意见，并让导师知道你的工作进展。

第七节　出错后的对策

如果你发现院系给你分配的导师根本就是一个错误，那么你需要清楚地说明到底是哪些低劣品质或者问题，已经对你们的师生关系构成致命的威胁，使得你们的关系已经不可挽救，需要换一位导师。在做此决定前，你要找到一位可以替代他的导师，否则你将会毁掉现有的关系，也会破坏你的名声。重点是你要找到一位更好的导师，同时不要说你现在导师的坏话。因此，你需要为更换导师找到一些正当理由，比如说研究方向不同，性格不太合适等原因。对于这件事情，你处理得越有策略，越老练世故，就会对你越有利，对其他人也一样有利。

师生关系中有时会出现一些问题，这些问题严重威胁到导师与学生之间的关系。这类问题有的在一开始就出现，有的出现在博士论文写作后期，而到那时候，你再想更换导师就太困难了。所有这些合在一起就会不可避免地造成误解、争论等常见问题。

真正严重的问题包括下面所列的问题：

- 歧视：性别歧视、种族歧视等。大多数学校都有相关程序处理这些歧视问题。不管你愿不愿意走正式程序，你应该另找导师。

- 知识产权问题:"吸收"或者窃取他人作品,阻挠研究进程、禁止发表研究结果。关于这点,良好的习惯会很有帮助,比如说,让别人了解你在研究什么项目,并且及时记录阶段性成果,但是仅仅这样做是不够的。
- 无法沟通:不管什么时候,你努力去跟导师沟通,都无法成功。
- 骚扰:性骚扰、以强凌弱、诽谤、麻木不仁。

如果发现自己身上发生上述事情,你必须极其小心地开始行动。你需要做的事情如下所列:

第一,弄清楚院系是如何协调导师的指导监督工作的。调换导师必须经过一定的程序,重点在于,一旦学校接收你为本校学生,它就有义务找一位导师来指导监督你。学校可能有关于欺凌或骚扰的政策来约束或禁止此类行为。仔细了解相关内容。

第二,建立档案,记录事件始末,或保存电子邮件等。尽量客观地记下事实,包括日期和细节等。如果真的出现问题,事实会说明一切。

第三,秘密地向第三方咨询。一般程序规定,要求有一个指定的第三方、一个"第三方证人"(其主要任务为回顾师生间指导关系的进展状况)、一位研究生辅导员(负责管理所有研究生)、一位教授或者研究院主任、研究生院院长等。有的时候,你可以在院系里找到一个人,比如一位善良的教授,他很同情你,并且了解真相。有的时候,找一位不是院系内部的人讨论这些问题,会更容易一些。无论如何,你要选择一位受人尊敬的学者,他要经验丰富,并且富有同情心。和人谈论这件事的时候,你要尽量冷静,尽量客观,并且带着你的资料,向他咨询建议,认真听取他人的意见。

第四,邀请第三方做顾问(不一定和你咨询建议的人是同一个人)。一般你要邀请一位资深的长者或者领导做自己的代表。这个人能够和你一起参加导师见面会，弄清楚事情的真相，这个人有资格和你的导师交涉，或者帮助你通过相关程序解决问题。选择第三方时要非常慎重，听取他的意见或建议。

如果不用遭遇这样的情形，那是最好不过的了。找人喝杯咖啡，有时可能达到意想不到的效果，比如，你找一位熟悉导师队伍的人，请他喝杯咖啡，向他打听一些消息，讨教一些经验。自信心方面的培训也能够预防上述情况发生。

第八节 最重要的原则

总之，和导师相处时，你需要遵守以下几条最重要的原则。这些原则显而易见，但是很多学生需要特别提醒去关注这些原则：

- 诚实；
- 善于表达（讲出你的意思与需要）；
- 提供消息（让导师知道）；
- 尊敬导师（记住，你的导师拥有一定的学术地位是有原因的，即使这个原因你看起来不可理解，另外，你需要导师教授你知识）；
- 成熟（对自己负责）。

第九节 为使导师见面会达到预期效果而需要做的简单规划

1. 提交一份供讨论的资料

在见面会前一个星期，给导师送上一份资料，这份资料可以是进展报告，可以是学习计划，可以是你对正在阅读的文献的批评，或者加注解的参考书目,可以是文献资料,或者会议论文的草稿等,一切可以代表你在做的课题内容的资料都可以。当然,你有一些具体的问题需要在讨论会上讨论,你的有备而来对你更加有好处,而且准备一些材料也有助于集中精力思考。见面会上,你要随身带上供讨论的资料的复印件。

2. 提供关键的论文

会面之前,把你认为很重要的论文寄给导师,尤其是当你希望讨论这些论文的时候,就更有必要事先给导师送一份。同时确保每一处引用都已经在文中注明了。给导师提供论文,也体现了你对导师的礼貌,这些文章在手边,也方便讨论。

3. 同你的导师确认日程

查明你的导师要出席的会议;安排好日程。

4. 准时出席

如果你迟到了,就要有所表示,例如,你可以带些巧克力饼干给导师品尝。

5. 写下你的目标

弄清楚你希望从导师见面会中得到些什么,不管是技术方面、管理方面还是感情方面的指导性建议。将这些需求按照优先顺序排列,在见面会之前给自己列出这样一个清单。这样你能在开会之前找到些有趣的话题。如果你没有想法,就要准备提出些问题,这样才能够和导师开展讨论。

6. 展示自己最好的一面

在发言之前专心听讲，认真思考。做好准备，坦诚地向导师汇报自己的工作进展。可以提一些显而易见的问题——这些问题虽然在你看来会显得有些愚蠢，但是实际上往往并不愚蠢。大家都很容易忽视最明显的问题。把精力放在提出新的想法上，而不是个人情绪上。信任你的导师，不要把事情理解成私人性质的。如果不喜欢导师提出的建议，你可以提出与其相反的建议，这样可以暴露出你思维中的矛盾，有利于导师对你进一步指导。

7. 做好笔记

一直都要做好笔记！

8. 预定下一次的见面会

在离开之前，和导师约定好下一次见面会的日期。做好后续的日程安排。

9. 会议结束后，总结出会议达成的计划议案，以电子邮件的形式发给导师

在会议结束后，立即写出一份完整计划，包括你的计划与你导师的计划；可能的话，最好在其中加上完成期限，并且发电子邮件给所有有关人士，要求他们确认你的总结准确无误。其中包括下次会议召开的日期。

第五章　如何建立人际关系网络

博士生普遍认为博士学习是在沉闷孤单的状态下完成的，而事实并非如此。有很多人会帮助你，不仅仅在博士研究生阶段帮助你，还会在接下来的整个学术事业中帮助你。如果你积极寻找，会有更多的人愿意助你一臂之力。

人际关系网络并不应该局限于著名的学者和专家，还应该包括更广泛的人群：能和你进行有效谈话的人，优秀的读者和评论者，对你不熟悉的理论、文献和方法论有洞见的人，已建立良好的人际关系网络并愿意帮你拓展社交圈的人，了解体制的人，等等。一些学生有很好的人际关系网络，而其他学生则不具备这种网络。这一章讲述人际关系网络及如何建立一个好的人际关系网络。

有一种普遍的误解，认为人际关系网络就是一小群人向彼此提供道德界限模糊的特殊优惠，并在这个过程中牺牲其他一些人品好但关系一般的普通人的利益。这只是人际关系网络的一种。我们讲的人际关系网络是正常的，遵守道德规范和职业规范的人际关系网络——你认识一些人，你从他们那里寻求建议。

第一节　主动搭建人际关系网络

人际关系网络不会自己形成，而是由你建立起来。尽管你可能平时稍加努力就能有很好的人缘，但是博士阶段的人际关系网络对你仍然是全新的概念，了解这个网络的构成对大部分学生都会有所帮助。

1. 人际关系网络的不同层次

你的人际关系网络的核心当然是你的导师。

网络中第二层重要的组成部分是你的非正式"委员会"（也就是那些会帮助你，确保你的研究具有高品质的人士）。要组建这样一个"委员会"，你需要一小群值得信任的，对你的研究抱有兴趣的学者。他们愿意帮你做一些工作，阅读你写的东西，做出评论，给予建议和批评，提供有用的信息，把你介绍给其他研究人员，等等。他们可能是能够提供特殊知识和技能的专家，也可能是能够提出深刻问题的学者。

第三层主要组成部分是你个人的"支持团队"，也就是鼓励你，给予你支持的人。他们会帮助你平衡生活与工作，在你兴致高昂地做研究时为你送来比萨。他们可能是家人、同学或是老朋友，也可能是院系里那些善于让你保持头脑清醒的老师。

另外，你还需要一些能够偶尔拜访以获得专业帮助和非凡智慧的人士。他们可以是研究领域内的著名专家，也可以是了解实验室器械、掌握数据库情况的技术专家。

2. 瞄准目标人群

大多数的关系网络是偶然随机的：你遇到了一个人，你又碰巧喜欢这个人，或发现这个人对你有用，接着你就会与这个人保持联系。但有时，你要寻求某些特定的帮助或指点，这时你就需要一些策略。以下是人际关系网络组成人员的三个最好的来源：

- 相关论文的作者；
- 你在会议上遇到的、发表了与你研究有直接关联的有趣意见的人；
- 你信任的人向你推荐的人（比如你的导师或非正式"委员会"成员推荐的人）。

一旦发现了一些可能的人选，你就应该做一些前期工作，然后建立联系。前期工作包括一些调查准备工作。你选择与某个人联系一定有你的理由，但在联系前不要忘记了解关于这个人的其他情况，因为他们在其他方面可能也能帮到你。同时，了解一些情况也能使你更加轻松地与这个人打交道。你可以做的事情有：

- 浏览他的网页；
- 询问认识他的人；
- 询问他的秘书，以了解通电话的最佳时间，以及他是否在国内。

另外一项对你有帮助的准备工作，就是考虑你想从这个人那里了解哪些问题。仅仅告诉他，你也在从事相关的研究是不够的，他听了会想："那又怎么样？"你有必要明确告诉他你的需求，是想让他阐释关于他的著作的某些问题，还是想找个机会共同探讨，又或者是想邀请他审阅你的论文。你的问题越有重点，越能显示你是有备而来。记住，你想要接近的是有一定的身份地位的人，也就必定会有其他学生想要接近他。有很大一部分学生在见面时只会问一些模糊的、"懒惰"的问题，这类问题基本上是一个意思，那就是："你能把所有关于文献综述的信息都告诉我吗？（这样我就不用自己费力气去找了。）"这就是为什么我们要强调沟通技巧和礼貌，在邀请别人去咖啡馆谈问题的时候，沟通技巧和礼貌都是很重要的——和一个读了很多书、学习勤奋的学生喝咖啡，与和一个无知懒惰的学生喝咖啡完全是两种感受。

与本校的人建立联系往往容易一些，因为你可以"碰巧路过"他们的办公室，然后请他们去喝咖啡。但本校的人并不一定就有空见你，也并不一定会对你友好。你的首要任务还是做好准备工作。

第二节　建立人际关系网络的小技巧

两种主要的、历史悠久的小技巧是多说好话和小恩小惠。多说好话就是要多说让人感觉好听的话，小恩小惠主要是请喝咖啡、品尝巧克力饼干和帮助找到难找的参考书等形式。（为了防止误解，有必要澄清一下，通过金钱和性行贿是不道德的，也是非法的，我们坚决反对这类做法。）在本章结尾，我们总结了建立人际关系网络的工具和建议。

1. 多说好话

有效的奉承应该是坦率的、简洁的和准确的。也就是说，它应该从奉承者的口中自然而然地、不加掩饰地讲出，并让被奉承者产生具体和准确的回应。你不能过分地奉承，它必须能在一定程度上反映现实。对某人新近出版的图书的一句恰到好处的奉承胜过十句泛泛的、模糊的夸奖。同时，好的奉承不会被误认为是吸引异性的手段——有魅力的女研究员在各种会议上已经受够了这类不请自来的关注。

2. 请喝咖啡

名人也是人，在举行会议的场所，如果有片刻休息时间，请他们喝一杯咖啡，他们会很乐意的。请他们喝咖啡有很多好处。首先是可以借此得到一些非正式的建议——关于就业前景、组织政策以及某个研究领域的未来。其次也为他们提供了一个在会场或类似场合放松的机会。在漫长的会议期间，请别人喝一杯高品质的咖啡是一种善意行为，尤其是当你做到考虑周到、说话礼貌的情况下。（比如，如果对方想暂时从工作中解放出来，你就应该避免谈工作的话题。）

3. 请吃巧克力饼干

巧克力饼干真的是非常有效的"贿赂物"。如果你给某人现金作为成为你试验对象的酬劳，会有一定效果。但如果你给他们高档巧克力饼干和地道的咖啡，效果会更好，他们会变得更加易于合作，也会更加友好地与你交流。

很多人都不相信巧克力饼干的魔力，这倒不是什么坏事，因为如果每个人都采取这种方法，那就会使这一方法贬值，而精明的研究人员就不得不寻找另外一种激励方式了。

4. 互惠互利

每个人都很忙，你感兴趣的人往往更忙。要想让他们从宝贵时间里抽出一点来，可以采用交换的形式——为他们做一些有价值的事，他们会因此抽出部分时间给你。举个例子来说，你可以帮助他们完成一些行政事务或图书馆馆藏查询，以交换他们半小时的时间和你一起喝咖啡，顺便讨论一些你感兴趣的问题（咖啡还是要由你买单）。

第三节　与陌生人联系的技巧

1. 第一次给陌生人打电话要说什么

打陌生电话（打给不认识你的人的电话）是联系校外研究人员的方法，这类电话可能会使打电话和接电话的双方都觉得尴尬。要用一两句话就把见面的意图表达清楚并不容易，但如果你事先有所准备就会好一些。陌生电话成功的关键是要快速简短地说明你的意图，这样对双方都有利。所以应该事先想清楚你要的是什么，你能给对方的又是什么。

最有效的办法是一开始就在电话里说明你与对方联系的缘由（比如你是通过导师或其他熟人介绍得知对方的，或者你阅读了对方的出版物）。在建立联系之后，你应该说明自己的身份和需要。

聪明的研究人员总是喜欢有新鲜想法的学生，因此他们会对有想法的学生做出很好的回应，尤其是当该学生有潜力得到未来的研究资助时。然而有时候，对于繁忙的研究人员来说，他们的日程已经安排得很满，所以不要以为他们总有时间分给你，也不要以为研究人员不给回应就一定是因为他们对你缺乏兴趣。

在第一次接触之后应该准备一些材料供对方参考，比如一份篇幅为一页纸的研究概述，或是一份包含你研究发现的会议发言稿。一定要确保你寄过去的材料能很好地展现你的学术水平：确保书写清晰，没有错误，最好让你的导师或其他有经验的读者先检查一遍。

2. 通过电话进一步沟通

如果你对打电话的人下了"诱饵"，那么打电话联系的效果最好，比如某个对方认识的人已经提起过你，或者你已经给对方发了邮件，并在邮件中告诉对方你将会打电话给他。在电话中，你应该首先告诉对方你是谁，为什么要打电话，然后询问对方是否能抽出比如五分钟的时间听电话。通常对方的回答是否定的，所以要做好心理准备，选择另一个时间再打。还有，要在通话之后通过信件或电子邮件与对方保持联络。

3. 通过信件或电子邮件联络

那些出版了著作的研究人员，尤其是一些有名的学者，总会收到许多想要找他们帮忙的学生的来信。如果信写得无聊且没有内容，比如："亲爱的哈根教授，我是一名在布达佩斯的研究生，正在做关于冰淇淋的研究，我希望在选题方面得到您的指点。"这类信件只会显示学生的无能，研究人员会认为这样的学生不值得搭理。相反，如果学生能够简明地概括自己研究的主要信息，并提出具体的问题，那么信就会变得有趣得多，研究人员往往会答复此类信件（虽然可能无法立即答复）。研究人员需要抽时间读信，考虑其内容，决定是否答复及如何答复，又因为其他工作而不得不把回信的事搁在一边，这样一来，可能等上6个月才有机会给你答复。有时，研究人员没能对你的信件做出回应，但当他与你在某个会议上相遇时，他会在你做自我介绍时想起你的信，从而留下对你的好印象。你应该从他的角度考虑问题，如果你是他，每天收到50封关于一项预算达数百万英镑的研究项目的来信，你会停下手头的工作，然后一字一句地去读一封你从没听说过的博士生写给你的信吗？事实上，的确有许多愿意在百忙之中抽出时间的研究人员对写得好的陌生来信给出回应。

如果你收到了答复，那么一定要立刻寄出一封感谢信。如果你有一份很好的关于你研究项目的概述，或者研究报告的节选，也可以附带寄出。

我们在这里特意没有给出理想的信件写作样本，因为我们不想在本书出版之后，读者们都依据样本写出一模一样的信，寄给我们在学术圈内赫赫有名的同事们，而使我们成为同事们的责难对象。然而我们在这里还是给出了一些你在写信前需要考虑的问题：

- 收信人的姓名和称呼你写对了吗？
- 你提的问题能显示出你是做了准备吗？
- 你的导师或指点你的前辈认为你提的问题有趣吗？
- 你的问题让一个正常人回答大概要花多长时间？（如果超过十分钟，你就应该考虑重新组织问题。）
- 你的信是否长到需要翻页才能读完？（如果是，精简一下。）
- 你的信是否很好地展示了你自己？它能否显示出你是一个会正确拼写、思考和提出有趣问题的人？
- 你的信里是否提到给收信人提供一些资料？如果是，你是否能兑现这个承诺？

4. 如何在学术会议上结识他人

要准备一些有趣的、与对方有关的话题来谈。可以夸奖对方，但说完好话之后要能提出问题，否则谈话就无法进行下去了。（再有名的学者，都会因为赞美之辞而感到尴尬，尤其是那些夸大其词的赞美。）提的问题最好是需要对方用好几句话来回答的，比如："卡兹教授，我对您在《自然》期刊上发表的关于半随机体系的文章很感兴趣。您是否已经尝试将这种方法应用到网络贸易？"

善于利用会议提供的机会。如果对方在会上提出了一个很好的问题，你可以在会后找他谈谈你对该问题及该问题引发的其他问题的看法。如果你看到你想认识的人正在和一个你认识的人交谈，你可以请这个人帮你介绍一下。如果对方正站在一群人中讨论问题，你可以凑到人群边上听他们的谈话，等待自己说话的机会（一个问题或一个笑话都是不错的选择）或询问能否加入讨论。把人叫住的最佳时机是会议结束后人们离席准备享用咖啡或午餐的空当。但要注意不要耽误对方享用茶点，应该边走边谈。

应该准备名片，除此之外还可以递上一份你的研究概况（必须是事先经过导师审阅修改过的）。

别以为自己永远是不引人注目的小人物，甚至是不值得别人感兴趣的人。以下给出了关于伟大学者的一些事实，可以帮助你更真实地看待他们：

- 他们之所以伟大往往是因为他们喜欢新鲜的想法和问题——所以他们通常会乐于听到好想法和好问题；
- 他们和我们一样，无法抗拒赞美之辞；
- 他们也曾是学生，他们中的很多人仍对学生时代记忆犹新。

第四节　除了研究人员，你还应该认识哪些人

以上谈的主要是怎样联系到研究人员，使自己得到他们的帮助。除此之外，还有一些人可以在其他方面帮到你，他们可能会被你忽视，所以我们在这里将简短地讨论这些人的作用。

1. 引路人（mentor[①]）

引路人是关心你的生活、职业和学术发展的人。他教会你那些"潜规则"，让你看到事情的"整体面貌"。理论上，你的导师应该是

---

① mentor 也是英国大学里的"导师"，但与主要管学术研究的导师（supervisor）职责不完全一样。——译者注

你的引路人，但情况并不一定如此。引路人在研究方面比你更有经验，他会告诉你获得成功和取得信息的诀窍，他会向你展示你根本不知道该如何去寻找的东西。如果你还没有意识到寻找某些东西或做某些事的重要性，那么引路人的指点就更加必要了。比如你可能不知道要尽可能早地准备一份"有效"的简历——你的朋友不一定知道什么样的简历才是"有效"的，而且这方面的判断有时是与人的直觉相矛盾的。又比如，学生们往往能看到存在于校内的"显性"不合理现象（因为存在而不合理），却觉察不到"隐性"不合理现象（因为没有存在但应该存在而不合理）。引路人在这些方面都能给出有用的指导和建议。

2. 秘书和其他员工

一定要尊敬学校的员工——秘书、技术人员、设备保管人员等。不要低估他们的价值，不要将薪水高低与有用程度混为一谈。这些员工是有用信息的保管者和整理者。他们使学校得以正常运转，他们提供服务与帮助，他们往往拥有你所需要的信息。试想一下：如果你想得到政府政策的内幕，你是去问总理大臣，还是去问行政机关？记者往往深谙此道，总是会与他们调查对象的秘书搞好关系。

3. 优秀的人

优秀的人是一个取之不尽的资源。他们有的在社交圈或职业圈拥有极好的人际关系网络，有的对许多文献有着百科全书式的了解，有的性格很好，很乐于帮忙。优秀的人是值得欣赏和珍惜的。作为一个新生，你可能还没有发现符合以上描述的人（更有可能的情况是，你没有意识到他们就在你身边）。当你真正遇到了优秀的人，好好对待他们。比如，图书管理员和秘书往往也很优秀，与他们建立友谊常常是一件有意义的事。

第五节　建立人际网络关系的有用建议

1. 真诚地对待他人

这样做会使世界变得更好，长远来看也会使你得到收获——人们会记着你的好处并帮助你。这不是在做愚蠢的事，也不等同于让自己成为受害者，同样也不等同于唯利是图。

2. 与博学、支持你的人喝咖啡是最好的投资

在正确的时间向正确的人询问建议可以为你节省很多眼泪和白费的努力。记得去请教在相关领域博学的人——他也许是一个很难融入社会的人，或者熟知其他领域、可以安慰你但是不太可能帮你走出困境的人。

3. 如果你有很多选择，就与你尊敬的人一起工作

这样你可以快乐地完成更多的工作。

4. 如果你不知道自己要做什么，那就停下来找寻答案

一杯咖啡可以在这方面帮助到你。

5. 在公共场合表现自己

在会议上问有意义的问题。在"物以类聚"的讨论会上，提出建设性建议。以问句而不是结论的形式发表评论。

6. 互惠互利

不要一味地索取，也要服务他人。打扰忙碌的人的一种方法是帮他们做些什么。参与互助活动：和其他研究者交换论文阅读，参与彼此的学术研究，在做可靠性检验时互相帮助，等等。

7. 要有一点奉献精神

不管怎样，你是研究团体的一员，你需要付出。花点时间为团体做些事情：加入委员会，阅读他人的论文，帮助组织研究活动，和其他研究者轮流领头。控制好时间，偶尔的"战略性"义务活动可以帮助你认识有趣的和能为你提供帮助的人，提高你在研究团体内的知名度，让他人觉得你是一名优秀的人。

8. 及时跟进

保存以前的会议记录或主办方的联系方式。记录你遇见的那些人的姓名、见面的地点和他们的兴趣。信守你的诺言：把答应给予对方的文献引用记录或论文寄给对方，给你感兴趣的人发电子邮件。

第六章　如何阅读文献

博士生们都会痛苦地意识到，攻读博士学位需要进行大量的阅读。当你拿到博士学位的时候，你早已深知大量阅读不是件容易的事情。在博士学习开始几个星期之后，你可能会担心应该读哪些书。需要读的实在是太多了，一个人一辈子都读不完：你如何知道哪些部分应该阅读，哪些部分应当忽略？如果评审人在你答辩的时候提问一部你从未听说过、更不要说读过的文献怎么办？你如何开始阅读，从哪里下手，从哪里结束？这就是本章要讲的内容。

我们将对如何寻找相关文献做详细说明。如果你想成为一名优秀的研究者，你需要知道不同种类文献的区别，并能够有效地使用文献检索工具。几乎没有学生在这方面做得很好（尽管很多人觉得他们很擅长），但这项技能能够有效提高研究质量并节省时间。

第一节　为什么要大量阅读文献

为什么博士学习需要大量阅读文献？因为阅读是熟练的基础：阅读可以让你懂得如何获取和理解现有知识和技术；让你了解研究团体的情况；让你懂得该职业的谋生方式。当你阅读文献的时候，你需要做很多事情，包括：

- 了解相关文献：了解文献探讨了哪些内容，哪些没探讨；哪些内容你已经知道，哪些是未知的；主要的思想是什么以及它们是如何演变的。
- 了解研究团体：找出关键研究者是谁，他们有什么关联。
- 找准你的机遇：找到你能进行填充的空白地带，理解它和其他文献的关系，找到和你的研究项目相关的著作。

随着研究的深入，学生对文献的利用也愈加熟练。如表 6.1 所示，这一过程经历了几个阶段。

表 6.1 学生利用文献的发展过程

刚入门的学生	练习一段时间的学生	练习更长时间的学生	完全熟练的学生
了解研究领域	知道研究主题	知道具体的研究问题	知道研究问题的证据
阅读文献了解什么是已知的			阅读文献了解什么是还不知道的
调查、收集信息、撰写报告	组织信息	挑选与研究问题相关的信息	评判信息（质量和差距）
思考如何组织资源	思考如何确认研究问题	思考关于这个问题已经有了哪些研究	思考关于这个问题哪些研究面向还未涉及

第二节 文献梳理和文献综述有什么不一样

学生通常从梳理文献开始做研究，然后慢慢学着评论这些文献。正如一位同事说的，他们从阅读和了解"已有的知识"，发展到阅读并发现"还未发掘的知识"。文献梳理和文献综述的不同类似撰写报告和做评判的不同。报告仅仅是列出了作者认为值得写的东西，而综述则写明了发生了什么、为什么发生、如何发生以及为什么关注这个问题，其他问题不再赘述。理想情况下，即将毕业的学生要具备"批判性思维"。论文中的文献综述应当与论题相关。如果文献综述结构合理、批判恰切，那么研究问题最终也将得到具有逻辑性的结论。

这里也需要指出期刊中"单独"发表的文献综述（评论型论文）和论文中的文献综述的区别。其中的不同与它们的作用相关：前者应当包括对研究文献的准确描述和介绍；后者则是为论文服务，为论文的研究问题提供研究框架及研究重点。

第三节 建立自己的核心文献库

大多数优秀的研究人员都在脑海中储存了一个相关文献的数据库。这就意味着，从所有阅读过的文献中，他们会选择 100～150 部核心文献记在脑子里，并且能很容易地提取和利用这些文献。（当然，库存可能有大有小，数目其实并不重要，重要的是能够在记忆中储存一系列相关文献的信息。）在一段时间内，研究人员在成百上千的文章和书本中挑选有用的作品，反复记忆。这些文献描述了这个领域的主要特征、主要研究人员，以及研究方法和案例。当然，参考文献也需要不断更新，随着阅读的深入，核心文献库也会发生变化，随着学科发展或研究人员的兴趣转变而做相应调整。然而，核心的一些文献会留在记忆中长达数年。博士生应该做的一件事就是组建第一个核心文献库。

第四节　阅读文献要有所取舍

你需要大量阅读，尤其是阅读专业书籍（这样你就能对学科有个整体了解），你也需要阅读其他学科的书籍。优秀的研究很多来自看似毫不相关的领域与自己研究领域的交叉综合。本章末总结了成功人士是如何做到大量阅读的。

在你自己的学科领域，你的阅读应该有深度、有广度、有时间跨度——和你选择的研究领域有关的文献你应该深入地了解，其他相关研究领域内的文献，以及你自己的领域内所有已进行的研究，你都应该有一个大致的把握。与你自己的研究课题相关的所有学术作品，包括最具专业性的学术期刊文章，你都应该仔细阅读。而其他领域的书籍，你可以挑选个别章节来读（还要注意书的层次——为大众所写的畅销书完全不用考虑；教科书，除了享有极高声誉的，其余都没有太大意义）。

第五节　如何引用文献

博士生往往会提出这样一个问题："我的论文中应当引用多少文献？"这是一个和"我如何修车"一样合理且简单的问题。有的时候，简单问题的答案很复杂，但只要你明白了其中的奥秘，就能够完成博士学习或者成为合格的机械师。

一些"简单"的答案，常被用来安抚那些对复杂问题感到紧张的学生。一个答案就是："参考一些你所在领域的成功论文，和他们列举的文献和使用的脚注数目一样多。"这个方法可行，但是过于简单，因为这些都是其他人已经完成的，你并不知道这样引用的原因是什么。

更加复杂的答案是:"你需要多少文献就引用多少。一旦你明确知道自己需要引用多少文献,就说明你已经准备好进行博士阶段的学习了。"这个回答看起来太草率了,但并不是这样。这个回答引出了下一个问题:"我怎么知道我需要多少文献呢?"当你不再思考这个问题的时候,你大概就明白上一个问题的答案了。你论文的每个重要观点都需要与相关文献明确地联系起来。如果有的观点和文献不相关,那么是你没有找到足够的参考文献;如果论文中的一些参考文献与关键观点不相关,那么这些参考文献没必要在文中堆砌。

当你这样看待问题的时候,你就能很快意识到下面的问题和问题的答案。比如,你如何知道论文中所有的关键观点呢?这个问题在刚开始进行博士学习的时候,你可能无法回答,但是随着文献阅读的深入,你会获得一些新的观点,这些观点会推动你去阅读其他文献。这是一个循环的过程。另一个问题是,如何判断什么是相关文献?这就涉及研究的性质,知识在不断变化,你需要阅读的和你最终引用的文献可能不同。你的论文并不能囊括所有参考文献,你引用的是你所阅读的文献的一部分,但是决定引用哪些文献需要大量的阅读。

你在写作时必须传递正确的信息,这就意味着你在下笔前应该下功夫阅读你该读的东西(第一条黄金法则是"不要撒谎",即不要假装读过你没有读过的书)。当然,也没有必要太过分。一般一篇好的学术论文在第一页的每一段会出现 8 次引用,但第 24 页还会出现同样数目的引用吗?不会,因为没有必要——作者在这时候已经基本引用了所有需要引用的参考文献。

那么你怎么知道哪些文献是你需要引用的呢?下一节我们会讲到。

第六节　如何找到正确的参考文献

那么，哪里可以找到参考文献呢？一些学生在写博士项目申请书的时候就有想法了，还有的学生已经按照既定的论题着手研究了。

最简单的办法是礼貌地询问你的导师，该从哪儿着手。你的导师可能提醒你从你读过的论文的文献综述、评论型论文和相关领域已经通过的毕业论文的文献综述中去找。你的导师也可能会指点你进行在线检索，输入导师给你的或者你在相关文章中找到的关键词。

你也需要知道本学科的研究者在哪里发表作品，重要的出版商、书籍、期刊、学术会议、工作坊是哪些。一种方式是问你的导师，另一种是通过一些令人尊敬的研究者（比如你的导师）来了解这些信息，调查清楚他们在哪里发表作品，参加过什么活动（大多数信息可以从他们的网站上找到）。另外，重要的邮件地址列表、公告牌或是相关研究领域的博客也可能有这些信息。

如果你的导师不知道，那么你需要礼貌地请教别人，并时时向导师汇报，以免步入写作误区。你应该传达这样的信息：你是一个勤奋的、能从别人的建议中受益的学生，而不是一个不想自己动脑筋做研究的懒虫（可以先说明自己已经读了什么，然后询问下一步该做哪些工作）。导师在这方面能起到举足轻重的作用。

如果你很用功也很走运，你的导师可能会对你说类似这样的话："这方面你需要找的人是 X，我已经给他发了电子邮件，他会很乐意给你一些指导；这是他的电子邮件地址。"这类话是一个令人鼓舞的信号，在学术界，它传达了以下这些意思：

- 你可以省去很多麻烦；
- 你可以得到机会与领域内的专家接触；

- 导师对你有足够的信任，所以才让你自己去与这些重要人物谈话。

如果你的导师给你提供这个机会，那么请珍惜，并在见面或联系这个人之前做好充分的准备。你可以多了解一下这个人和他的研究，至少提前做一次相关文献的阅读，这样看起来就不会是你在让他帮你做文献综述。后面的章节会讲到这一点。一些挑剔的导师会给学生明确的指示，规定哪些资料是只能作为前期熟悉某个领域的工具来阅读，而不能在论文中作为信息来源引用的。可以举出很多这样的资料，比如《统计陷阱》（*How to Lie with Statistics*），以及《瓢虫系列电脑入门》（*The Ladybird Book of Computers*）。

第七节　如何利用线上资源

文献综述虽然是指导你了解文献的有用媒介，但它并不是万能的。文献综述的作者在写作时也不可能考虑到你的特殊需要。因此，你需要自己去摸索，寻找与你的研究有关的文献。你也要努力发现现在的研究情况与以前的文献综述之间是否有空白，这种空白或许会成为你的研究对象（为知识做出贡献，填补以前的空白）。对博士学习来说，这不需要是一个巨大的空白地带，但是你需要意识到自己并不是在胡乱重新"发明"一种以前就存在的东西。如果一个学生在文献综述中写了类似这样的话，"在网上没有找到与这个课题相关的前人研究成果"，导师和校外评审人虽然不能杀了这个学生，却能判这个学生不及格，并在那一页让人气恼的纸上写下尖锐却不失风度的批评，这多多少少弥补了法律体系在这方面的漏洞。

为什么导师和校外评审人对这句话如此反感呢？答案是：因为这等于是明目张胆地告诉读者："我很无知，或很懒惰，或者既无知又懒惰。"

这可不是你想向你的读者传达的信息。

1. 如何找到最重要的线上文献来源

如果你希望别人认为你很专业，就必须传达能显示你很专业的信号。每一行的专业人士都精通他们那一行的"工具"——比如，脑外科医生应该掌握手术器械的使用和相关知识，比如脑的生理机能。

任何属于学术圈的人都应该掌握学术圈的工具。学术等级不同，需要掌握的细节也不同——比如，要求本科生了解的信息比要求博士生了解的信息少，同样的，对博士生的要求又比对某领域专业级学者的要求低。但如果你掌握了你这个阶段还不需要了解的信息，这当然是一件好事。

学者打交道的对象是知识与信息，所以应该知道怎样获取、解释和展示知识与信息。其中一个重要的环节就是要找到最好的信息来源，以确保你对研究课题的评估是建立在最为可靠的知识与信息的基础上的。学术文献有一个排名，对学术文献进行排名在某种程度上是一种势利行为，但排名基本上还是依据刊物的质量水平得出的结果。一份刊物的质量监管越严格，它享有的声誉也就越高。这个概念简单合理，它也给研究人员带来了方便和可靠感。当你要在一个课题上花去数月数年的时间，或许还要花费一大笔钱的时候，你会希望你得到的原始信息有可靠的来源，能确保这一点会给你带来很多安全感。

百科全书中的文章和顶级期刊占据着排名的最高位置。百科全书一般会邀请领域内的著名专家为其写文章——能被邀请是一种极大的荣誉。任何被顶级期刊接收发表的文章，一般都需要有若干个相关领域的国际权威专家进行仔细的审核。任何不符合标准的文章都会被拒之门外。

排名中等的就是一些中等水平的期刊，它们也有审核制度，但聘请的专家往往不是最有名的。排在最下面的是一些专业的业务通讯和行业杂志，它们刊登的文章可能也经过筛选，但是是由编辑而不是专业评审来做这项工作的。

一份刊物的实际地位会受一些个别因素的影响——比如，一些专业的业务通讯因为是由非常著名的权威人士编辑的，有极高的投稿率，在排名上也会胜过某些期刊。书的权威性等级也有很大差别。一个基本原则是，教科书排在后面，因为它们往往为学生陈述简化了的事实，而专业性书籍有可能享有极高的声誉。

善于观察的读者应该已经注意到了，我们对排名的描述到现在为止还未涉及互联网、报纸和大众杂志。这是有原因的。互联网对网站内容基本没有质量监管。如果你发现了一个和你研究有关的、看上去很有趣的网站，它可能是某位权威创办的，但也可能是某个幻想着自己的头脑里装了外星人的控制装置、从皮奥里亚[①]一家比萨店楼上的大学拿了个学位的家伙创办的。报纸和大众杂志至少还有一定的质量监管，但如果你认为读报纸能体现出你是一个经验丰富的专业人士，那你还不如去那家比萨店楼上的大学念书呢。要记住，"在线"指的是图书馆数据库和光盘检索，"在线"不是特指互联网。

2. 如何恰当使用线上资源

对于大多数人来说，在线检索就是在搜索引擎里输入 2.4 个字符（搜索内容的平均长度），还有大概 14% 的字输入错误。这样根本找不到你想搜寻的内容。这种简单的在线检索策略无法反映用户的学术水平，也无法找到符合相关文献背景的结果。

[①] 美国亚利桑那州的一个城市。——编辑注

作为一名博士生，你需要知道在哪里能够找到相关文献。很多文献由于版权的原因并不能从互联网公开获取。比如，一篇期刊文章的版权通常归属于出版商，如果使用则需要付费。一些期刊文章电子版是可以从网上获得的，但是也需要付费；很多长期运营的期刊仅把以前的出版物在网上发布，你仍需要获取纸质版文献。

注册学籍的大学学生可以使用学校图书馆的在线检索服务。"图书馆"通常被叫作"信息服务中心"，证明它们并不只提供传统的纸质文献查阅服务。这些在线检索服务包括 Emerald、Athens 数据库和其他你并不熟知的系统。你要尽快找出你所在大学能够给你提供的在线检索服务。如果你自己找不到参考文献当中某一篇特别的文章，你通常能在学校的在线期刊数据库里找到。

你需要知道如何获取你所在研究领域的重要线上资源以及如何最大化地利用它们。

一个重要的线上资源是文献数据库，这种数据库可能有很多形式。有的数据库仅列举文献来源细节（通常有作者名、文章题目、期刊名、卷数、发行期数、文章所在页码和简短的关键词），这种形式可以帮助你找到某篇文章的文献来源，但是你只能去图书馆寻找实体期刊。有的数据库也显示文章的细节，包括文章的摘要，这样你就可以在获取纸质版文章前确定这篇文章是否与你的研究内容相关。有的数据库不仅收录了文献来源、摘要，还收录了整篇文章。数据库的形式多种多样——比如，有的你可以从中获取摘要，但是获取整篇文章是收费的。开源期刊可以让你免费阅读期刊的内容，但是在作者的文章被接收发表之后，会对这些文章的作者收取高昂的版面费用。一些传统的纸质期刊允许作者在一定时间内将自己的电子版文章发布在自己的网站上，其他的期刊则不允许。

在知道可以获得哪些相关的线上资源（比如通过和导师聊天、与一位热心的图书管理员交谈等）后，你还需要学会如何恰当地使用它们。在博士阶段，传统的"2.4个关键词，14%的错误率"检索方法不是最适用的，这种检索方法得到的结果不是太多就是太少。比如，检索"凯利方格"（repertory grid，一个心理学术语）的概念会出现一堆关于保留剧目剧院、城市网络和电网等完全不相关的内容。输入检索词时加上引号能够提高检索结果的相关性。

我们这里极力推荐你使用在线检索的"高级检索"功能，这也许是最省力的方法之一。不同的系统提供不同的高级检索服务，典型的包括"只显示同时包括这个词和另外一个词的记录"的选项和"不要显示这个词"的选项。这些选项可以有效避开错误的内容（比如保留剧目剧院），能够在你觉得检索结果过少的时候扩大你的检索范围（比如，一个概念可能有不同的名字，你只输入了其中一个，所以获得的内容很少）。

检索信息需要有条理。一个很好的策略就是在检索前尝试写下一连串关键词，系统地按照顺序输入关键词，并保存检索记录。另外一个策略是定期更新检索目录。比如，如果你同时检索"凯利方格"和"职业选择"，你很快就能注意到凯利方格是个人建构理论（personal construct theory）的一部分，那么你可以把个人建构理论也作为检索的关键词。术语和作者的名字通常是比较好用的关键词（如果作者的名字比较普通，比如史密斯或者布朗，则需要明显的备注），因为同一作者发表同一个主题的文章的可能性很大。

高效的文献检索可以帮助你节省很多时间，并为你提供宝贵的想法。这是一项必备技能，但是在线检索不是唯一的信息来源，还有其他来源。

第八节　从其他途径获得参考文献

与一位专家在喝咖啡时友好地交谈往往可以使你得到很多有利于你研究的信息。也可以参考相关教科书的参考书目，它会列出很多对你有用的文献。更好的办法是参考综述文章以及较新的百科全书。综述文章和百科全书都是可以在论文中引用并列入参考文献中的。教科书则不适合列入参考文献中，因为它传达的信息是："我读的是为入门者编写的、概要性的书，而不是专业书籍。"

与图书管理员保持友好关系也很有用——他们愿意与礼貌的、欣赏他们的人分享知识。

综述文章是获取信息的宝贵来源。这些文章通常是由该领域学识渊博的人发表的，涵盖这一领域的关键问题和重要论文，总结了某一领域过去 10～20 年的发展情况。这是一种找到你所在的研究领域的重要参考文献的方式，这些参考文献通常包括早期的文献综述中所涵盖的参考文献。综述文章也可以为选择一些比较难的研究问题提供佐证。比如，如果一篇论文认为某个问题没有得到充分的研究，那么这篇论文就给了你选择该研究问题的"官方"证明。如果没有这篇文章，你就得自己证明这个问题之前缺乏相关研究，这对一个新入学的博士生来说论证起来不是很容易。你如何找到这些综述文章呢？检索"综述文章"和研究问题通常能够找到。

第九节　阅读论文的技巧

找到相关论文后，接下来要考虑评估论文质量的问题了。这对一般的学生来说并不是件容易事。如果你看到一篇完全读不懂的文章，是因为它写得太好、太深奥而使你无法理解，还是因为它只是一堆做作的、故意让人迷惑的垃圾？这一节将告诉你如何阅读学术文章，这样你就能更好地知道如何评估论文质量以及如何提高你的论文写作水平。

论文中最有趣的东西常常隐藏在文字背后。在以前那些美好的时光，这些东西都是导师边喝雪莉酒边教给你的（个人经历证实，这是一个双方都非常愉悦的过程）。现在你通常需要通过很艰辛的实践来学到这一点。

以下的内容大概按照专业人士阅读和审查论文的顺序来安排的。这不是论文中各板块的顺序，也不是你写论文时所参照的顺序。

1. 阅读摘要

文章的作者声称他们做了什么？他们声称自己发现了什么？如果他们连自己做了什么或发现了什么都没有论述清楚，接着读这篇文章有意义吗？如果论述清楚，结论看起来可信吗？还是看起来像是自吹自擂？

2. 阅读引言的第一页

作者是否清晰地说明了他们所调查的问题以及探究这个问题的原因？作者是否引用了相关的重要文献和概念？如果没有，说明他们是业余的研究者。作者在首页引用的文献和概念有多专业？是一般本科生的水平，还是复杂前沿的理论？作者引用的相关文献是有理有据的，还是因为他们带有偏见，不知道或不愿意听取其他观点？

3. 阅读参考文献目录

作者引用了哪类参考文献？在同行互评的过程中，特别差的文献已经被剔除了，所以你不会在阅读中碰到太多，但是知道大家是怎么做同行互评的还是很重要的，因此这部分我们从期刊或会议论文的审稿人角度来讲。如果参考文献部分仅包括互联网资源和/或畅销书，则说明这个作者是个业余研究者，很可能是对某件事着迷的怪人，从来不在意论题的学术文献。（需要注意的是，在一些情况下，网上资源是可以使用的，但是完全依靠网上信息则不可取。）仅引用了教材的参考文献目录也没有参考意义。引用专业书籍的参考文献目录，比如引用由该领域领先的研究者编撰的合集，是可取的。在大多数领域，审稿人会比较偏好参考文献中罗列较多期刊和会议论文的文章——期刊和会议论文的比例，不同的学科有不同的偏好，你需要了解自己学科的偏好。参考文献的出版年或发表日期是什么？如果所有的参考文献都是好多年前的资料，这是否过时了，或者这是否是被其他期刊拒绝而再次递交给你审阅的文章？参考文献目录中是否包含了关于这个话题的关键性论文，是否有一些缺陷？这些参考文献是追溯到最早的相关文献还是只涉及十年内的文章？如果参考文献仅包括近几年的资料，作者有可能只是重新发现已有的知识，因为他们不知道这个问题很久以前就解决了。

4. 阅读正文

正文的叙述方式是否合理清晰？这与"通俗易懂的语言"不是一个概念——写技术性话题却不使用技术语言是行不通的。然而，清楚地使用术语和模糊用词大相径庭。如果你不知道某些术语，你需要学习，这其中没有捷径。不过，如果连懂术语的人都读不懂这篇文章，那阅读这篇文章还有什么意义？此外，用意不明甚至比论述不准确更糟糕，因为如果论述准确但是用意不明，读者可能从不同的方向去理解文章意思。

文本完整吗？这篇文章讲述的研究内容是否全面，其中有多少内容你完全确信？比如，一篇实证论文作者并没有告诉你样本数量，这就令人担心了。他们的结论是什么？作者是否使用了合适的研究方法，并合理解释为什么没有用其他方法？或是他们用这种方法是因为没有听说过其他的方法？他们得出的结论有价值吗？他们的结论和你的看法一致吗？如果一致，则需要对他们的结论进行再次检验，因为当结论与个人偏见一致的时候更容易不客观。他们的证据能论证结论吗？如果他们的结论没问题，是否有和现有证据一致却完全不同的结论？

这不是一个完整的清单，因为不同的学科涉及的问题不同，不过，以上呈现了审稿人会考虑的问题，以及他们考虑这些问题的原因。在学术实践中，某个关键性主题反复出现是有原因的；你越理解这些原因，你博士学习的收获会越大。

第十节　如何写文献综述

学术文章一般都是以文献综述开始的。这种安排有很多原因。

一个显而易见的原因是为论文将要涉及的研究工作进行铺垫（比如告诉读者前人已经做了哪些工作）。引用前人的研究要使用标准的引用格式，以方便感兴趣的和持怀疑意见的读者查找原文出处，与文献综述的内容做对照。第二个原因也同样重要，那就是通过文献综述证明你已经系统地做了相关研究，让读者相信读你的论文不会是浪费时间。

文献综述应该有一个清晰的结构以方便读者阅读，因为即使是最好的学术性文章也可能艰深难懂。清晰的结构也可以显示出你了解自己在做什么，以及为什么要这么做。让读者读懂你的文章是你的责任，而不是读者的责任。如果你从网上找来一些参考资料且不加区分地堆在一起，那么读者没有义务帮你从一篇混乱的文章中理出思路。

文献综述最常用的，也是我们赞同的一种结构，是从某领域最早的研究开始，按时间顺序讨论迄今为止所有的重要研究。按照这种结构，你的引用就应该从该领域最早的文献开始，接着介绍各个时期最重要的文献，最后写当下的重要文献。

还有一些结构也很有效。清晰的结构源于明确的组织原则，比如年代（如上文所说）、主题线索、关键问题及其阐述方式，或者思想学派。一些话题需要引用很多参考文献，综述则按照文献出现的顺序或者相关主题涉及的文献顺序来组织。

有一个问题常常会引起混淆，那就是文献综述与引言之间的关系。在这一方面，不同学校和个人有不同的做法。有的喜欢把文献综述和引言分成独立的两部分，有的则喜欢把两者合在一起写。我们的建议是要弄清楚，你所在的学校在这方面有没有相关规定，如果有，就按照规定写，如果没有，就按照你自己的喜好写。没有必要纠缠于这个问题。

文献综述的核心是一个好的"情节"（plot）。文献综述应该以某个问题开头（比如，一个神话故事可以从一条巨龙摧毁了整个国家开始讲起，研究性质的论文可以用某个领域的一个问题来吸引读者）。文献综述和/或引言接着就可以讨论前人为了解决这个问题做了哪些努力。文献综述和/或引言应该以你（主角）的登场结束。你是故事中的主角，带着神秘武器，也就是你的研究方法登场。论文或文章接下来就沿着你"探险"的足迹，到你取得"胜利"的那一刻为止。如果你在最后没有取得"胜利"，那就说明你在一开始就没有正确的实验设计，这也就是你的问题所在。串联全文的线索有很多别名，比如"情节""叙述线索"，大部分经验丰富的出色作家都很重视它的作用。

新手往往觉得"叙述线索"难以掌握。如果你有意识地下功夫练习，那么你就会慢慢地得心应手，否则问题不会自动解决。你可以用很多方法来帮助自己练习。一个简单的方法就是进行自上而下的分解。将"故事"里的重点列在一张单子里,单子不要太长——最多 6 个简短的句子,比如:

用卡片分类法对软件进行量化评估

- 对软件进行量化很困难;
- 卡片分类法在量化方面比先前的方法更具优势;
- 在这个领域采取卡片分类法会出现什么情况;
- 卡片分类法的确较先前的方法具有优势。

在对这样的上层结构满意了之后,你就可以将其中每个部分分解为几个小部分,如果必要的话,可以不断重复这个过程。最后你得到的应该是各部分的小标题、次级小标题等,而这些就组成了论文的整体框架。

事实上,即使论文结构清晰,读者们在阅读过程中往往很容易"迷路",因为论文里包含的信息量实在太大了。因此一个聪明的作者会使用过渡段和"指向标"。过渡段是将文中的两个部分连接起来的段落,它通常是总结上一段,引出下一段的内容,并向读者解释上下段的联系。"指向标"是告诉(或暗示)读者接下来会出现什么内容的段落。

在这个阶段,你应该广泛地参考学术期刊,将其作为主要信息来源。教科书和互联网在开始阶段很有用,但不适合作为主要的信息来源,因为它们往往在陈述时过于简化。

第十一节　剽窃和引用虚假文献是大忌

给予别人肯定,永远不会使你蒙受损失。事实上,你很有可能因为这方面做得好而得到别人的尊敬和信任。这样做不仅证明你为人诚实,也说明你阅读广泛，并能够从众多资料中收集和整合信息。

1. 什么是剽窃

不同文化对剽窃的定义各有不同，你的论文是否有剽窃行为将按照各国学术界对剽窃的定义来判断。英国学术界对剽窃的定义是很严格的：剽窃是指间接或直接地使用别人的想法、语句或材料，而不对此进行指明。

规则很清楚：

- 你使用的任何想法、语句或材料，如果有确切的来源，你就必须指出这个来源。即便你用自己的语言表达（重新陈述），你也应该指明原话的出处。
- 如果你一字不差地引用了别人作品的某些部分，必须使用引号，并指明出处。

让我们把话说清楚，剽窃是学术上的自杀行为。在英国的学术圈，剽窃被认为是"致命的罪行"。如果你的论文出现了剽窃，你一定会被判不合格。如果你准备在期刊上发表的文章出现了剽窃，你的文章一定会被退回来，你本人还会被列入黑名单。所以如果你对使用的材料和信息有任何怀疑，找出它们的来源，指明出处。

2. 为什么参考文献不完备或引用不存在的文献是很严重的问题

大多数研究者都有过这种经历，在一个不相关的学科中意外找到很多关于他们自己研究内容的信息。我们也经历过这些。如果这件事发生了，学生会觉得非常沮丧，之所以花费了数月甚至很多年的时间寻找相关的文章，是因为提到相关内容的人并没有给出足够的参考文献。另一种情况，如果你是一名博士论文评审人，你看到学生的论文很大部分是基于一个不可靠的视角，且没有合适的参考文献来支持其论点，那么你会马上质疑论点背后的参考文献是否可靠或完备。如果这个学生只是含糊回答"我记得在一本书的某处看到过"，则不会给评审人留下好印象。参考文献是有用处的而不是用来装饰文章的，优秀的研究者往往能够列出完备的参考文献。

第十二节　编制一份带说明的文献目录

博士学习的一部分是形成自己的核心"储备"。编制一份带说明的文献目录是形成核心储备的有效机制。带说明的文献目录是有用的研究工具。这个工具是你个人使用的，所以你可以按照你自己的思维方式和习惯去设计它。

1. "说明"应该包含哪些内容

最少应该包括的内容：

- 参考书目的基本信息（读者要找到这部文献必须知道的信息）；
- 你阅读该文献的日期；
- 你认为它在哪些方面是有趣的/重要的/让人不解的，将你的感受记录下来。你的笔记不应该抄袭原文献的摘要，而应该是你自己的批判性思考。它可以是非正式的、不符合语法的，甚至是偏激的，只要它表达出了你想表达的意思就行。如果你在重读某一文献时有了新的感受，那么应该对笔记进行补充——即使你改变了你的观点或看法，也一定要保留原来的笔记。

还可以包括其他一些有用的信息，比如：

- 文献来源（是复印稿、图书馆馆藏，还是个人收藏）；

- 关键词，最好是不同类型的关键词；
- 后续研究要用到的参考文献；
- 你是怎么发现某部文献的（比如是谁推荐了它，或引用了它）；
- 与某部文献相关的其他文献的信息；
- 有关作者信息的摘要。

2. 编制文献目录的方法

编制带说明的文献目录是一种学术训练。要养成这个习惯，最有效的办法是在阅读文献的同时就做记录，并在记录完成后再开始阅读新的文献。如果你没有及时做记录，之后你可能不得不重新拾起以前读过的东西，这样做的难度会大得多。因为对参考文献做记录是耗费精力的一笔"支出"，且记录的目的是更有效地使用文献资料，所以最好将每部文献的摘要精简到一页左右。

不要删除以前做的文献记录。"废弃物"可以重新分类或单独保存，某一年的"垃圾"可能会成为下一年的"宝藏"（反之亦然）。同时，保留分类变动的记录是很有意义的，一个做法就是列出你现在使用的所有类别的"定义"。在对分类进行调整之后，不要丢弃原来的分类方案，而是应该将它保存起来，作为记录的一部分。

这种训练的目的是持续地积累你阅读和思考的记录。

3. 编制文献目录的其他好处

- 它能帮助你回顾你的思考过程；
- 它能反映你的阅读和思想是怎样不断成熟的，你是怎样一步步认识到某些问题的重要性的，又是怎样一步步完善你的阅读记录的；

- 当你看到一条参考文献却记不起那部文献的具体观点时,你记录的摘要能给你关键性的提示;
- 当你在答辩前重读某些文献,产生了与以前不同的理解时,你以前做的笔记会对你很有帮助。

文献目录可以帮助你有效地规划你的阅读,并使你能够充分地利用丰富的文献资源,如果仅靠记忆,你能支配的资源就会有限得多。要牢记:

- 文献目录能使你在拥有一个"死板的"、一目了然的文件归档系统(比如按作者姓名的字母排序)的同时,进行分类、再分类和便捷的搜索;
- 文献目录可以防止你重新阅读那些没有价值的、只是名字有趣的文献;
- 文献目录可以帮助你记录文献的装帧形式和所在地。

4. 管理文献的方法

记录参考文献的方法多种多样。最普遍的两种形式是卡片分类和电子数据库。与很多学生的观点不同的是,卡片分类不是一个过时的老方法;很多事情你无法使用电子数据库完成(比如将卡片分组摆放在平面上观察文献演变的过程和特点)。你需要找到适合你的方法,你可以向有经验的研究者寻求建议。文献管理软件如 EndNote、Reference Manager 和 Zotero。

许多人不使用这些文献管理软件,他们偏好使用数据库、表格和 Word 文档等。很多有效的参考文献可能只是一个较大的文本文件而已。

最后想说的是，阅读在一些时候应当是你快乐的源泉，如果不是，那么你需要问自己是不是该看看学术界之外的职业机会了。有些学生觉得为了乐趣而阅读有负罪感。值得记住的是，你无法提前知道自己读的东西对日后是否有用处；在更高阶段的研究中，在看似不相关的文献阅读中有意外发现是经常发生的事情。所以，阅读吧，认真地阅读，快乐地阅读。

第十三节　终身读书的人有哪些读书习惯

终身阅读的人都保持着良好的读书习惯。

- 持久稳定地阅读。读书的真谛不在于一口气念很多书，而在于始终保持一定的阅读量。在这方面，乌龟策略胜过兔子策略。
- 身边常带着书——利用等地铁的十分钟，等导师的时间，讨论会间隙，或吃饭前的片刻来看书。
- 厕所里也放着论文。
- 将参考文献摘要汇集起来，并及时更新。
- 每天腾出一个小时作为固定的读书时间。很多人都把读书作为早晨的第一件事。去办公室之前先在图书馆待上一小时。
- 书和论文都要看。
- 很多优秀的读者都对读书着迷。他们希望在阅读一个新的领域时有一种"完整"的感觉。他们会"筹划"全面阅读某些重要作家的作品。
- 所有的论文复印件都有详细的引用文献所需要的信息，包括文献的国际标准刊号、国际标准书号以及页码。
- 很多真正的读书人会在一天中留出不止一个读书时段——比如

早晨读技术类的书，晚上读哲学类的书。
- 每晚睡前读上一个章节，不管自己有多疲倦。
- 参加会议讨论时随身带着会议议程，在讨论过程中做笔记和摘要。
- 即使碰到一篇枯燥乏味的论文，也要浏览全文，了解大致内容。
- 动用你的人际关系网络来帮你筛选阅读材料，以确保自己读的书都是值得一读的。
- 加入（或成立）一个阅读小组，或找一个读书伙伴。
- 费曼（Richard Feynman）这样说过：读难懂的书时，如果遇到读不下去的地方，就从头开始读（这样你就可以把之前读过的章节再复习一遍，纠正积累下来的，又因为隔了一段时间而得到了强化的各种误解）。
- 隔一段时间再读也可能对你有帮助：先快速地浏览一遍，然后把它放到一边，过一段时间后再仔细地阅读它。

第七章　了解学术论文的各种类型

为什么我们要花费整整一章来讲述论文类型？其中一个原因是，成为任一领域的专家都需要了解该领域的所有工具——比如知道手锯和钢丝锯的区别。为什么你需要了解职业领域的工具呢？因为只有正确使用专业工具才能做好事情。本章的内容就是关于，在了解了学术论文的各种类型后，你能够做什么：比如，什么时候能够凭借微小数据样本就能在知名期刊上发表文章，而什么时候不行？或者作为职业规划的一部分，你要在某家期刊发表文章，需要做哪些方面的研究？

学术写作不仅仅是脑力活动，也是一项社交活动，你的研究会被审阅、批评和使用。"为知识做出贡献"包括提前与你希望阅读你论文的人进行沟通。所有学术写作都需要涵盖以下内容：

- 背景介绍；
- 对内容的解释说明；
- 支持论点的严谨的证据；
- 一系列"连贯清晰的论证"：恰当的结构、清晰的论据和完整的全局性的观点；
- 对论文意义的探讨。

每类论文除了有特定的目的和社会背景，还有特定的读者。论文的目的和内容决定了论文的类型。发表的场合和潜在读者对文章的长度、风格和文章要素的优先顺序是有不同要求的。

论文有不同的分类方法。但很少有写作方面的书对这些方法加以介绍，它们通常被看作是职业技能，并且是个人选择的事情。这里描述的分类是一个十分标准的分类体系，其中一些论文类型是十分正式的（如期刊中的"评论型论文"），但其他的论文类型如"方法推广型论文"（method-mongering papers）则是不太正式的。

第一节 数据导向型论文

这是大多数人最容易想到的一种论文类型。数据导向型论文（data-driven papers）集中描述和讨论数据（而不是描述和讨论收集数据所用的方法），目的是发布研究结果（并能够在理想情况下为研究的重复和评判提供足够的信息），通常这种论文形式包括调查报告、实验报告、不同系统运作情况的基准测试报告和其他实证研究报告，比如观察和采访报告、评估和案例分析等。数据导向型论文的关键要素是：提出了什么问题以及为什么提出这个问题（和问题的理论背景）；对研究设计的描述；研究实施的情况（包括论证说明、步骤流程等，包含的细节内容，通常能够让其他研究者重复研究）；结果（所收集的数据、分析、研究发现）；讨论（意义、不足、推广和未来需要改进的地方）。

数据导向型论文对于研究者很重要，他们通常在研究中至少安排一项数据导向的研究，以证明他们知道如何做这些工作。

如果你的论文的核心是数据，那么你需要优质的数据。这意味着数据可靠并且有趣。"可靠"的意思是样本的大小、质量和代表性等应该达到一个毋庸置疑的标准。新手研究人员（有时候不仅仅是新手）常常会担心样本的大小是否达标，被调查对象是否足够多。他们担心的另一个问题就是样本的代表性问题，因为任何有常识的人，都能够不费劲地想出各种理由来质疑样本的代表性。然而，研究者的问卷一旦寄出（问卷是收集数目庞大、可信度值得怀疑的数据的惯用方法），这种种担忧常常会让位给"怎么方便怎么来"的原则。所以，如果你正在进行这方面的工作，你有必要了解统计学的知识。然而，经验不足的研究者往往很少花时间考虑他们数据的质量（以免自己中途就放弃了该文章的发表）。

刚开始从事研究工作的人往往会忽视有趣的数据的重要性，这一点经验丰富的研究人员是决不会忽视的。新手们不重视这一点的原因可能是，他们在收到调查对象的问卷回答之前，往往不会去设想采集来的数据会是什么样子。由于采集来的数据没有新颖之处，他们的研究结论枯燥乏味也就可想而知，很快淡出公众视线之外。对于有经验的研究人员来说，数据能够吸引人的概率必须足够大，这项数据采集工作才值得进行。

能够吸引人的研究结果往往是让人吃惊的，同时又是有用的。这个结果应该有一个基础坚实的样本作为依据，样本数据必须足够可信，才可以将其作为进一步研究的基础。计算机科学中的"五千年错误"的例子就可以证明——比如，某个错误在使用中可能每五千年才出现一次。关于这个话题的经典文章使用了大量的数据来说明，错误事件出现的频率为几千年一次。这个重大的发现对软件产业，比如核电站安全系统领域，有深远的意义。对发表这样作品的研究者来说，研究结果会在涉及此类问题的大量论文中被引用，大大提升研究者的声誉。

你怎么判断你的研究领域是一个值得采集大量数据的领域，还是一个无法采集到足够样本的领域呢？这时候对理论的透彻理解非常重要，因为它可以引领你去预测与直觉相悖的发现。另一个有用的办法就是在进行其他研究的时候，经常留意有什么东西可以产生有意思的结果。

一篇经典的、建立在数据基础上的研究论文能为其作者带来好的声誉。然而大多数以数据为基础的研究论文都无法有新突破。你必须拥有可靠的、有趣的数据才能为这类数据导向型论文建立起在学术界的声誉。

数据导向型论文有很多种类：

- 元研究论文（meta-study papers）。数据导向型论文也包括从很多人发表的实证研究中整理和分析数据的元研究。关键元素包括：明晰的研究目的；一系列准确引用、合适易懂的资料来源；清晰的分析基础和充分的讨论。

- 发明创造论文。这类论文的目的是推广发明创造的新产品（工具、系统、教学方法、乐器等）并为评判和应用提供足够的信息。这种论文的要素包括：是什么（充分的描写）；这项发明创造填补了什么空白（前期形式、理论背景、目的）；它为什么具有创新性；它包括哪些关键设计理念或者创新点；评估（证明达到研究目的的关于有效性的证据）；它引导了什么。

- 工作进展论文（work-in-progress papers）。工作进展论文是通过发布一个关键的想法或方法，"标记"或"构建"你的名字的论文。这是一种早期的作品形式，包括大量前期的研究和证据，可以使你了解到新领域的早期研究。论文要素包括：强有力的观点；清楚阐述该观点如何适用于该"领域"（territory），如何重要；对其影响力的预测（如果这个想法行得通的话）。如果文章中有对研究项目的描写和对概念的说明就更好了，不过没有的话，论文也能够发表。

第二节 方法导向型论文

方法导向型论文（methods papers）描述了一种新的方法、技术、算法或者流程（或者它们的变量）给特定团体带来的用处。优秀的方法导向型论文描述了方法并用充足的细节解释如何应用。所以关键要素是：这个方法是什么；它是如何运作的；从功能角度较之其他方法有什么优点，有何局限性（比如，解决问题的水平、使用的便利性、局限性和成本）。这类论文有很多子类别：

- 方法介绍型论文（method introductions）。这类论文描述了一种新的方法。由于方法是崭新的，因此对方法的解释很重要：作者需要说明为什么使用这种方法，它的优点是什么，它与现有方法的区别是什么以及如何运作。有的时候作者的描述不全面，导致读者轻易相信了这种方法。

- 教学指导型论文（tutorial papers）。教学指导型论文是描述一种研究方法并解释如何使用这种方法的论文。教学指导型论文通常不涉及原创性的研究——可能是对别处已经介绍过的方法，甚至是别的作者写的方法介绍文章的完整而详细的说明。优秀的教学指导型论文包括范例。这类论文很有价值，然而学术期刊往往不发表此类论文，因为原创性研究是学术期刊的精神所在。但是，如果你发表了一篇经典的、论述某种研究方法的教学指导型论文，这篇论文就会在未来几年里一直被人们引用。

- 方法推广型论文。这类论文同样描述一种研究方法，但目的是指出这种研究方法应该得到更广泛的应用。所描述的方法可以是原创的（比如由作者本人发明的）研究方法，也可以是在别的领域里已经发展成熟、还未在作者想要将其推广的领域内得到充分重视的研究方法。这类论文并不一定要写成教学指导型论文的形式。一种很普遍的做法是，在论文里论述某种方法为什么可以应用到研究者本人所在的领域里，不详尽地描述这种方法，而是在论文中列出讨论这种方法的教学指导型论文或教科书供读者查询。这类论文有一个好处是，如果你对其他领域的某个研究方法已经相当熟悉，那么你可以很轻松地写出一篇方法推广型论文。你所需要的只是几个有说服力的案例，证明将该方法应用到你的领域内可以解决传统研究方法很难解决的问题。你所需要的样本数目也不必太多，因为少量的样本（甚至是一个有说服力的例子）也同样可以有效地证明你的观点。

- 概念展示型论文（demonstration of concept papers）。概念展示型论文旨在向读者展示一个特定的概念（通常是一种方法，但也有例外——比如也可以是一种概念性框架）是可行的、有用的、有趣的。这类论文在申请研究经费时很管用。如果你很清楚你要论证的是什么，那么只需要来自一个样本的一组数据就可以完成一篇概念展示型论文。写这类论文最难的还是要找到一个好的概念。

第三节 理论型论文

理论型论文（theoretical papers）有很高的威信。文章从不同的视角探讨问题：

- 介绍新理论；
- 阐释其他人的理论；
- 改进或延伸现有的理论；

- 指出现有理论的不足；
- 引出新的理论（不用正式提出新的理论）。

或者提供如模型、概念或概念性结构的理论观念。关键要素是理论观点和能够展示和说明观点的论据。

理论型论文讨论的是理论问题，比如象征推理（symbolic reasoning）的内在局限性。它可以产生巨大的影响力。公开发表的理论型论文通常出自某个领域的权威人士之手，其中很重要的组成部分是文献评述和方法论（不引入文献和方法论就不可能攻克艰深的理论问题）。这类论文中不被接收发表的通常是缺乏经验的新手写的，他们在写之前没有充分地阅读文献，这就好比是在学习新事物之前没有读相关的 FAQ（常见问题解答）一样。我们的建议是，在你不能确认自己能够胜任，或者拿不出证据来证明你的能力之前，不要尝试写理论型论文。

第四节　唤起问题意识型论文

唤起问题意识型论文（consciousness-raising papers）并没有听上去那么玄妙。它的目的是唤起人们对某些问题的意识，因为这些问题在研究领域里还没有得到充分的重视。这些问题往往涉及其他领域的方法和概念在研究者所在领域内的应用。

唤起问题意识型论文如果写成功了，可以吸引很多注意力，并改变整个领域的观点；如果写得糟糕，那只会给作者带来自大、夸夸其谈的坏名声。我们可以采用学术研究惯用的"试金石"来鉴定这类论文的优劣，那就是它有没有给读者带去新颖有趣的工具。比如，如果一篇论文告诉我们硬科学（hard sciences）的研究方法不能直接用于研究软科学（soft sciences），我们也许会觉得这没错，但并不能从这个结论中得到任何真正有意义的东西。但如果一篇论文告诉我们博弈论可以为演化生态学（evolutionary ecology）提供数学基础，这给读者带去的启示意义就好像是给了一个小孩一把玩具仓库的钥匙。这使演化生物学家约翰·梅纳德·史密斯（John Maynard Smith）将博弈论应用于演化生物学的研究，写成《演化与博弈论》（Evolution and the Theory of Games）。约翰·梅纳德·史密斯成为这一全新领域的开创人。

与之相关的一种论文类型是观点型论文（perspective papers），这种论文是关于热点话题的论文，表达和论证关于这个话题与其他文章不同的观点。观点型论文和唤起问题意识型论文的共同关键要素是：强有力的观点；有力的论据（不仅说明这个观点的内容，还展示它是如何影响研究和理解的）；足够的经验性证据（能够为观点提供充分的背景说明和例示）；观点的蕴含。

博士一年级的学生往往喜欢抱怨他们的领域忽视了很多重要问题，却不喜欢考察事实，查清楚这些抱怨仅仅是一年级新生的口头语，还是的确有一些重要问题被忽视了。有经验的研究者在这方面有很大的优势，因为他们（a）听了很多一年级学生的意见，（b）有值得信赖的同事帮助他们判断学生的意见是否有道理，所以他们可以在写这类论文前有成熟的考虑。

第五节　议程设置型论文

与唤起问题意识型论文相关的是议程设置型论文（agenda-setting papers），这类论文提出新的方向，勾画出新的发展路径，通常来说可以为研究团体指明方向。这种论文有两类：由委员会写的论据充分的论文（只有这类论文可以明确地抛出观点）和由个人写的缺乏论据支持的论文。如果议程是由团体署名的，这种论文可能会被广泛引用。

优秀的、有远见的议程设置型论文一般要求：(a) 有独到的想法；(b) 权威。这两点需要基于对该领域的全面了解，对前沿知识的掌握，批判性思维和创新思维，以及对该领域发展的卓越认知。作者较高的声誉对论文发表也很有帮助，因为有的读者会质疑"是谁这样说，是谁给我们设定这样的议程"。但是较高的声誉并不是必要的，大胆、思维活跃的年轻研究者也可以写出有影响力的议程设置型论文。

第六节　评论型论文

修昔底德也会支持评论型论文的撰写和发表。差不多每隔十年的时间，一个领域内总会有某些人决定，是时候写一篇论文，来考察自上一篇评论型论文发表以来领域内又取得了哪些重要进展。于是，这些人会审阅过去一段时间内发表的所有主要论文以及很多次要论文。这项任务工作量极其庞大，涉及阅读和评估数以百计的论文和图书，并且要从中找出若干重要主题并加以总结。

评论型论文对普通读者来说很有价值，因为它的信息很完整，包括概述和关键的资料文本，为读者提供了进入某个研究领域的快捷渠道。但是优秀的评论型论文不仅仅是带有评注的参考书目，它们往往能有效地组织材料，通过展示、构建底层结构和系统地评述文献内容来为所评论的文献"增加价值"。一些评论型论文以特殊的视角展开论证。评论型论文的关键要素是：对焦点话题的详细阐述；对主流思考（观点、方法）和理论的勾勒和描述；对重要文献的诚实而完整的复述；对观点源流的追溯（观点的起源，传播和发展的历程）；全面的参考文献目录。

评论型论文的作者通常是对某个领域了如指掌的人，他们往往已经阅读了所有的相关文献（并且很可能自己也写了不少）。然而也有例外：如果你的博士论文的文献综述部分写得很好，那么这部分理所当然可以作为评论型论文发表。然而评论型论文和论文中的文献综述有一个重要的区别：前者是对一个领域全面、均衡的概览；后者是为特定研究提供背景介绍的有目的性的评论。因此，尽管在两种情况下都要求综述准确精当，但是两种论文对文献的选取和编排可能有很大的不同。实际情形是，大多数正在写博士论文的学生不是早已经厌倦了文献综述这份差事，就是害怕被告知忽略了某篇关键文献，所以他们对写评论型论文往往没什么兴趣。

第七节 立场型论文

立场型论文（position papers）与其说是在介绍研究，不如说是在介绍研究人员，通常与工作坊或其他活动相关。主办方通过这个工作坊或活动聚集起对某些话题感兴趣的参与者。因此这种论文总是以完成活动为目标。立场型论文的特点是与众不同：它们把你描绘成有趣的、有贡献的人。关键的要素是：证明（为什么我的观点值得被听取）；表明兴趣（为什么我想要参与这个活动）和立场（我能提供什么，为什么我对此感兴趣）。关键是要展现个人特点，从而不被团体排斥。立场型论文可能包括研究的信息，但是一般都是以总结的形式来突出作者对团体做出的杰出贡献。

第八节 选择不同类型研究论文的一般原则

参考这些类别，你应该能够将自己已有的和计划完成的研究归类到不同类型的论文。如果你的研究包含将某领域一个著名的研究方法应用到陌生的领域，那么你可以写一篇方法导向型论文（或者其他类型的论文），你只需要少量的数据来印证观点。如果你刚刚完成博士论文的文献综述部分，你适合写一篇评论型论文，这种论文与方法推广型论文完全不同，它只需要被评论的文献，而不需要使用数据。如果你想考察某一现象的实证证据，你可以写一篇使用大量数据的数据导向型论文。同一个研究，你可能写成不同类型的论文，每一篇关注的方面不同。所以，根据不同的目的撰写不同类型的论文，你会发现这是一项有用的练习。不管什么时候规划研究，你都要问自己需要完成什么类型的论文。这就是本章要讲的内容。

第八章　如何进行学术研究的设计

学术研究的设计需要一本书才能讲清楚。我们建议你读几本这方面优秀的图书。这章不会详细介绍研究设计的细节，而是说明研究工作的本质，并关注如何进行研究方法的选择。

研究包括寻找新的东西。"新"的意思是"对所有人来说"是新的，或者仅仅"对你来说"是新的。这是一个主要的区别，不解释清楚会让人产生误解。"对所有人来说"崭新就是一手研究，这是你要获得博士学位必须进行的。"对你来说"崭新就是一种二手研究，这是你做一手研究之前需要完成的。通常来说，二手研究需要在图书馆花费很多时间，尽管现在人们会花费很多时间在网上搜索资料。二手研究可以大大降低你因为不知道之前进行过什么研究而重复研究的风险，是在一手研究之前的准备工作中很重要的环节。再说一次，二手研究的重要性是针对准备工作来说的，因此并不如一手研究重要。

尽管二手研究在很多方面很有用，但是在突破人类某类问题方面（比如，发现糖尿病的病因，或者找到治疗读写困难症的方法）通常没有作用。所以，虽然二手研究是有用的，但是通常是一手研究解答了关键问题。当然有例外，比如对来自很多研究的数据进行重新评估的元研究（meta-studies），为了说明研究问题，使用了很多数据资源。有的时候这种研究可以通过验证一个被忽略的因素或者假设获得突破。比如，2001年，本·奥本海默（Ben Oppenheimer）和同事从6～30年前收集的数据中发现了暗物质存在的第一直接证据——白矮星。

第一节　实证研究设计：三个关键步骤[①]

1. 找到一个合适的研究问题

在学习和研究规划中最需要大量思考的步骤也许就是决定研究什么问题了。问题来自很多方面：理论、观察、前期工作、世界中出现的问题、文献中的缺陷……但是找到合适的研究问题是需要思考的。差劲的研究问题不仅浪费时间，甚至可能导致研究失败，或者在应用到公共决策时后果不堪设想。一个优秀的研究问题会解决相关领域的问题，这就意味着问题的答案不管是什么，都不会遇到上述情况。下一个研究问题会进一步弥补不足，直到剩下唯一合理的解释，也就是"真相"。在医药研究领域的历史中可以找到使用这类方法的例子：比如，路易斯·巴斯德（Louis Pasteur）通过不断尝试研究，排除了各种导致食物腐烂的可能原因。为了找到合适的研究问题，你需要从已有知识中确认什么才是你需要了解的重要问题。这一个环节通常包括记住你最开始提出这个问题的动因是什么。你还需要评估，你想要研究的问题是否能够在自身可获得的资源条件下（包括时间、材料、工具等）进行研究，是否具有研究的可行性。解决问题通常需要你将问题分解成更小、更容易探索的问题，并挑选一个进行回答。本章末提供了寻找研究问题的一些建议。

---

① 这部分内容参考：Fincher, S. and Petre, M. (eds) (2004) *Computer Science Education Research*. London: Routledge Falmer. 已获得授权。

2. 什么样的证据能够解决这个问题

第二步是确定你在陈述问题的时候需要什么样的证据。你也需要知道谁还会在意这些证据。你的导师、公道而富有同情心的同事，或者多疑的竞争者，对令人信服的证据会有不同的要求，所以你需要从不同的视角来考虑证据的选择。论证充分的解答是什么样子？什么样的证据可以"好到"支撑这个解答？回答这个问题需要你考虑某一现象的各个方面是如何展现的：它们在这个世界中是如何（直接地或间接地）被发现的？这使你通过对事物的直接观察来陈述问题——也就是说，使你的问题"可操作化"。为了保证证据"充分"，你需要根据论证的强弱程度，评估某一语境下不同种类的证据。你需要多强的证据来支持你的论点？

一种解决这个问题的方式是考虑什么样的证据能让你提出这样的问题：为什么这个证据（可能是某个人的自省、轶事或者文献中的讨论）足以使你提出这个问题？这个证据在解答过程中还有什么不足的地方？另一种方法是考虑哪种证据不够充分——不合适的解答是什么样的？可以通过思考什么样的答案不符合要求来明确证据的要求。思考哪些证据不充分也可以帮助你找出自己感兴趣的问题。还有一种方法是考虑反方面的证据。人们总是寻找正面的证据，看重与他们认知相符合的证据。但是新发现通常蕴藏于"惊喜"与不符合期待的矛盾中。想想反面的例子、矛盾的地方、例外情况和其他反向证据，也可能对思考问题（和揭示你一直以来思考问题的不足）有帮助。

3. 选择能够获得所需证据的方法

在选出你想研究的问题之后，选择某个方式去解决是最后一步。需要根据问题和想要运用的证据选择方法。不管你的研究是理论导向还是归纳分析，都需要这样做。引起决策制定者支持的方式和衡量事物物理特性的方式非常不同——选择合适的方式方法要求对所观察到的现象和相关方法的适用性有清晰的认识。一个简单的方法是找出和你想要解答的问题相似的项目研究文章，这些文章能够给出关于如何解答你自己的研究问题的一些有用观点。

那么方法方面呢？很多学科（特别是早已建立的理论学科）有广为人接受的方法——特定方法和技能的组合被称为"调查方法"。在这些学科中，研究者建立了坚实的知识证据系统，基于此，他们知道应提出哪些问题。长久以来，他们将某些问题与特定的方法联系起来，问题通常与现有的理论和证据紧密相关。

某个方法有很多优点——比如，让研究者将不同的结果进行对比。也具有一定的缺点，如研究者只通过这个视角观察世界，而且不是所有事物都在这个聚焦范围内。即使存在某个被广泛使用的方法，优秀的研究者也有责任根据论证需要来选择合适的方法，不能忽视问题和相关证据要求之间的关系。盲目地依赖某种研究方法会导致各种尴尬的失误。研究刚开始就马上选择某研究方法是错误的，因为这是在真正考虑问题前就选择了答案。有的时候，从错误的地方开始研究表明研究者对研究过程的不理解。比如，在研究刚开始的时候问："我如何设计一个实验来证明×××？"这说明这个研究者并不理解实验的作用，他只是在证据不支持相关结果的时候才开始寻找证据。一些知名的研究方法在用于研究错误的问题时也没有什么用处——比如，如果问题并不准确或者不具体，或者关键变量不清晰，就很难设计好一项实验。

当然，这个1—2—3步的方案是一个简化的版本（很多模型都是这样）。这三步不是严格分离的：找到具体问题通常需要对证据有所思考，这其中也包括思考需要观察什么事物、需要收集哪些数据以及如何对数据进行分析。实践中，实证研究的设计是围绕着问题、证据、方法和分析反复思考的过程。

有的时候周围的环境也会影响你的决定——比如，当某个规定完成期限的机会来了或一组自然数据出现，我们要在充分规划前就有所行动："有了这组数据，就能够分析结果。"当然，我们会对那些"太好了，如果不抓紧就会错过"的机会及时回应，但即使在有把握的情况下，不清楚问题就规划研究还是一个很危险的举措。

第二节 要考虑所提问题对所引出答案的意义

思考如何开始的一个方法是考虑你想在哪里结束。目的地是哪里？你如何知道自己到达了终点？什么是合适的证据是基于你试图回答什么样的问题。从你想要达到的目标的角度来思考，对规划研究很有帮助。比如，某项研究的结果应该是什么，这些结果应该如何得出？这些数据是什么样的，应该怎样分析？想象你在参与关于"先天还是后天"的辩论，在这场辩论中，讨论人类的行为有多少是由基因决定的，又有多少是由环境决定的；再想象你通过研究找到了答案，比例分别是48%和52%。一旦你研究成功，你要如何使用这些信息呢？以及，这些信息意味着什么？可以这样说，这并不是一个很有价值的答案，于是，你开始意识到从最开始的时候找到一个更有意义的问题会对研究更有好处。

相关的问题就是"结局是什么"和"如果我得到了答案，我将怎么做"。我们把这个过程叫作"那又如何"步骤。光知道你想要探讨的研究问题是不够的，你也需要考虑你的问题所引出的答案的意义和作用。如果结果和我预期一样会如何呢？如果不一样又会如何？不断询问"那又如何"以帮助你根据答案来考虑研究问题对整个研究过程的意义。

一个有用的策略是将问题看作是一个"盒子",然后在每一个合理可能的答案下画一个箭头。在每个答案旁边,你应该写出:

- "这个答案是有趣的,因为……";
- 根据这个答案你将采取的行动;
- 为什么这个答案有助于填补研究的空白;
- 实际的意义是什么(如果你在寻找资助,这个问题非常有帮助)。

如果你不能写出,那么你是在用时间、努力和声誉冒风险。即使你很幸运,我们也可以从研究设计中清楚地看出,你提出的是一个有瑕疵的问题,而且你是侥幸蒙对了答案。不过评审人对这种错误行为的看法,与驾驶教练对学车者盲目地、不管不顾地在弯道超车的看法相同:你可能这次幸运地躲过一劫,但是没有人会因为你一时的幸运而发放驾驶证。

考虑最终的目的能够帮助你了解一些事情:

- 问题的重要性(为什么值得回答);
- 研究结果的意义(你的研究结果会引领你接下来做什么,它们的实际意义是什么);
- 理论意义(你的研究结果与现有的解释和预测有什么关系);
- 推广的局限性(你的结论是否适用于其他数据)。

这些考虑强调了研究问题的重要性。现在你应该意识到,研究质量通常取决于研究问题而不是答案。

第三节　寻找可靠的证据

完成优秀的研究和生成合理的计划取决于你知道证据的价值。理论也是基于证据。这里不仅指"更多"的证据，而且是"更好"的证据。关键是证据是否足够充分和使人信服地支持论点，是否能够让人评判出证据的强弱，从而决定你如何利用这些证据。完整的研究设计包括找到"适合论点"的证据。

证据不是证明。一般来说，实证数据可以让我们得出更真实、更准确的结论。

做研究时要牢牢记住这一点，你不是在为自己的直觉寻找证据。一个典型的错误就是去证明一些事而不是调查一些事。你做的事情应该是为回答问题而寻找证据。实际的情况往往是"后见之明"比"先见之明"更有意义，因此如果你是在为你的直觉寻找证据，你迟早会在公众面前暴露错误。优秀的研究总是提出优秀的问题，而不是在猜正确的答案。

"适用结论"的概念与"一体适用"的概念明显不同。前者说明不同的论点需要不同标准的证据。一些论点需要强有力的证据。比如，光疗法对阿尔茨海默病的作用需要有疗效的证据。一些观点则不需要那么强的证据。比如，一个"概念论证"可能只需要一些简单的证据，更详尽的论证会在下一步研究中阐述。一项关于设计缺陷的评估研究可能只需要一些参与者的反馈。有的观点只需要用相反的案例进行说明。比如，当某人想发表一个假说，他只需要一个简单的反例就能支持观点。经典的例子就是在18世纪发现的"黑天鹅"，它反击了当时"所有天鹅都是白色"的普遍观点。

我们需要评估证据的性质和质量：证据的可靠性如何（不同的研究

者，在不同的时间，基于同一个总体的样本进行重复是否可以产生一致的结果）？这个证据有多稳健（在不同环境下，经过多种相关的操作，是否能够产出相似的结果）？我们需要理解不同形式证据的价值，也要知道不同形式证据之间的区别和联系。与我们得出标准差的方式一样，我们必须在研究中写明证据的不确定性和误差——这样才能使证据的评估更加符合研究的论点。

第四节 预研究

预研究能在第一时间初步防止疏忽（或是愚蠢行为）和偏见。优秀的预研究是具有可操作性的；它会帮助你找出错误，测试计划的可行性，练习各种步骤和实际操作器械，检查时间节奏，发现理解上的差异（特别是研究者和参与者之间理解上的差异），更重要的是，检验初步数据分析的正确性。它可以暴露出设计上的缺陷、隐藏的假设和意料之外的问题，使你能够避免以后遭遇的挫折所带来的痛苦和尴尬。

如果预研究要实现上述所有的功能，那么它需要对研究的每个方面都做测试。它必须是真正的"彩排"。它必须遵守所有的规定，使用真实的工具材料和能够代表目标群体的参与者（并不是让学生代表专家，或是汽车修理工代表火箭科学家）。相关规划（各个流程，数据收集和分析使用的工具和材料）必须被试验，直到确保相关规划达到预期，能够获得相关用来分析的数据。

试验分析也很重要，分析中发现的问题可以反映研究设计中的主要缺点。比如，收集的数据可能不能够满足统计检验的前提要求。提前发现问题总比收集不充分或不相关的数据要好。

预研究确实会花费时间和资源，但是忽视它们所带来的后果可能会很惨痛。很多学生直到他们的研究错得离谱时才意识到这点。从这个角度来说,进行预研究就如同投资烟雾检测器:这是一笔让人厌烦的花费,但是能够避免灾难。

第五节 选择研究领域和研究重点[①]

研究是对知识的探索。以前,探索的最初阶段通常是探索者用弯刀劈开脚下茂密的杂草前行,最终用笔记本和口袋中的铅笔画出一张地图草稿。有些信息是可量化的,包括测量——"大概五里格[②]宽"或"太深了无法跋涉"。有些是定性的,包括提到事物的种类——"繁密的丛林""山脉"或者"这块地方有恶龙"。这种地图通常并不完美,也不完整,但是至少告诉你眼前的环境是什么样子的,你是否找到了一片荒凉的岛屿或者陆地。后面的探索者将使用一些基本的搜索工具探索未知的地域,并画出更准确的地图。如果有的人决定建造一座城市或者开凿矿井,那么他们可能会带着经纬仪和测量链索,以制作非常精确的地图。

研究也一样。有的人发现了一片崭新的研究领域,用类似于弯刀、笔记本的工具,穿着汗水浸湿的T恤在灌木丛中开路。这可以用来类比在某些学科中进行的观察或者无结构访谈,或者在其他学科中挖掘探槽的阶段。弯刀开辟灌木丛这一阶段是了解最基本的植被和地理情况,即评估土地情况。这个阶段需要关注的问题是这片地方都有什么。

如果这片领域看起来很有趣,那么会吸引来一批新的研究者,带来更多的工具,可能通过现场实验得出更准确的结果。这个使用测量链索

[①] 这部分内容参考:Rugg, G. and Petre, M. (2007) *A Gentle Guide to Research Methods*. Maidenhead: Open University Press, pp. 33–36. 已获得授权。

[②] 里格,长度单位,是陆地和海洋的古老的测量单位。——编辑注

和指南针阶段的目的是更准确地测量土地，用准确的尺寸将土地绘制成规则的模型或地图。这个阶段要关注的问题不仅是这个地方看起来是什么，还有这片土地是如何构造的，以及为什么这样的构造导致南边分布着沼泽。

如果这片领域确实很有趣，那么类似于经纬仪的事物就会出现。这个阶段的目的是解决由模型产生的具体而确切的问题，并通过精确的观察去消除早先阶段产生的失误或误解。这个阶段涉及的问题是找出地图中哪个细节是错误的。

这使我们想到埃里克·阿什比爵士（Sir Eric Ashby）说过的一句话，尽管我们愿意将研究比作一次伟大的远行，是在用弯刀劈开脚下的杂草，但更多情况下，"研究是拿着望远镜在知识的前沿匍匐前行。研究活动涉及精确的问题，正是这种细节磨刻出了真理，推动控制实验方法的发展。精确的测量造就了英国地形测量地图，并使它不同于那些野外记录簿中快速潦草的手绘地图。每个地图都有它绘制的时间，它的用途和地位"。

你可能会疑惑，为什么人们不放弃准备工作，而直接开始控制实验呢？这和你探索时一开始并不使用经纬仪和测量链索一样：这些工具相对而言都很花费时间，你需要在不知道下座山有什么之前，决定这片领域是否值得在这些细节中投入时间和努力。用弯刀和笔记本探索的结果可能不是很准确，但是它们能够使你快速了解全局，然后再决定哪些地方值得进行更细致的调查。

一手研究包括不同种类的研究，比如案例研究、现场实验和正式实验。很多学生在其中迷失方向，这就是我们为什么要在此处进行说明。下一个部分我们将讲述研究的种类，从使用弯刀和笔记本的探索阶段到使用经纬仪和测量链索的极其细致的调查阶段。

1. 要描述前人没有描述过的事物

当你手里拿着弯刀,包里放着笔记本,试图弄清楚周围的环境时,你首先需要决定的是在你的草图中把事物归为什么类别。有些很简单——比如,无论你在哪里,河流和山脉都是一样的。另一些就比较困难了。"森林"可能乍一看似乎简单,但实际上不是:欧洲的森林与热带雨林和温带雨林都不同,例如,在热带雨林生长的高灌木丛和低灌木丛是容易相互缠绕的。因此,你需要确定在你的草图和笔记本中如何对它们进行分类。这可能完全是定性的——你说你看到的是什么,但你没有试图量化或测量它们。

这在研究中也是一样的——你可以通过描述一些以前没有描述过的东西来做有用的工作。例如,我们认识的一位名叫安娜的博士,她研究了人们在确定任务优先级时实际使用的标准(不是教科书上倡导的标准),并发现了一些有趣的事情。它不需要数字,只需要分类和描述。

读者可能已经猜到,这与中世纪的学术问题非常契合,比如"什么是生命的本质",但我们将避免在这条特定的道路上冒险……

2. 对事物进行粗略的计算很管用

尽管你可以通过分类、描述和概括来做一些有用的工作,但是这种方法的作用是有限的。想象一下,你满身是汗地回来,手里拿着笔记本和弯刀,坐在队长的船舱里,向他描述着森林和沼泽的类型。你会被问到这样的问题,比如某个沼泽大约有多宽多深。如果你把它看作一个来自普通人的问题,然后详细地提出长度测量的社会约束限制,或简而化之,草草画一个类似沼泽边缘的明确界限,这不可能让你得到太多的尊重。老派的队长可能会因为你是一个自作聪明的人而严厉斥责你。新派的队长可能会冷冷地建议用粗糙集或模糊集公式来解决那些特殊的问题，然后问，例如，沼泽中是否有太深而无法通过的地方。分类可能是复杂的，但幸运的是，有一些与此相关的复杂文献，所以如果你有任何挥之不去的焦虑，阅读它们可能会让你安心。

在野外制图中，你可以用一些基本的模拟方法做很多有用的工作；这在实地调查中也是一样的，你可以通过对事物进行粗略的计算来做很多有用的工作。例如，在安娜关于任务优先级标准的工作中，一个步骤是计算每种标准有多少人使用。

有各种各样的统计方法可以用于分析这类结果——简单地计算有多少东西属于哪一类——有统计学知识的同事应该能够告诉你哪种方法最适合你的需要。

3. 种植咖啡的启示：案例研究与现场研究

上面所说的方法（描述事物和做一些基本的计算）是可行的、具体的方法。但它们也有自身的不足。这些方法只是描述了事物本身的样子，并没有告诉你一些变化的可能。比如，假设你在远行中发现了一种在高原生长的咖啡灌木的新种类，咖啡味道美味无比。你意识到这个发财的机会并决定广泛地建立种植园。幼苗在三个地方都枯萎了，在第四个地方能够繁茂地生长。种植咖啡豆给你带来的收入让你能够在最好的大学完成骨科学习。

在这个例子中，你做的就是尝试改变某件事情，并观察有什么事情发生。在三个地方你得到同一个结果，在进行第四次尝试时，结果有所不同。这说明在远离原生山谷种植新品种咖啡是可行的，这个过程也说明了要尝试多少次种植才能成功。很多应用研究也是这样完成的，你在原始的背景下观察某件事的发生。这可能是训练员工的新的方法，或者

第八章 如何进行学术研究的设计

是安排工作、教育他人的新方法，对于每种情形，你都需要通过确认不同的变量来观察产生的效果。如果你只在一种情形下开展这种研究，这就叫案例研究；如果你在不同情形下完成，这通常叫现场实验。

如果你要测量的事物包括很多类别，如同我们前面提到的，那你可能要根据归入每个类别的事物有多少应用相同的统计方法。如果你要测量的事物有不同的度量方式（比如，幼苗的高度或者每片灌木产出豆子的重量），那你需要使用不同的统计方法，这就是我们下节要讲的事情了。

4. 系统性改变变量并观察所带来的结果

我们接着讨论咖啡种植的案例，在不同地区种植幼苗的现场实验告诉你灌木可以不在原生的山谷生长，但是不能告诉你是什么因素使得一片土地适合它生长，而另一片不适合。这是一个明显的问题——比如，如果你仅有的种植园被咖啡凋萎病侵袭怎么办？你可能列出这个合适地点与原生山谷的一些共同特点，找到第二个合适的地方，但是这些共同点可能非常多；大多数因素可能并不相关，你如何找到相关的变量呢？这就是控制实验要解决的问题。

你能够做的就是系统性地改变变量来观察哪个变量会带来不同的结果。比如你可能会奇怪，是土壤还是气候带来不同的结果。你可以在不同的气候环境中用相同的土壤，将种子种植在这些环境中。如果幼苗在相同的土壤、不同的气候条件下生长旺盛，那很可能土壤是一个相关要素。这又带来更多问题，比如，是土壤中的什么成分带来不同的结果呢？你可以以相同的方式来解决这个问题（比如，如果你好奇是不是和土壤中的虫子有关，你可以尝试将一些幼苗种植在施肥的土壤中，另一些种在没有施肥的土壤中）。

这种方法的关键点在于你要确认关键的变量，然后在保持其他条件不变的情况下改变它。这使你接连不断地排除各种可能性，将可能的结果的范围缩到最小。如果你能正确地完成，那么答案就很明显了。比如你可能给定一个场景中"某人"是女性（或者其他变量相同），而当下的场景中，这个人是男性，然后观察是否有不同的结果。如果男性和女性的场景中有系统性的不同，那么唯一可能的原因就是男女性别导致的不同——如果你随机设置男性或女性的场景，那么在这个研究的两个情况中就不会有其他的系统性不同。

对于这类研究，你可以通过计算归入每个类别的事物有多少来测量结果（比如，有多少幼苗归入"枯萎而死"类别，有多少归入"繁茂生长"类别）。更多情况下，你将用某种度量单位来进行测量（比如，不同生长阶段幼苗的高度，或者每片灌木产出豆子的重量，或者你种植幼苗时设定的温度）。如果仅是系统地改变某一个变量的值，然后看其对其他变量的影响（比如，提高种植幼苗的温度，然后观察其对不同生长阶段幼苗高度的影响），那你就能够使用相关性检验的统计方法来分析结果。如果你把变量分成不同的组，然后测量每组的情况（比如，将生长在泥炭里和生长在沃土里的幼苗进行对比，每周测量它们生长的高度），那么你可以使用另一种统计检验方法，就是对方差进行分析。

确定要测量的事物，然后使用恰当的度量单位来衡量，就是技术上所说的"实施指标"，这是一件好事。熟练地确定与现实相关的测量指标，掌握测量方法，这能够帮助你提出和回答有力的问题，在研究世界游刃有余。

研究是对问题的回答，在你迷失之前，最好知道提出哪些和哪种问题是可行的。下一节将讨论研究设计中的伦理规范和失误。

第六节 伦理规范

伦理规范非常重要。问题是，每个人对什么是符合伦理的有不同的看法。我们将给你提供一个具体的概念，针对不同的原则介绍一些具有启发性的方法，介绍相关背景，并讨论人们在研究中做的一些事情的意义，然后你可以自己考虑关于研究伦理的内容。

1. 承担责任

科研伦理的核心概念是"承担责任"。作为一名有原则的研究者，你承担对多方关照的责任，包括你的前辈、研究团体、你的同事、实验对象和你自己。比如，如果你在收集受试者人生中最尴尬经历的保密信息，那么你对这些受试者就有责任，保证他们的姓名不被公开。你记得问自己：我对谁承担责任，这个责任是什么？

2. 有人类参与的研究应遵循的伦理原则

一名叫约翰·奥茨（John Oates）的睿智的教授曾说过一句扣人心弦的话："伦理审查的本质是基于一系列伦理原则进行道德论证（moral reasoning）。"各种原则有不同的说法，也有共同特点。下面是节选的欧茨教授的一些看法[1]：

- 原则一，遵守规定。研究中有人类参与的时候应当遵守一个外部约定，该约定明确了如何取得参与者的同意并做记录，如何收集、储存和评估数据，在研究过程中参与者如何明白自己的

---

[1] Open University Human Participants and Materials Ethics Committee (2006) Ethical Principles for Research Involving Human Participants, internal document. Milton Keynes: The Open University. 已获得授权。

权利。

- 原则二，知情同意。潜在的参与者应当提前了解所有潜在的福利、风险、不便或者可能影响他们参与意愿的条款。
- 原则三，开放性和诚信。研究者应当对研究的目的和内容保证公开和诚实，任何时候都应当表现出专业性。
- 原则四，保护。研究者必须尽全力降低伤害的风险，不管是对参与者、研究者、研究机构、资助机构还是其他个体可能产生的物理、生理或心理层面的负面影响。
- 原则五，保密性。除了参与者签署的允许公开的资料，研究者应当一直遵守协议内容，保护参与者身份和数据不被泄漏。
- 原则六，实践和伦理的专业规则。当研究项目归属于一个专业机构，并且这个机构已经发布了相关实践和伦理的专业规则，研究者应当直接表明他们会遵守项目协议的相关规定。

你需要尽早了解你的大学的伦理审查流程，并保证完全遵守这些规定。尽早了解是基于以下原因：（a）因为一些机构（特别是医学院）详细阐明了相关流程和伦理委员会的安排情况，尽早了解有利于开展研究；（b）因为伦理审查是一项对研究设计很有用的审查——通常由经验丰富和有能力的专业人士完成。

3. 确定不会对作为你研究对象的人产生影响

一个世纪前的一名德国学者曾说过："我们不能以拟人化的方式来对待人。"这句话回味起来很有深度，能使我们得到启示。

然而，当你在与作为研究对象的人打交道时，你必须考虑你的研究会对他们产生的影响。米尔格伦（Milgram）关于人们屈从于权威的实验如果在今天进行，一定无法通过伦理审查，因为他的这项实验使他的研究对象发现，他们竟然做出这样的事：因为一个掌权者的命令，他们就向某人施以他们认为是致命的电击。这是个极端的例子，但很说明问题。

你可能会认为，你的研究不会给你的研究对象带去如此令人不快的自我发现。然而问题是，当初米尔格伦也不曾预料到他的实验将给研究对象带来这样的影响。他就研究对象可能做出什么行为咨询了他的同事以及心理学专家。大家达成的共识是，研究对象会在实验早期就拒绝给他人施以电击。关于人类的研究通常会涉及人的反应。因为各种原因，人们常常无法形成一个对自己的准确认识。原本意料之外的个人的某些方面能对人产生严重影响，这就是在米尔格伦的实验中，研究对象意识到的。

关于这一类问题不存在一个明确的、既定的答案。你必须自己动脑筋去思考。这类思考会使你成为一个更加优秀的人，尤其是当你抵挡住了自欺欺人的诱惑而直面问题的时候。

第七节　如何避免不良后果

每个研究生都听到过一些骇人听闻的博士研究失败的故事，有些学生还热衷于收集这些故事。学生在研究过程中会做错很多事，但是博士研究中最错误的事情就是忽视、逃避你的导师。一个典型的案例就是一名学生在没有咨询导师（或者获得同意）的情况下给很多组织发出了设计糟糕的长篇幅问卷。问卷没有起到任何作用，并使得这名学生、他的导师以及他所在的机构在很多（对学生找工作和对导师合作方面都有很大影响的）组织眼中显得很愚蠢。最糟糕的就是学生开展了一段时间研究后就消失了，然后提交一些导师从未见过的研究成果。

但是学生们往往很少研究其中的原因，因此把这类故事编成了一种恐怖的传说。更普遍的学术"自杀"方式就是做一些无聊或者没有意义的事情——并且做得很糟糕，评审人会觉得这种研究一无是处。

1. 不要做没有意义的研究

基于风险厌恶原理，你想顺利安全地获得博士学位，于是总是想选择一些简单的研究课题。所以你可能会用几个最近流行话题中能够预见答案的问题组成一个简单的调查问卷，把它发给很多人，很少一部分人回复问卷，写出简单的答案。没有意外，没有挑战，也没有新意和原创性；你没有从这个漫长昂贵的过程中学到任何知识。我们的一个同事把这种过程叫作"集邮"。这个收集的过程没有任何意义。

"集邮"有两个关键要素：一个传统的方法和一个已经讨论泛滥的话题。有的问题已经在很长时间内受到其他研究者的注意了，只是再简单地完成一件相同的事情不可能有所突破。传统的方法和已经讨论泛滥的话题两者必须有一个得到改变。换一个同领域的不同话题，在新的情境中提出同样的问题，或者使用别的学科中不同的研究方法都可以作为一种选择——从一条已经被别人踩过的路到一个令人愉悦的新领域。

一个有用的原则是想想"那又如何"这个问题。比如你已经知道在你的研究设计中大部分参与者更喜欢蓝色的鼠标键：那又如何？这个发现对美学理论有帮助吗，或者这只是一个没有深远意义的讨巧的发现？除了购买染色塑料的制造商，这个发现对谁有用处？如果你不能回答"那又如何"或者"谁在乎"这样的问题，你就应该抛弃最开始提出的这个问题。

所以，对于厌恶风险的学生来说，有效的策略不是做一些显而易见或传统的事情,而是不论做什么,结果都应当是有趣有用的。

一个简单的例子是卡梅尔的故事,她对人们对互联网银行的认知很有兴趣。对她来说,设计一个问卷来询问人们对互联网银行的看法很简单。不可避免,这一招已经被很多大型专业机构在商业上实行了很多次,所以她可能得不出什么新的发现。在此背景下,卡梅尔可以把文献中已有的调查结果作为基础,采用情境分析法,将基于具体情境的发现和基于调查发现的结果进行对比,然后评估情境分析是否具有优势。在这个环境下,具体的情境之前并没有人进行过分析,所以无论她发现了什么结果都会是有用的。她还在研究中添加了其他要素。在特定情境中引入了克里斯(Chris)这个人,克里斯有些钱,想决定是应该进行投资还是储蓄。一半的情境问:"你会给他什么建议?"另一半问:"你会给她什么建议?"这一个字的差别带来的不同回答就有别于传统的问卷。女性克里斯收到的建议都是关于如何安全地将钱储蓄起来,挣得可预期的收益,避免市场低迷带来的损失;男性克里斯收到的建议是承担风险,进行投资来赚取大量财富。

2. 不要为预想的观点寻找证据

即使是最愚蠢的观点也能意外轻松地找到很多证据。我们向学生说明这点的一个做法是将他们分组,然后告诉他们一个生物的名字,可能是人类也可能不是(比如,可能是袋鼠或者蚂蚁)。每个组必须尽可能列出说明他们所分到的生物是人类的描述(比如,有两条腿,或者可以自己建筑房屋),还有一组尝试猜测他们描述的是不是人类。

对这种问题的通常的看法就是,人们一开始就去衡量某种效应,却不思考(a)这种效应是否的确存在,(b)问题的大背景是什么。比方说,许多从事计算机科学研究的学生常常在一开始就去衡量他们的软件在多大程度上优于原先的产业标准。如果他们的软件在事实上无法达到或超过产业标准，他们多年来的研究工作也就白费了，他们面临的将是极其尴尬的局面。

3. 不要提出无法回答的问题

有的问题尽管提出得很好，但是过于抽象、无法操作或者成本太高而无法有效执行。一个问题可能非常重要，但是无法解答。比如，旧石器时代的不同工具组合反映了（a）同一群体内不同的活动，还是（b）不同的群族，比如不同部落或文化的存在？很长时间内两个解释都符合事实，直到一些特定方法出现，人们才能够确认这些工具的具体功能。

4. 不要问无用的问题

一个问题可以得到回答，但并不意味着它有用。比如，发现某群人（比如，他们在 Smith & Wesson 跳舞测试中得分很低）在学习外国语言方面有困难，这个现象不能给那些尝试教授他们外语的人提供什么帮助——老师更想找到更好的办法来教他们。研究范围狭窄的研究是一种"集邮"类型，它们解决的问题范围太小，无法使其具有普遍性和趣味性（比如，"有颜色的老鼠能提高学生的效率吗？"），它们是"一次性的尝试"行为——这些研究能够为晚餐排队提供有趣爆料，但是并没有实用价值。一个合适的研究问题通常有非常清晰的实用价值。

一个听起来不可思议的例子是关于火烈鸟的繁殖研究。被捕获的火烈鸟通常不愿意繁殖。研究说明这是因为火烈鸟在数量多的群体中才会繁殖。这个研究的实用意义是，如果在火烈鸟的活动领域内放置镜子，造成群体数量两倍的假象，实际上有助于火烈鸟繁殖。

5. 什么样的问题是有用的问题

下面是你可以问自己的简单而有用的问题。如果这些问题（或者答案）让你感到气恼或紧张，那么你需要再考虑下自己的研究设计。（提示：每个问题的答案应当是肯定的。）

- 你是否在努力发现一些事情而不是在证明什么？
- 你是否对自己得到的数据感到吃惊？
- 基于你得到的数据，你是否觉得你以前的观点是错误的？

6. 三个不得不说的真相

如果忽略以下三个真相，研究中有可能什么也找不到：

- 第一个可能被忽略的真相：计算机硬件设施会损坏，软件会崩溃；
- 第二个可能被忽略的真相：你需要的资源不是现成的；
- 第三个可能被忽略的真相：人会生病、死亡、无法传递信息。

第八节　如何找到正确的研究问题

1. 先来的事先完成

专家在规划上花的时间比新手更多是有原因的。充分的规划和准备可以节省时间。首先，找出你想知道的事情（提炼你的问题），然后找出如何知道这些事情的方法（需要的证据和要求），然后选择研究方法。

2. 从你想到达的地方倒推来研究

如果你知道自己的目的，那就从那儿倒推来开展研究，这可以帮助你有效地实现自己的目标。如果你目的不明，而在任意方向上试错，并期待着在此过程中找到目标，那么可能最终会失去方向。

3. 提一个更小的问题

人如何吞象？一次完成一件事。如果你的研究问题太大，试着先提一个小的问题。一生的工作需要一生来完成，每次只需要完成一步。

4. 规划研究时，你的目标应该是减少未知，而不是找到"真正"的答案

如果你期待的就是找到一个结果，那么你可能正在做错误的事。你应该这样提出研究问题：不论找到什么，这个结果都将对你有用。你应当如同船长一样，为未知的海域描绘地图，而不是一定要找到埃尔多拉多（El Dorado）①。知道这片海域是空的和知道这有一个岛一样有用。不要为了印证你相信的观点而搜寻证据。你需要问自己："我怎么知道自己的认知是错误的？"如果你无法回答这个问题，那么你就是在玩政治，而不是在做研究。

5. 如果聪明的人花了三年多寻找问题的答案还未找到，那么答案可能并不存在

两三年往往是聪明的专家用来尝试、总结发现和提交会议展示的时间跨度。如果他们三年后还没有找到答案，那么正确的答案可能真的不存在。在这种情况下，不要急于尝试他们使用过的显而易见的方法，特别是当这个领域是一个热门领域的时候：想想有没有不同的方法。

---

① 传说中的黄金国。——译者注

6. 质疑

"每个人都知道"的事经常是错的（让奇闻轶事帮助你产生怀疑、形成问题，然后去独立搜寻证据，找到答案）。

7. 尊重失败

尼尔斯·玻尔（Nils Bohr）说："科学不是那些有趣的东西，而是那些奇怪的东西。"伟大的研究通常来自意外。唯一糟糕的研究是你无法从中收获到什么的研究——你的"失败"为你提供了什么信息？

8. 知道不同的证据分别说明什么问题

严谨源于对努力本质的理解和对偏见与不足的警惕。了解证据的价值：证据没有"好"和"坏"，但是有"强"和"弱"。了解你所使用的工具的价值和局限性——比如有的时候你的问题比较精确，可以开展具体的实验；有的时候你需要一个不同的研究方法。避免使用模糊的统计数据；弄清楚统计学能够解决和不能解决的问题，向有经验的统计学家请教。警惕偏见，要诚实，阅读一本关于这个主题的权威的书。

第九章　保持批判性思考

每个人都有表达自己观点的权利（尽管大多数国家的法律系统强烈认为你只能公开发表某些观点）。这不是说所有的观点都是正确的，或者所有的想法就是"独一无二"的观点，或者所有的观点都一样值得表达。这个话题太复杂了，在理论和实践方面都对研究有深远的意义。

一个观点所拥有的支持性证据越多，这个观点正确的可能性就越大。按照这种逻辑来推断，有无数个证据可以支持所有的数字都是偶数这个观点，因为存在无数个偶数。然而，还存在无数个奇数、无数个质数等。在这个背景中，所有数字都是偶数的观点明显站不住脚；一个奇数的存在就能证明这个表述是错的，更不用说有无数个不是偶数的数字。所以，即使有的观点有无数个证据，仍与实际情况并不一致（因此并不真实）。

在一些情况下，我们可以很清楚地证明一个特定想法是错误的，有可能是因为它和现实相冲突，也有可能是因为其内部逻辑和证据相矛盾。在一些学科中，比如医药和机械，通过实验来验证观点（尽管实践中很难）是一个直接的方法，也是将实验的结果和通常的标准相比较的方法——比如，测试一项特定的疗法是否能比安慰剂更好地提高病人康复率，或者测试某个特定的超导电模型是否能更准确地预测哪种材料在室内温度下能够超导电。

但是在其他学科，强调将观点和现实进行对照可能是不可取的，甚至会给社会带来危害。这并不是因为研究者不能清晰地思考或者想要冒犯他人，而是因为其他理由，比如历史上的一些丑闻，一些研究者在某些社会议题上与社会上一些卑鄙的人或是彻头彻尾的罪犯进行合作。强调将观点与现实进行对照是否可取是一个难以回答的问题，因为有的时候这些观点或结论实践与否似乎对现实并没有很大影响。因此对这种方法褒贬不一。

因此，我们该让你知道什么呢？你应当知道在攻读博士学位的过程中，不同的学科有不同的方法，简单的证据不足以支撑你幼稚的想法；你需要在互相矛盾的证据和观点中选择，确定哪些内容是完全错误的，哪些不是。你如何做到这些？这就是批判性思考将要告诉你的事情。

第一节 研究就是在进行对话

1. 论文是参与研究对话的一种有效形式

"对话"一词总是出现：研究就是在进行对话，涉及对某个课题或某个领域的考察和理性分析。研究对话包括观点交换、争论和说服（时常并不能避免流血冲突）。这是知识或认识的协商（negotiation）（引自米歇尔·福柯）。什么是论文？论文的核心就是论点，即论据中包含或宣扬的假设观点。

这就是为什么（几个世纪以来）一名博士生最终要提交一篇论文并进行答辩：论文是参与研究对话的一种有效形式。通过发表文章、讨论和为文章内容辩护，我们：

- 参与了研究对话——"探讨新的知识"；
- 展示了由（新的或已有的）证据支持的论点，并有理有据地进行论证；
- 不只是产出结果，也有力地对结果进行辩护，对研究对话产生影响——改变知识的现有情况；
- 不只是拥有想法，也进行沟通和辩护；
- 最重要的是，将我们的研究展示给他人，接受挑战和挑错。

通过博士学习，我们才能够"探讨知识"。你需要做的正如一位同事形容博士学习时所说的：认真工作，讲好一个故事。

2. 每一个环节都必须严谨

严谨源于对偏见的警惕，有严格的实践和论证要求。包括：

- 进行系统性的调查，开展有目的、有重点的学术活动，搜集证据，从而获得有用的结果来回答问题、解决问题；
- 遵守学科内的实践标准；
- 找到研究课题，并将其与已有研究关联起来；
- 通过提供新的分析（确认和发现研究空白，找到关键因素、特征和关系）或新的综合论证（汇集知识并在其基础上进行理性分析以产生新的知识）来获得对一个特定主题的认知或理解；
- 基于证据，提出理由充分的结论；
- 合适、自省的分析；
- 产出"可靠的"知识。

3. 修辞在沟通和说服中的重要作用

修辞是沟通和说服的艺术。它包括：

- 有效地使用语言传递想法，去影响和说服他人；
- 诚实地报道——清晰地描述发生了什么；

- 清楚地沟通进展、结果和想法；
- 使用清晰和明确的参考资料进行系统性的论证；
- 能够接受和表达多种视角和观点。

如果想法无法得到清晰表述，获得优秀的研究结果也毫无意义。瑞士物理学家厄恩斯特·斯蒂克尔堡（Ernst Stueckelberg）至少错过了一次获诺贝尔奖的机会，因为他将自己关于光和原子相互作用理论的论文发表在一个晦涩难懂、不出名的瑞士期刊上，导致工作成果被组委会忽视。

第二节 什么是批判性思考

科学不是一堆由某人一次性收集数据然后汇总而成的一成不变的知识：它是思维的一种态度，一种探索的方式。如果没有认识到这点，科学就退化为只包括学术知识，科学研究对人的思维的作用也不是开拓性的而是狭隘的。[1]

那么什么是批判性思考？批判性思考是好奇，持续不断地质疑，形成健康的、深思熟虑的、"警觉"的怀疑态度，并将它应用到你研究的所有方面。

批判性思考是"严谨"的基础。有的人将"严谨"定义为严格遵守流程或严格执行规定——但是，这种严格的遵守和执行不能建立在缺乏理解的基础上，缺乏思考的研究者容易误入歧途。不经世事的研究者如果更看重技能，就容易产生理查德·费曼所描述的"货机崇拜科学"

---

[1] Holmstrom, J.E. (1947) *Records and Research in Engineering and Industrial Science: A Guide to the Sources, Processing and Storekeeping of Technical Knowledge with A Chapter on Translating,* 2nd edn. London: Chapman & Hall.

（Cargo Cult Science）①（这个行为原指某个太平洋小岛上的人为了吸引飞机落地和运送货物而铺设跑道）——由于在研究中不理解观察、反思、检查和批判的意义，而错误地使用一些科学方法或统计数据。将流程和规则看作是理所应当的，和将某些结论看作是理所应当的一样危险。

没有什么东西能不经过监督和检查。批判性思考包括：

- 保持好奇心；
- 思考为什么；
- 不要认为事情都是理所应当的；
- 将论述和证据相比较；
- 遵循"审计跟踪"（audit trail）。

批判性思考是关于如何"挖得更深"的问题，可以展现一篇论文的批判深度。更深地挖掘意味着针对你的研究问题再提问，持续提问"那又如何呢"，而不是在第一组数据结果出来之后就停止提问。你可以问自己：这个结果意味着什么？它的后果是什么？有什么局限性？我们还需要知道什么？

第三节 批判性思考与理论有什么关系

所以，研究就是在进行对话，"研究的实质"不仅是数据和变量，研究也不只是提出假设和观察——研究的基础在于观点和论证，在于反思和批判，在于研究者之间的研究对话，目的在于加深对世界的理解。理论是对话的工具。我们尝试为各种现象提供有用的、整体的

---

① Feynman, R.P. and Leighton, R. (1985) *"Surely You're Joking, Mr. Feynman!": Adventures of A Curious Character.* New York: W.W. Norton & Co.

解释，来说明已知和未知的因素，这些因素概括了各种情况和事项，使得我们能对未来做出预测。理论就是尝试回答"是什么"和"为什么"。

我们应当采取"科学方法"（method of science）来思考，"科学方法"是一种基于系统性推理和实证证据的探索方法，是理论分析和实证分析的过程，而不是一个具体的实证策略。它包含表述清晰、论证准确、可证伪、具有概括性等原则。"科学方法"将"科学性的方法"（scientific method）看作是获取知识的途径之一。它强调实证调查和理论分析中的归纳推理和演绎推理。归纳推理（从特定例子推断整体）强调对规则的确认，是一种产出理论和提出更好（更明智、更集中的）问题的方法。演绎推理（从给定的理论、模型和原理对特定情境中的行为做出推断）强调假设检验，做出预测并进行检验，考虑提出的"答案"的准确性，该方法在科学性的方法中占主导地位。

这个广阔的视角注重对事实的描述和见证，也强调对预测和假设的检验。它将理论和证据看作是动态、双向的关系，包括理论导向（演绎）和数据导向（归纳）的研究方法。演绎推理检验由理论引申出的预测或假设，允许预测或假设被推翻；它从观察中做出推断，目的在于对现象做出概括（从而得出基于实证的理论，这个理论可能适用或不适用接下来的演绎推理方法）。

科学性的方法的中心是理论：科学探究产生预测性的理论，理论包含可能被证伪的假设。但是，理论来自哪里呢？通过"科学方法"，我们认识到阐述的过程——用详尽的细节解释清楚某一现象——是研究和理论产生的重要环节。我们需要清楚地阐述假设、含义、构想和它们之间的关系以说明我们认为我们所知道的和我们是如何得知的。我们给出关于"是什么"和"为什么"的不同解释——我们也给出证据说明我们在不同解释中选择某种解释的原因。我们是在做"最优估计"（best approximations），是在对误差概率进行理论分析。

理论使我们关注事情为什么是现在这个样子。论证的过程让我们排除了一些错误的理论，但我们不能保证剩下的就是"正确"的理论——只是这个理论还未被推翻。我们的研究是在做"最优估计"，我们对一个理论的信心有多少，取决于支持该理论的证据如何。

第四节　研究风格、研究规则和寻找真理的方法

1. 不同的研究风格

大多数的学科领域长久以来都存在着"整洁派"与"邋遢派"的区分，"整洁派"关注形式，提供对所在领域的有条理的、抽象的描述；"邋遢派"关注对事实的真正理解，虽然他们可能无法将事实有条有理地表达出来。这两大派别之间的关系有时是互相鄙视，有时是激烈争执。

"整洁派"通常在学术圈拥有更高的可信度，因为他们会使用令人望而生畏的数学论证。"邋遢派"通常在企业界拥有更高的可信度，因为他们积累了很多实际经验，能讲很多"战争故事"，比如他们知道如果卫生安全局监管不力将会发生什么状况。

有些人则界于两个派别之间，既能讲故事，又有能力做高深的论证。这些人往往会成为领域内的"领袖"，因此也就会得到邀请参加众多高层会议，享受免费的会议餐。

就研究设计而言，不同类型的研究构成了一条从正式到非正式的"光谱"。在"光谱"的正式一端是纯抽象：比如某个领域的数学建模或对同一个课题的多角度论证。

接下来的类型是正式的控制实验,这是从教科书上直接照搬过来的:比如,比较自变量不同的两个组的不同反应。做这类实验,你需要知道你控制的变量和你要测量的变量分别是什么,考虑样本多少的问题。

大约在这条"光谱"的中间位置是现场实验。在现场实验中,你无法控制所有你想要控制的变量,只能接受在外部世界做实验的现实主义特性。比如,你所在学校要重新装修时,你或许能够说服学校将计算机房的墙粉刷成好看的绿色,试图考察绿色是否能够对电脑使用者产生镇定作用,比较其他标准橙色机房的使用者,他们对计算机的抱怨是否会少一些。在这项研究中,虽然你能够认识到应该控制哪个变量,测量哪个变量,但你总是会担心存在着某些你没有考虑到的变量影响了实验结论的准确性。

在"光谱"的非正式一端是一组主观性很强、不可靠的数据,并且n值往往很小。这方面有个很好的例子。据说一位有名的社会学教授曾通过参与者观察的方式(也就是把自己打扮成一个流浪汉来与其他流浪汉沟通)研究过街头流浪汉。这项研究的结果是产生了对该领域非常有趣的洞见、别人没有的数据以及气味难闻的流浪汉衣服。

2. 每类研究必须严格遵守学科内的规则

基本说来,"整洁派"和"邋遢派"的区别与他们的目标、他们偏好什么样的证据、对严谨的标准和对误差的容忍度有关。换句话说,就是与认识论有关。认识论就是我们认为"知识"是由什么构成的,我们如何知道事物是"真实的"以及我们如何分享这些知识。通过定义知识的基础,认识论指出哪些知识主张是合理的,并暗含哪些研究问题是合理的(甚至是被允许的):哪类研究问题可以——或者应该——被提出,以及我们应如何回答。不同的学科有不同的生产、理解和交流知识的体系,且往往不能转换到其他的学科。比如,我们不能将天体物理学家调查研究宇宙创生的方法应用于教师在学校里的教学方法中。问题不同,"提供证据的责任"(burden of proof)是不同的,讨论证据的方式也不同。

关于证据我们需要记住的一点是,它在有的方面是具有社会建构意义的,有的方面则不是。这个比例在不同领域各不相同。比如在物理学中,热量是独立存在于人类认知体系之外的事物——在原始人类出现之前,发热的物体早就存在于宇宙中了,很可能在人类灭绝之后也继续存在。然而,我们衡量热量的系统是拥有社会属性的:工具是基于人类的感知或人类想象中的感知。在"光谱"的另一端,一些概念,比如"勇敢"或者"好品味"存在于大多数人类社会群体中,但是这些概念几乎都是人类"发明"的,且不同社会群体对这些概念有不同的认识、形成不同的行为。即使对某个方面有一致的认识,一般来说,我们也总是将其简化,因为人类的大脑无法处理一个事物的每个具体的细节信息和证据。

每个学科都有自己对于严谨的标准、对于相关证据和论据的要求。学习研究工具不仅要学习方法,还要学习学科的背景、关于方法使用的知识、相关的假设和使用局限性。

有很多研究某种现象的方法,但是并不意味着"任何方法都行得通"。每类研究都必须严格遵守自己的规则。

3. 寻找真理的方法

研究的正确性(或者说"真理")涉及很多因素,包括观察的准确性、分析论证的质量和解释的完整性。我们可以通过严格的实践和论证，对真理进行系统性的探索，以达到严谨这一要求。万斯（Vance）曾说过，真理是珍贵的宝石，越稀有越珍贵，但研究人员的工作并不是通过减少真理的"供给"来维持它的"高价格"。

我们有很多种找到真理的方法，都基于批判性思考和研究对话。其中两种方法是重复和复现，两者都致力于确认研究发现的可靠性，也使得研究设计受到更多检验。重复是指另一个研究者在相同条件下使用相同的方法对研究进行重复。重复可以检验研究结果有多"可靠"——也就是说，当研究被严格重复时，得到的结果是否与之前一致。重复是实验室实验的标准，而在有人类参与的研究中并不一定可行，因为复杂的社会环境很难被控制和再次构建。因此复现是人类研究的标准：另一位研究者在类似的条件下使用接近相同的方法来复现一项研究。复现检验研究的"稳定性"，即在相关的不同任务、不同环境或不同背景中产生的结果是否一致。

然而，如社会科学家所知，真理是一个很难定义的、相对的概念。你甚至可以有力地论证，真理严格说来是个没有意义的概念。摆脱这种困扰的途径是用"无限"这个概念的数学性质所决定的不对称性来论证真理。存在着无限多个命题，每一个与既定现实世界的一个方面对应，我们于是称这些命题为"真理"。然而这并不等于说所有的命题都是真的。还存在着无限多个与现实世界不符合的命题，我们说这些命题是"非真理"。所以，你如何确定一个特定的解释是否是不正确的？你如何从那些与现实相符合的解释中找出真理？

如果解释与事实相符合，我们通常觉得它们是正确的。研究中的惯例是采用与事实最符合、最简单的解释；如你所想，这种惯例会引起关于哪种解释与事实描述最符合的争论。这种方法也是证伪的基础：你提出一个想法，尽可能地采取各种方式去检验，然后观察它是否是错误的。如果不是，那么它就是一个合理的解释，至少相较而言是一个较为合适的解释。

第五节　数据不一定是证据

批判性思考能让我们明确"数据"和"证据"的区别。数据不一定是证据——它只有在和问题相关的时候才是证据。因此，证据的质量不仅取决于数据的质量，还取决于对数据进行的分析论证的质量。①

1. 找到有用的数据

为了设计实证实验，我们必须从需要解决的问题出发，从我们想要知道什么到我们能够发现什么，来找到解决问题所需要的证据。这种规划就叫作"操作化"。研究的正确性取决于想法和观察之间的联系：你的构想（你感兴趣的观点或概念）与可以观察、记录和最终测量的事物的联系。通常，这是一个简化的过程，即挑选某个现象可观察到的一个或多个方面来进行关注和思考，用可观察和可测量的事物代表某个概念。但是我们所能获取的东西——记录、描写、分类、测量——并不是现象本身。如果对证据的分析有误，用来代表某个概念的事物选取不当，对现象的测量存在问题，那得到的数据可能是不相关的或误导人的。

研究者经常被能够观察到的事物分散精力，而忽视那些应该观察到的事物。"麦纳马拉谬误"（McNamara fallacy）总结了操作过程中容易

---

① 转述自：Mislevy, R.J. (2001) Basic Concepts of Evidentiary Reasoning. 2010-05-01. www.education.umd.edu/EDMS/EDMS738.

犯的错误。[①]

第一步是测量那些容易测量的东西。目前看来是可行的。

第二步是忽略那些难以测量的事物，或者给它一个随意的大概赋值。这种做法会令人误解。

第三步是假设无法测量的事物是不重要的。这是无知的。

第四步是认为不能被轻易测量出的事物根本不存在。这个行为最不可取。

2. 样本要有代表性和概括性

实证研究包括"挑选"的过程，我们要挑选一组样本来代表一个群体，挑选一个任务（或者少量任务）来代表一系列活动，挑选一个场景（或一小部分场景）来代表一个环境，挑选某个可观察和测量的事物来代表一个现象，等等。你需要思考你挑选出来的是否能够准确代表整体——这个群体、这一系列活动、这个环境等等，它需要有代表性。如果所选样本太特别、太怪异或者不具有代表性，那么得到的发现结果就会有局限性。你所做出的任何概括性观点是否合理，取决于你所选择的样本是否具有代表性。代表性（能够代表大群体的能力）是概括性的关键。如果所选择的样本具有代表性，即研究具有代表性，那么研究的结果可以推广应用到更广泛的群体、其他相关的活动或更大的情境中等。

[①] 见于丹尼尔·扬克洛维奇（Daniel Yankelovich）的相关表述，参考：'Adam Smith' (Goodman, G. J. W.) (1981) *Paper Money*. New York: Summit Books, p. 37. 也见于：Handy, C. (1994) *The Empty Raincoat*. London: Hutchinson, p. 219.

3. 构建模型

所有的模型都是错的，但是一些模型是有用的。①

对现象的描述（不管是非正式的类比还是数学模型）具有概括性。好的描述都是非常简明的，行文尽可能简洁但是能描述出现象的重要特点，并与所得到的数据保持一致。可以这样说，对现象进行描述就是选择（选取重要特征）、抽象化（展现精华而忽略细节）和简化（关注复杂问题的特定特征）的过程。好的描述是对所获得的证据的充分描述，并能够做出预测和其他推断。

模型是描述的一种形式：对一种（通常是不方便直接观察的）现象的性质和行为的简要（假定的）描述。构建模型是进行批判性思考的一种机制，是洞察现象或问题本质的手段。模型构建的基础是类比。有的时候，模型是一种支持形式推理的数学表现形式，有的时候是概念性的——一系列概念或者想法，有的时候是对一个物理体系的结构性描述。有的时候是对过程或交互的程序性描述。模型的作用是将复杂的事物简单化，使其变得可处理，通过使用图像或符号将对一个事物的概括性论述具体化，从而展现重要变量之间的关系。

4. 比较和类比的关键是找出其中的不同之处

很多时候，模型的构建基于类比——比如，一个原子像一个太阳系，电子围绕着原子核转动。在每个类比中都有某些事物是相同的——当然，有些事物是不同的。在进行批判性思考时，类比的关键通常不在相似性中，而在所类比的两个事物的不同中。理解原子在哪些地方与太阳系不同有助于我们定义原子及区分原子的特征。

---

① Box, G.E.P. (1979) Robustness in the Strategy of Scientific Model Building, in Launer, R.L. and Wilkinson, G.N. (eds) *Robustness in Statistics*. New York: Academic Press, p. 202.

5. 统计分析不是万能神药

统计是一种分析数据和为不确定性建立模型的科学工具。它是一个解决问题的工具,而不是万能神药。正确地使用统计方法需要深入理解、关注背景知识和批判性思考,并不是单纯地根据公式进行简单的统计方法运用。

粗略来说,统计是解出信号－杂音比的过程,即确定数据的变化是有意义的(信号),还是只是偶然波动(杂音)。它的目的是找出"杂音"是由自然随机变化还是由误差造成的。统计检验可以模拟不确定性。它提供了一种可能性,即一组结果是由随机变化引起的——这种观点的基础在于,差异由随机变化引起的可能性越小,这是一个显著效应(是信号而不是杂音)的可能性越大。

这就是为什么优秀的统计应用首先要求对数据进行严格的检验,以便评估数据的结构和质量,对数据进行总结,并找出数据中有趣的特征,判断下一步合适的分析策略。数据的质量如何:是否有错误的数据?是否有奇怪的数据?是否缺失数据?数据的性质是什么:样本有多大?有多少个变量以及属于什么类别(比如,是连续变量还是分类变量)?数据的分布如何?精度如何?

通常来说,这些信息就足够了——初步的研究为我们提供了所需要了解的整体趋势和特征的所有证据,足够我们将新旧结果进行对比,也足够我们确定有趣的不同点和搞清楚数据是否太"脏"而无法支持进一步的分析。

6. 对偏误要保持高度警觉

偏误是未预见的事物悄悄混进研究并破坏证据的情况,由于最初没有考虑这些因素,得到的研究结果被"扭曲"。有很多"未预见的事物"潜伏在周围（比如，外部或者潜在的影响、未发现的融合的变量、不具有代表性的样本）。进行实验就会产生偏误，这被称为海森堡（Heisenberg）或不确定性原理：你无法不影响你所观察的事物而进行观察。观察本身就能改变现象。

严谨性要求研究者要对偏误时刻保持警觉，因为它会出现在研究的任何时候：提出问题时，解释理论时，规划研究时，分析论证时，实施研究方案时，使用设备时，甚至做报告时也可能出现。偏误表现在方方面面：（数据收集中的）实验者干扰；（分析过程中的）预设观点；人类理性的弱点（比如确认偏误[①]）；理论（理论观点可能影响我们对证据的挑选和解释）；样本（样本选取不恰当，样本量太小而无法得出可靠的结论或样本不具有代表性）；参与者（可能故意或者不理智地调整他们的行为或回答）。偏误还可能出现在设计、设备、报告等各个方面。注意，危险就在周围潜伏。

第六节 构建批准性思维框架[②]

批判性思考的关键之一就是不仅要去思考，还要明确、清楚地思考。将想法具体化和表现出来，可使其受到我们和其他相关人士的检验。

1. 将想法通过恰当方式记录下来

一个关于信息传达的有趣的挑战是把复杂的想法变为简单的叙述。连贯的学术文章需要结构清晰，重点分明，论证清晰而确切。而人的想

[①] 人们会倾向于寻找能支持自己观点的证据，更加关注支持自己观点的信息，或者把已有的信息往能支持自己观点的方向解释。——译者注
[②] 参考英国公开大学网站中关于"开发和培养你的研究技能"相关内容：http://openlearn.open.ac.uk/course/view.php?id=1644. 访问时间：2010年5月1日。

法通常不是这样组织的。想法天生就是复杂的，有多重维度和多种形式。做笔记一直是很多富有创造力的人的工具，因为方便研究者随时记录想法，形成论点。一些视觉工具，如草图、思维导图、结构图（比如流程图、时间线、决策树等）以及表格等可以帮助我们将想法具体化，然后将其组织成适合交流的形式。将想法表现出来的过程也是思维的一个部分，可以帮助我们将想法聚焦和具体化。将想法表现出来可以帮助我们检验并以不同的方式审视这些想法，使我们和我们的想法之间形成一种"对话"。有的时候，过程比结果更重要，我们可以从中发现需要进一步调查研究的问题或假设；在将想法表现出来的过程中形成的东西是有价值的，值得和他人沟通。

2. 写下研究预设

预设是被我们忽视或认为是理所当然的事情（如事实、公理、限制、条件等）。批判性思考要求我们要重新审视这些预设。预设的好处是可以通过简化问题和降低不确定性来使问题变得容易处理。有的时候，我们明显地做出预设，但是更多情况下，预设是被隐藏的或不被注意的，我们需要花费力气才能意识到这些预设——当然也是这些隐秘的预设影响了你判断的过程。对预设的思考在批判性思考等方面有很重要的作用。

预设也影响我们的期望，有的时候会产生不必要的障碍。比如，一位学习写计算机程序的学生被布置了一项阅读现有程序的作业，这个作业题目可能有一两页长。读了一会儿，她停下来想："这应该不会那么难。"她咨询了一个朋友（一位专业的编程人员）："你能告诉我如何解读这个程序吗？""当然。"他说，然后用了很长时间一字一句地阅读代码。她坐不住了："如果我知道这个阅读作业那么难，我会自己完成。"如果一开始有准确的预期，任务的完成要简单得多。

你可以写下你研究中的预设，将它们按照次序排好：哪些预设的影响最大？哪个你认为无法改变？将它们分成几类：哪些属于定义类的？哪些会形成制约？哪些是至关重要的？哪些是关于价值观的？批判性地审视这些预设：是每个预设都必要吗？如果去掉某个关键的预设会有什么影响？（专家和致力于创新的人会这样想、这样提出问题：如果我们去除重力会怎样？）检查预设可以：（a）将你从尴尬和浪费时间的疏忽中解救出来；（b）偶尔调整你对研究问题或研究设计的思考方向。

3. 对信息材料进行组织

产生一堆杂乱的想法是一回事，将它们按照次序整理好，确认结构，观察整体信息和个体信息，就是另外一回事了。这就需要思维法则来帮助你从不同视角（包括从全局的角度）系统地考量这些想法，评估想法的重要性，确认其关系和特征。下一步就是应用结构，验证和引出想法之间的关系，为已有的概念搭建框架，将你的想法运用于模型中，或是使用文献中的组织结构。

在任何一种情况下，你都需要有一个用于安排次序的"组织原则"（或者一系列原则），或者说基础和重点。层级结构——基于优先次序、偶然性或相关性构建的树形结构——是一个很有效的方式。将一般情况和特殊情况进行区分也有助于构建结构。利用信息流或者资源流来构建结构是一个有效的组织原则——我们可以用内陆排水系统来打比方。内陆排水系统包括沟渠和河流，它们在地表通过交通系统互相连接。水闸和升降机帮助我们克服了水流在水平方向上的差异，有助于我们控制水流。其他的组织原则和线索再如：组织架构，地理方位或其他空间信息，年代表，复杂性，赞同和反对，"已知度"——想法被理解和证实的程度，方法论，资源或"社会结构"（根据谁或哪个团体提出哪些观点来对不同观点进行分类，然后按照"思想流派"来组织结构），等等。

尝试用不同的组织原则、不同的分组方式和展现形式组织信息。在便利贴上写出自己的想法可能会对你有帮助，你可以将它们随意移动，并重新组合。

4. 解决问题的技巧

系统性地思考和解决问题的步骤已经在很多地方被清晰阐明了，一个典型（简单的）例子就是 DANCE 方法[①]：

D（define）——定义和说明问题到底是什么。你的目标是什么？

A（alternative）——思考解决问题的其他方法。

N（narrow）——缩小可能解决问题的方法的范围。

C（choose）——选择理想的解决方法，思考可能产生的结果。

E（effect）——采取最好的解决方法。

5. 从不同视角拓展思维的方法

我们可以从很多地方找到拓展思维的方法，比如从关于问题解决、修辞、设计和创新、创造力的文献中找到。下面，我们将提供一些技巧，这些技巧可以帮助你从不同视角考虑问题，从而在论证过程中批判性地思考。

- "魔鬼代言人"（Devil's advocate）：采取不同的视角，一个支持另一个反对，辩证地看问题；
- PMI：确认优点、缺点和有趣的地方；

---

① Rose, C. and Nicholl, M. (1997) *Accelerated Learning for the 21st Century*. London: Piatkus.

- 力场分析法（force field analysis）：列出支持和反对某一变化的力量；
- 倒置观点：不要只是考虑你的观点和假设，也考虑它的相反方面（比如，如果你正在思考"女权主义是否会减少吸烟"的问题，不妨反过来，思考"吸烟是否会抑制女权主义"的问题）；
- 概括和特指：在不同尺度上（从一般情况到特殊案例）考虑你的提议或论点；
- 对手视角：形成多种论述、视角或者假设，并系统性地用所获得的证据进行检验——这个论述能告诉你哪些其他论述没有说明的事情？哪个论述对证据的解释更好？哪个提出了更好的见解？

批判性思考的目的不只是做出一个特别的论述，它要求从所有角度来思考问题，从而做出一个"平衡"的论述，并得出坚实的、不能被轻易辩驳的结论。批判性思考是追求真理的途径。

第十章　论文写作与投稿

  如果你是一个经验丰富的学者，有人试图说服你接收某个你从未听说过的人做你的博士生，那么你想要了解的第一件事可能就是这个人的写作能力如何。优秀的写作能力指的是：有能力用高质量的、学术性的语言写作，最好可以根据不同情况用不同风格写作，从学术期刊文章到为争取可能的资助人而写的公开信，写作者都应该能够应对。如果那个学生的写作能力较差，那么极力说服你收那个学生的人在与你的交涉中就会处于绝对的劣势，因为任何理性的人都不会对指导一个写作能力较差的博士生太感兴趣。值得指出的一点是：高质量的学术性英文和正式的符合语法的英文不是一回事——我们遇到过很多学生，他们能写质量非常高的学术性英语文章，但他们的母语并不是英语，他们的英语语法在某些方面还存在着错误。相反，很多母语是英语的学生，学术写作的水平却令人担忧。

  那么，高质量的学术性英文究竟是什么样的？它为什么又不同于正式的符合语法的英文？这一章讨论的就是这个主题。我们将会谈到如何构建写作框架，如何从文章的字里行间传达正确的信息，在遇到诸如写不下去的情况时又该如何应对。

第一节　明确自己要写的是哪类文章

博士学习的核心就是写论文，你需要知道什么是合适的结构、格式、风格和内容。想必你的学校已经发布了关于结构和格式的指导原则，你需要一丝不苟地遵循：离开这些指导原则，你会不知该如何下手。你应该知道适合你的学科的写作风格以及该如何运用。我们后面也会讲到如何保证内容与写作风格相符合。

如果你想要在获得博士学位后继续做学术，你还需要在学科内（通常是学术期刊和学术会议）发表文章。这些文章对结构、格式、风格和内容也有严格的规定，如果你忽视了这些，那么你的文章可能就不能发表。

如果你想要在获得博士学位后继续做学术，你还需要学习如何写要求严格的经费申请材料。尽管这是一个重要的话题，却不是本书要详细讨论的内容。

根据你的事业路径，你可能还要写：新闻稿、你学科领域内的杂志文章、你院系和／或网站的宣传资料、政策文件、技术报告、技术手册和专利申请书。正如你所想的，这些材料都有各自的书写规范及特有的阅读和书写方式，这些要求在不同学科中可能大不相同。

在这本书中，我们关注博士论文和学术期刊论文的写作和发表，这对大多数博士生来说是最重要的部分。一旦你掌握了背后的概念，你会非常快速地学会其他类别的写作技能——需要记住的关键是不同的写作类别有不同的规则，如果你找到了这些规则制定的依据，那么你写这类文章的时候就会非常顺利了。很多因素在发表过程中具有普遍性，了解这些因素还是很重要的。

论文是证明博士生博士学习合格，能够设计、执行研究方案和发表原创研究成果，拥有必要的技能和知识的书面文件。一个关键词是"证明"。你需要知道在你的领域，哪些是相关的知识和技能，然后确定你写的论文中明显地突出了它们。保证论文格式和表达方式正确，与保证内容正确一样重要——二者对传达文章内容都非常重要。如果你对这点持怀疑态度，请牢记以下基本原则：一篇论文应该是独立的，能"自明其意"——如果审阅者误解了，那么是文章作者的问题，不是审阅者的问题。

第二节 初学写作者经常问到的问题

问：有必要将研究过程中的每件事都写在论文里吗？

答：没有必要。如果你认为某组数据或者某项研究对整篇论文没什么贡献，你就没必要把它写进去。但要注意，如果你做的某项研究证明你最初的直觉预测是完全错误的，那么在这种情况下，你应该将这项研究写到论文里去。

问：论文需要包括原始数据吗？

答：这取决于你所在学科的惯例。你可以请教你的导师，并查看你所在大学关于博士学位论文的规定。一般的原则是在附录中收录你在每个研究阶段使用的样本，包括最初给调查对象的说明材料，你采集数据的所有工具的样本，以及一到两份完整的调查问卷反馈单的样本。这样评审人就可以检查你在每个阶段的研究步骤，并对这些步骤是否正确做出判断。

问：论文需要多长？

答：答案是论文应该长到足以完成它的使命，但不能比这更长。但如果你没有辅导过本科生或讲授过研究方法一类的课程，你可能无法领悟这个答案真正的意味。所以我们给出的对你更有帮助的回答是：查看规定并咨询导师。另一个对你帮助不大的回答是：将论文篇幅控制在学校规定的篇幅上限之内。

问：我在交论文的两天前发现我在分析数据时犯了一个错误，我该怎么办？

答：问得很好。无论如何不要撒谎。立即联系导师，咨询他对修改错误的建议。如果这个错误很严重，你就必须重新进行数据分析，这是基于现实和道德的双重考虑。如果错误不是很严重，而你又快来不及完成论文了，你的导师可能会给你一些有用的建议，使你能够争取到更多的时间，使交稿期限不再是一个问题。另一个解决办法是将这个错误的数据分析从你的成稿中彻底删除，如果这个分析只占成稿的很小一部分的话。

问：我马上就要完成论文了，却发现有人发表过和我的论文几乎一模一样的东西。我该怎么办？

答：不要慌。如果你保持头脑清醒，你会意识到同样的材料可以至少从两个角度去陈述。找你的导师谈谈这个问题。你应该可以重新组织你的文章，加入对那个人论文的讨论，并同时体现出自己的研究与那个人的研究是有区别的。比如，他研究的社会群体可能和你研究的社会群体有所不同，如果是这样，你可以在论文中强调这个方面的区别，而不是强调研究方法的新颖之处。事实上，将你的研究结果和其他人的研究结果进行对比，你的论文通常会更加出色。

问：我写了一半，思路就被堵上了，我该怎么办？

答：指导博士生的书里给出了很多解决这个问题的办法，本书的第十二章也提到了一些办法。办法很多，比如：故意做一些与写论文完全无关的事；在写作时故意表达不准确，从而引起你潜意识的反抗，使你能够重新开始写出正确的内容；给自己一些奖励；为自己制定小的、可以完成的目标；找朋友激励你。

问：我可以按照你们写这本书的风格来写我的论文吗？

答：你一定是在开玩笑。本书采用的是我们喝咖啡时谈话的风格，我们学术性文章的风格是与此非常非常不同的（阅读和写作方面的风趣性都大大减少）。

第三节　学术期刊论文的写作建议

虽然这部分讨论的重点是学术期刊论文，但其中很多原则也同样适用于会议发言稿或其他类型的准备发表的作品，比如书的章节。我们之所以选用期刊论文作为讨论的对象，是因为发表期刊论文一般标志着你已经是一个真正意义上的学者——人们普遍认为，学术期刊以外的出版物在文章选取和质量监控方面参差不齐，学术期刊却总是独一无二、有洞察力的。这种看法当然并不完全正确，但可以作为一个有用的衡量尺度。如果你有志于学术事业，希望能给你的简历增光添色，你就更应该重视学术期刊论文的写作。

导师们对学生为学术期刊写文章有不同的看法。有的认为这是一件好事，并鼓励学生去做；有的认为这是一件坏事，不鼓励学生去做；还有的认为在某些情况下这是一件好事，在某些情况下却未必（如果一个学生的博士论文下周二就要交稿，他就应该把每一分每一秒的时间都用在博士论文上，而不是去写期刊论文）。

所以，在写期刊论文之前首先要与导师沟通，确认在你的特定处境下进行期刊论文写作是否是明智之举。如果导师持否定意见，并且给出充分理由，那么你就应该听取导师的意见；如果导师持肯定意见，并祝你好运，那你就可以计划下一步该怎么做了。

1. 向什么期刊投稿

要考虑的第一个问题就是在哪里发表。这涉及以下几方面的因素：期刊的声誉，读者群，你选的课题是否符合该期刊的侧重点，该期刊接受投稿的比例是多少。一个基本战略是挑选最有声誉的、同时又比较有可能发表你的文章的期刊。这就又涉及如何预测可能性的问题。与知情的内行坐下来喝一杯咖啡是一个很好的策略。

考虑了以上这些因素之后，你需要做一些基本的功课，而忽视这些基本功课的人在所有有志成为学者的人群中占惊人的比例。第一项功课就是阅读你所选的期刊为其投稿人写的投稿须知。投稿须知一般会印在期刊上，发布在期刊的网站上，或者可以从期刊的编辑那里得到。从投稿须知中，你能了解到文章的字数限制、图表的制作要求，以及你需要寄出的论文复印件的份数。这些规定都是有意义的。如果你遵守这些规定，编辑对你持正面看法的可能性就会高些。无端地和编辑对着干是愚蠢的。以下我们将会解释每一条规定的设定目的，并给出提高投稿命中率的若干建议。

期刊的侧重点非常重要。期刊必须有侧重点，因为研究性论文的数量实在太多了——即使是专业性很强的期刊也会因为版面限制而不得不拒绝极大比例的优秀论文。（期刊编辑每年编辑多少文章受版面限制，一年中能得到发表的文章数量也因此受到限制。）所以，你应该确保你写的文章内容符合你选定的期刊的侧重点。如果你不确定，可以联系编辑咨询相关问题（要注意礼貌）。学术期刊编辑与商业性刊物的编辑不同，他们在各自的研究领域通常扮演着举足轻重的角色，他们将最终决定你的论文是否为期刊所接收。如果你很有技巧或很走运，编辑可能会喜欢你论文文字背后的思想，并在怎样表达这个思想方面给你有用的建议（比如哪个主题需要强调，哪个主题需要低调处理）。这些建议很重要，值得你严肃认真地考虑（但你还是要记住，听从建议并不能保证成功）。

2. 投稿时要递交哪些材料

你递交的材料应该包括一封附信、若干份文章原件、一份电子文档（如果要求的话），以及说明材料中规定的其他材料。附信应该简洁、有礼貌。要让编辑可以清晰地了解到，负责与其联系的作者是谁（如果文章由多人合著），以及这个作者的联系方式。文章本身应该符合投稿须知的要求。接下来我们将介绍投稿须知中的一些规定，并对它们的重要性进行解释。

由于版面限制的原因，字数限制是很重要的一个方面。编辑可能需要在刊登一篇字数较多的文章和两篇字数较少的文章中做出选择，他们会很注意文章字数的多少。编辑会根据你文章的实际字数（包括图表），而不是根据你文章打印稿的页数来计算版面数。所以调整字体和页边空骗不了编辑。

你的文章通过了这第一道检验之后，编辑会将原件寄给审稿人，以征求他们的意见。这方面的流程不同期刊有所不同。大多数期刊会寄去纸样，因为审稿人往往喜欢在纸上作注，而电子文档意味着他们还要将论文打印出来，而且论文的格式和字体还可能不符合他们的要求。编辑通常的做法是，让投稿人提供足够的原件供审稿人审阅，另外再提供一份原件供编辑自己归档保存。如果有两个审稿人，编辑会要求你寄出三份原件。我们曾经遇到过一份期刊，要求投稿人寄出八份原件。如果你寄出的原件数目不够，编辑就不得不替你复印。他们可有很多比复印你的论文更重要的事要做，所以寄出规定数目的原件是很有必要的。

有一些期刊要求投稿人寄电子版的文稿。如果你寄去的电子文档是Grunt2004格式或其他某个不适用于他们所使用的系统的格式，那他们就不可能对你的投稿感兴趣。你可以为自己辩护，说自己使用的格式在技术上比其他人使用的格式更加先进，但编辑们对你的辩解基本上不会感兴趣。同样的，如果你向一家要求用纸稿投稿的期刊寄去了一份电子文档，那么编辑们可能也不会考虑把你的信息加到他们的通信簿上去——电子文档原则上说是个很不错的主意，但现实与原则有时很不一样。

有些期刊使用双重匿名的评审方式（double blind reviewing），有些不采用这种方式。双重匿名的意思是：审稿人不知道文章作者是谁，你也不知道审稿人是谁。为此，投稿须知中可能会要求你将你的姓名和联系方式单独写在另一张纸上，与论文分开，这样在寄论文给审稿人之前，编辑就可以将这页纸取下来。编辑们不会愿意花一上午的时间去涂改你在论文里留下的本不应该保留的姓名。

审稿人可能会在你的稿件上划划改改，也有可能不那么做。然而文字编辑却一定会在你的稿件上留下修改记号。有些稿件看起来非常干净（也就是错误很少），以至于仅凭这一点就给编辑们留下了深刻印象。然而，大多数的稿件都需要进行较多的文字编辑，其中的错误往往出现在对参考文献的引用上（比如论文正文中引用的文献所标注的出版年份与在参考文献中标注的出版年份不一致）。因为这个原因，文稿通常要求两倍行距，以便文字编辑以及审稿人作注和修改。如果你寄出一份单倍行距的文稿，那就说明你是个业余人士，根本不了解情况。

投稿须知还会规定，你投稿的文章不能同时向其他刊物投寄。如果你同时向两家或更多的期刊寄出同一篇文章，并被发现（可能性很大，因为一个领域内的审稿人数量有限），那么你就会被这些期刊列入黑名单（也就是永远不能在这些期刊上发表文章）。这么做的原因是，向多家期刊投一篇稿件会浪费所有相关工作人员的时间，而且如果两家期刊同时发表了这篇文章，就会涉及版权等法律问题。编辑和其他人一样讨厌被法律纠纷缠身。投寄不同的稿件，或者阐述同一个课题的不同方面，这些做法是被允许的，但你还是要注意稿件间的差异性是否足够大——如果两篇稿件看起来很相似，编辑们很可能会不赞同。

3. 面对审稿人的意见

你寄出了文章之后，将会在某个时间收到来自编辑的确认信。编辑们是大忙人，所以这份确认信可能会等上好几个星期才能收到。随后你的文章就会转到审稿人的手中，他们可能会审阅你的文章，也可能将它搁在一边，不予理睬，甚至把它给弄丢了，这一来又是几周或几个月的时间。编辑会在审稿人完成审稿后的某个时刻对如何处理你的论文做最后决定。如果你很幸运，编辑会给出具体的修改意见，你的论文只要进行了相应的修改就能被接收。如果你不走运的话，编辑会在来信中附上审稿人的要求，你的论文必须满足审稿人提出的要求才能被接收。审稿人的要求往往非常模糊、啰唆、费解，有时甚至自相矛盾。比这种情况稍好一点的情况是，编辑很干脆地拒绝了你的论文。你的目标应该是使被拒绝的论文数量达到一个合理比例。如果你的每篇论文都被接收，这说明你选择的期刊水平不够高，你应该去找水平更高的期刊。

修改论文的明智做法就是要发挥主观能动性。列出要求修改的细节，系统地进行修改，并在寄第二稿时附上给编辑的信，在其中详尽且清晰地告诉编辑你在哪些地方做了怎样的改动。这么做会大大方便编辑的工作，他们可能会因此对你产生足够的信任，直接接收你的文章，而不再将第二稿交给审稿人鉴定。如果你没那么走运，你的稿件将再次受到审稿人第二轮漫漫无期的考验。在修改论文方面听取有经验的同事的意见会对你很有帮助。

第四节　论文被接收后还有哪些流程

如果你进入到这个阶段，你会收到一封编辑的来信或电子邮件，通知你论文将被发表在《无毛鼠研究》(*Journal of Nude Mice Studies*) 或其他某份期刊上。编辑可能会要求你再寄去改动后的文稿原件和/或电子文档。

1. 文字编辑工作

你的文章被接收之后，期刊的文字编辑将与你联系。文字编辑对你文章的学术内容丝毫不感兴趣，他关心的只是文章的外观。他的职责就是保证你的文章拼写正确、符合语法、标点符号使用无误、正文和表格中提到的数据前后一致。文字编辑若发现一些参考文献信息有出入或遗漏、正文和表格中数据不统一等情况，将寄给你一份需要你确认的问题清单。典型的问题清单是类似这样的："第8页第7行引用了史密斯（1999），然而参考文献中显示的是史密斯（1998），哪一个是正确的？"要回答这类问题可不轻松，你必须再找出原文来核对。水平高的、经验丰富的研究者通常会在收到文字编辑来信的当天就对其所有疑问给予完整的答复，这种做法很受文字编辑的赞赏。新手往往做不到这一点，他们在核对原文的痛苦过程中将会更加深刻地领悟到：为什么导师如此强调参考文献的信息必须记录准确。如果文字编辑花了大量时间来修改你的论文，你可能就要为这部分时间支付费用（文字编辑的时间可是不便宜的），所以少犯错误也是有经济效益的。

2. 图表制作

图表方面常常存在一些问题，使投稿人和期刊编辑双方都不愉快。我们在这里把图和表放在一起讲，因为它们的问题很相似。由于某些技术原因，很多期刊或出版社的印刷商分开处理图表和文字，最后再将图表插入文字部分，还有一些印刷商不这么做。写给投稿人的投稿须知会清楚地告诉你应该怎样处理图表。很多期刊都会要求将图表单独列出，附在正文后面，并在正文中需要插入表格的位置上标出记号，注明表格序号（通常是空一行，在需要加入表格的确切位置上画一条线，注上"表格1在此"）。如果你违反规定，将表格写在了正文中，你不是被要求用正确的格式重写文章，就是要面对文章发表后版面极不整洁的后果。你文章的文字部分将非常整洁漂亮，而夹杂在其中的图表却像在泥里浸过一样，与在同一期刊登的其他文章中整洁专业的图表形成鲜明的反差。你当然可以告诉编辑，在这个电子出版时代，解决这个问题技术含量最高的方法应该是使用图文混排的电子文档，但这么说其实是很不识趣的。你应该问问自己，编辑选择了他们目前所使用的这一套出版流程，是因为他们不知道有更先进的技术存在，还是可能有其他方面的、为你所不知的因素，这些因素使他们必须选择当前使用的技术？

3. 核对校样

下一个关键阶段涉及校样。校样是印刷厂出的初印稿，可以呈现你的稿子最终刊登在期刊上的视觉效果。由于技术和物流方面的原因，校样往往在出版前的最后一刻才出来，作者在收到校样后必须在一个规定的、极短的时间内完成核对，并将核对后的校样再寄到编辑部，从收到校样到再次寄出校样通常仅 24 个小时到三天的时间。你可以考虑一下这种流程可能会引起的问题，比如你因为正在外地度假而没有收到校样，而碰巧校样上有一个后果严重的打印错误，让你看起来像一个笨蛋或学术上的江湖骗子，那你该怎么办？你还可以考虑一下你对修改核对稿件懂得多少，你是否能用合理的方式指出打印错误（比如如果你在校样上写上了这样的评语"这应该是'24'，你这个白痴"，没想到这句评语也被刊登了出来）。校样寄给作者时，一般还附有帮助作者进行修改的指导性内容。但是如果能在正式进入这一阶段之前、不是那么紧急的情况下进行一些校样修改的训练，这将对你很有帮助（与往常一样，与一位有经验的同事坐下来喝一杯咖啡会很有用——他们可能会向你透露，哪位秘书在文字编辑和校对方面最为擅长，你可以向这些行家讨教经验）。如果你估计在你外出时可能会收到校样，你可以让你的同事帮忙留意你的信箱。

4. 其他相关注意事项

还有一些注意事项。首先，你寄出的复印稿必须是你寄出的电子文档的无差别打印版本。如果编辑发现你做了改动，电子文档和原件之间存在差异，他们会极其气恼。其次，在校对时不要对文章内容进行改动——只有印刷错误才需要更正。如果你擅自添了几个词，这在排版上会引起连锁反应，影响到后面几页的版面效果，还会大大提高印刷成本。编辑们在改动量和文章页数上都有预算限制，所以如果你擅自添加内容而使他们这两项预算超支，他们会对你很不满意。

在这里还需要指出的一点是：文字编辑其实是比较人性化的，所以如果你有什么不明白的地方，可以打电话或发电子邮件给他们，与他们展开建设性的讨论。（他们一般总有紧迫的任务缠身，要与他们联系的话，打电话这种快捷的方式比寄信管用得多。）传真在交换局部修改意见时非常有用——你可以把自己的修改意见和说明标注在需要改动的文稿上，并将其传真给文字编辑。

这些工序都完成之后，你就可以将这篇论文加到你的简历里，并等待：(a)登着你文章的若干份期刊出现在你的信箱里；(b)登着你文章的期刊出现在图书馆的书架上。有些期刊会寄抽印本（将你的文章单独辑印成册的期刊版本）给你，有些则寄给你多份刊登着你文章的期刊。你应该珍惜它们，虽然你很想把它们发给你周围所有的人，但要记住它们是你的资产，你在今后很长一段时间里都可能要用到它们。大多数院系都会要求拥有你文章的一份拷贝存档，在大学研究评估（RAE）或类似的评估活动中使用。抽印本比你文章的复印件对院系更加有用，因为院系的年报往往需要你文章所在期刊的刊号以及页码等细节信息，抽印本就能提供这些信息，而你自己的复印稿通常不包含这些细节信息。

总而言之，关于期刊文章要牢记的主要几点是：

- 大多数文章都会被拒；
- 成功的学者已经把自己的脸皮磨得很厚了，失败的学者却做不到这一点；
- 审稿人也是人，他们说话不客气或彼此意见不一致时，不要太介意；
- 成功的学者之所以成功是因为他们在经历中学习成长；
- 即便是成功的学者也有迈出第一步的时候。

这是本节的结尾，除此之外祝你好运。

第五节　学位论文发表应该遵守的一般原则

下面我们将要提到的指导原则是我们所贯彻的。它们不是完美无缺的，也不是绝对的唯一的真理。但你会发现把它们作为出发点是有用的。这些指导原则对于本科生、硕士生及博士生都适用。发表学位论文的政策各个学校有所不同，所以如果你所在学校的体制与我们在这里提到的有差别，你也不用觉得惊讶。

1. 论文发表之前要达成共识

- 如果你和你的导师认为论文有发表的可能性，那你们就应该尽早在基本问题上达成共识——最好在投身于任何具体项目之前。如果在彼时达不成共识，以后也不可能达成共识。如果双方争执激烈，那么就有必要更换项目或更换合作伙伴。因为牵涉知识产权，所以如果发表获得经济利益，双方在知识产权上达成共识是非常重要的。
- 在将论文投稿到哪家期刊这一点上达成共识。
- 在如果论文被拒将采取什么行动上达成共识。你一定不希望在论文被拒后出现这样的情形：合著人对论文稍加改动后独立地以他们自己的名义投稿到其他期刊。一个解决办法就是事先选出一个合著人，如果论文被拒，这个合著人将在改进论文、将论文投寄给其他期刊的过程中承担主要责任，如果论文得以发表，他一般就是该论文的第一作者。

2. 著作权问题

- 著作权是在一开始就应该达成共识的问题。一般情况下，作者应该包括学生和导师，学生是第一作者。如果这方面达不成共识，就不用再走下一步了。

- 如果要发表的论文是由若干个研究项目的成果汇编而成的，那么汇编人应该是第一作者。
- 必须是对论文做了较大贡献的人才能被列为合著人。如果只是一次给予建议的师生谈话（比如你咨询了导师以外的一名教职人员），这不能构成对论文的显著贡献。如果你想要就论文的某些部分听取院系里其他老师的意见，你应该事先告诉你的导师，以免产生误解和不愉快。

3. 投稿以及修改

- 在论文投出去前，论文的所有作者都应该看过并同意终稿的内容与形式。
- 不要同时投稿到多家期刊。这么做会被期刊列入黑名单（比如，他们不会再发表这个作者的任何作品）。
- 如果论文在修改后可以被接收发表，那么所有作者都应该在第二稿寄出前拥有发表自己的修改建议的机会（比如每人都得到一份拷贝文件，并且每人都得到指示，必须在两周内给出评论和建议）。
- 所有作者都应该较早地被告知发表事宜的进展（比如期刊编辑的决定）。

4. 论文发表后

- 每个作者都应该得到至少一份论文抽印本。

- 所有作者都应该得到至少一份关于论文的评论性报道的拷贝文件。

5. 发生纠纷的情况

- 在情况恶化之前积极听取相关人员的意见。
- 如果可能的话，将每个阶段达成的共识以书面形式确认——比如通过电子邮件确认著作权情况。

第六节　论文检查清单

论文在寄往编辑部之前，你应该对论文进行全面的检查。下面提供了一份检查清单。

1. 内容检查

- 你有明确的研究问题吗？
- 你证明问题是有趣的了吗？
- 你证明问题的重要性了吗？
- 你证明你对研究问题的回答不是平淡无奇的吧？
- 你的"叙述线索"清晰吗？你的论证清晰有条理吗？

2. 将你的论文放到学术研究的大环境中去考察

- 你有没有参照已有文献来定位你的论文？
- 你的论文是否清晰地体现出，它是建立在什么理论基础之上的，它又在哪些方面对该理论做出了贡献？
- 你是否讨论了你研究的前提、背景和局限性？

- 你是否讨论了你的论文对未来研究的意义?

3. 论据检查

- 你有没有依照学科要求清楚地给出论据?
- 你对数据的阐释与数据本身有区别吗?
- 你的结论有根据吗?
- 读者能否根据你论文的描述重复或模仿你的研究?

4. 给予别人应有的肯定

- 你和其他合著人有没有就著作权以及作者排序问题达成共识?
- 你有没有给予所有做出贡献或提供帮助的人应有的肯定?
- 你的参考文献是否正确完整?

5. 文献检查

- 你引用最具影响力的文献了吗?
- 你引用经典文献了吗?
- 你引用基础性文献了吗?
- 你论文第一页上的引用达到五处以上吗?
- 你所用的文献的时间跨度足够吗?是否是从开创某领域的研究到新进的研究进展?
- 你是否引用了一些特殊的文献,能体现出你了解超出某个课题标准文献之外的信息?

6. 发表在哪里

- 你决定要在哪里发表了吗?

- 你查清楚论文发表的最后期限了吗（如果有最后期限的话）?
- 你阅读和遵守投稿须知了吗?

7. 论文格式检查

- 你遵守投稿须知的相关规定了吗?
- 你论文中的表格和引用符合期刊的要求吗?
- 你有没有检查错别字或单词的拼写?
- 你有没有使用合适的拼写习惯（英式拼写或美式拼写）?
- 你论文中的小标题对内容有没有起到明确清晰的指示作用?
- 你的论文格式是否符合你所在学科的学术惯例?

第十一章　如何运用语言风格和组织论文结构

　　令大多数博士生担心的是，他们要写的论文"工程"之庞大。这很可能是他们这辈子写下的最长的作品。大多数学生因此产生恐惧情绪，这是可以理解的。然而事实上，一旦你学会了把一个大问题分解成若干个小块，这个任务就变得没有你想象得那么可怕了。这一章讨论的正是这方面的技巧。一篇论文包含若干个板块，也就是若干个章节，而每个章节又可以划分为若干部分，也就是若干小节。你将论文分解到这个层次之后，每次就只需完成几页纸篇幅的写作任务，一下子就好办多了。本章讲述了写作风格和写作结构的技巧。结构、风格和内容有必然的联系，所以本章也讲述写作内容方面的知识和建议。

　　在你的论文中，你要通过展示你所掌握的技能和完成的工作来证明自己是符合博士学位要求的。论文的核心是一个叙述清晰的研究问题。这个问题不需要完全新颖独创或非常重大：部分独创和比较重要就可以了。回答这个研究问题通常包括回答一系列小问题，每个小问题通常对应论文中的一章。很多学生认为将论文画成"盒子"很有用，每个"盒子"一章，然后每章中再画出更小的"盒子"，代表每章不同的组成部分。

本章我们将重点讲述论文的结构。首先，我们看下写作风格，以及为什么写作风格不只是社会约定俗成的：学术写作风格尤其如此，与对写作结构和内容的要求高度重合。

第一节　根据内容确定写作风格

写作的目的不同，语言风格也不同。比如，商业写作的目的是不停地劝说消费者购买。这与知会读者完全不同。例如，广告通常关注某一个商品的销售亮点，忽略它的弱点和竞争对手产品的优点。

学术界大多数人视这种公然的销售推广介于俗气和不道德之间。举一个极端的例子，如果你仅仅描述了治疗癌症新方法的成功效果，但是不提及在其他病人中这种方法导致90%的死亡率，那么你就是刑事上的"不道德"。所以学术界的惯例是你要全面描述所发现的事物。你该如何这样做呢？如你所预期的，近些年这方面吸引了人们广泛的注意，于是人们在学术会议中讨论，学术写作中最佳的结构是什么。在实践方面，当你在期刊论文中写下你的研究发现时，期刊会压缩你的文章字数，以便在一卷中挤进更多的文章，而这也就涉及写作的风格，熟练掌握写作风格可以帮助你有效地使用最少的字数表达自己的思想。

在这方面的一个关键原则是，如果你知道文章结构和风格的特别规定，那么这说明，你也了解相关领域的内容；相反，如果你表现出来的是你不知道你所在领域文章结构和风格的一般规定，那么评审人将认为这是你的问题，你没有能力获得博士学位。你怎么向评审人展示你知道这些规定呢？

第十一章　如何运用语言风格和组织论文结构

1. 如何取悦论文评审人

从你想要结束的地方往回看。你希望评审人在读完你的论文后感到满意和轻松，然后去看最近重播的《吸血鬼猎人巴菲》（*Buffy the Vampire Slayer*）或者做傍晚想干的任何事情。你不想让他们在读完你的论文后感到担忧或生气。你该如何做呢？

一个不错的方式是先从评审人的角度看待事情，特别是从校外评审人的角度。如果你足够优秀而成为一名校外评审人，你可能长期以来都承担着繁重的工作，在审阅论文时一方面要保证评审标准，一方面又想要马上把工作完成。这个结果就是你想要看到一篇清晰的、毫无疑问可以通过的论文。你最不愿意看到的是一篇悬在过与不过之间，经过大量修改可能会通过的论文：这样的论文意味着你将要为它花去大量的时间，如果学生还将修改后的稿件寄给你审阅，你可能好几个星期都不得安宁。那么，作为校外评审人，你判断论文通过与否的依据是什么呢？

基本的问题是，在一个适合于博士生水平的层次上，这篇论文是否对现有知识做出了原创性的贡献。如果你的论文满足了三个标准，那么皆大欢喜。作为学生，你可以在论文中加入一些显示你判断力良好的语句来体现你已经达到了其中两条标准（"原创性"和"对现有知识做出贡献"）。如果你写了类似这样的句子："通过应用粗糙集理论，它扩展了本领域史密斯和琼斯（2002）的经典工作"，那么你论文的"原创性"就清晰地体现出来了：你的原创性就在于你扩展了史密斯和琼斯的研究。如果你写了类似这样的句子："这些发现对领域内关于这个课题的研究具有重大启示意义，这个课题的重要性之前一直被相对低估"，那么符合"对现有知识做出贡献"这条标准也就显而易见了。单靠这些语句本身是不够的，你必须要做出研究成绩。然而，研究成绩只有在论文中清晰地体现出来才能被人认可，否则评审人可能无法在一堆结构混乱的稻草堆里发现原创性那枚针，清晰的结构能更有效地体现你的正面自我判断。文中应该有两个独立小节分别讨论你的研究课题或研究方法的"原创性"和"对现有知识的贡献"两个方面。（这两小节的小标题一定要比较含蓄，如果直接写成"原创性"和"对现有知识的贡献"，会显得有点低劣。）

第三条标准（"是否体现了博士阶段应该具有的水平"）并不是单靠论文的某些局部体现出来的，它体现在论文从头到尾的每个细节里。如果在论文中提到自己发表过的期刊文章，以此暗示你的研究水平符合水准，这种"把戏"可能会取得预想的效果，但如果在论文答辩时以此来作为一个论据，那你可能就有麻烦了——评审人最多把它视为一个加分项，也可能把它理解为你理屈词穷后的最后一招。

本书关于阅读和写作的章节在这方面能派上用处：评审人会透过字面意思去寻找深层次的信息，如果你能通过字面意思传递正确的信息，那么双方皆大欢喜。这些信息大部分都体现在细节之中，单个细节似乎微不足道，但放到一起就很能说明问题。

如果你使用了分类学来研究中学教育的社会融合问题，那么在论文中体现你阅读过分类学理论的文献就是一种向评审人传达积极信息的方式。但这并不足以说明你的研究水平达到了博士阶段的要求——你还必须通篇使用合适的学术性语言或术语，引用应该被引用到的文献，以适当的抽象程度讨论研究结果，等等。如果你在早期就形成了透过字面意思去阅读和写作的习惯，那么你在写博士论文时也就会自然而然地那样去做，从而大大提高论文的通过率。

2. 不要给论文评审人留下攻击你的把柄

在鲨鱼聚集的水中游泳不是个好主意，尤其在水中有血的情况下。如果水中的血是你的，那就更糟了。同样的原则也适用于写作。具有批判性的读者在很远处就能觉察到水中的血腥味，于是会飞速游来捕获猎物。有时他们速战速决，但有时他们喜欢先和猎物挑逗一番。这可不是一件好玩的事。

还有一个比喻也可以用来说明同样的问题，虽然它不及第一个比喻抢眼，但更直接贴切。那就是狼群的比喻。狼群在进攻前会先接近猎物，观察猎物是否显示出了任何弱点。如果猎物看起来很健康、完全有能力自我防御，那么狼群就会立刻放弃捕获它的念头。如果这只猎物看上去很虚弱，狼群就会去捕获它。如果你的论文（或者陈述发言）看起来质量很好、很专业，那么你就不会受到攻击或批评。如果存在着弱点，那么狼群就会快速展开围攻。试想一只肥硕的北美驯鹿在严酷的寒冬遭遇了狼群，狼群是不可能怜悯它，让它逃生的，而向你的批评者乞求怜悯和向真正的狼群乞求怜悯一样是没有用的。

那么，你该怎么办呢？

第一步：没有准备充分就待在家里别出门。

第一步也是最简单的一步就是，在你的伤口还未愈合时，你不应该进入捕食者的领地。如果你的文章还没有准备好，就不要拿出来给别人看；应该回去修改文章，而不是把自己不够格的东西展示出来以后再为此道歉。这里有一个很好的例子（是参加某个讨论会的同事提供的）："我们得到了以下结论……然而被调查者的反馈显示，我们在调查开始时给他们的指导不够明确。所以我们找到了一组新的调查对象，明确了指导信息，重新进行了实验，得到了以下结果……"

这段话的潜台词是:"如果有必要重新做实验,那就应该重新做实验,我觉得这是很自然的事,费时费力都不是借口。我压根就没有想过要把不够格的数据拿出来给读者看,再请求他们的原谅,这完全不符合我行事的原则。"这段话有一处很关键,那就是第二句话紧接着第一句话,没有提到任何决定重做实验前的犹豫或在重做实验过程中遭遇的困难,而是直接给出第二次实验的结论。这体现了作者已经把发扬专业精神当成了再自然不过的事,这样的学者在研究的其他环节一定也会细致入微,所以那些试图挑刺的批评者明白,他们在这个作者面前是无机可乘了。

新手们常常会犯错误的两个方面是样本的大小以及数据的多少。这里还有一个很好的例子,摘录自一篇科学硕士论文:"有三组受访者,每组四人……"(接下去就开始描述每组受访者。)也就是说,一共只有 12 名受访者。12 名,而不是好几千,甚至都不是好几百。一般的新手在这种情况下一定会为样本之小道歉,这就相当于让自己伤口的血涌进鲨鱼池里,其致命后果就是附近的所有鲨鱼都不惜放弃原先的捕食计划,转身来围攻和消灭你。而在这篇论文中,作者只是描述了每组受访者,接着论文就进入了下一个部分。

这个例子的潜台词是:"这篇论文讨论的是概念的检验。我不需要一个很大的样本去达成我要达成的目标,我清楚地了解这一点,我知道我在做什么,所以现在,让我们进入下一部分。"

样本的大小和数据的多少很重要。然而所需数据的多少取决于你论文的性质,它是数据导向的实证性论文,还是检验某个概念的论文,抑或是研究方法导向的论文?所需数据的数量随论文性质的不同而产生极大差别。没有太多新手能意识到这一点。过于庞大的样本其实体现了你的实验设计不理想，以及推论统计掌握得不够格，这两方面都是吸引鲨鱼的地方，然而能认识到这一点的新手就更少了。如果以上几段让你感到焦虑和担忧，那么你就应该考虑阅读一些关于论文类型、实验设计和推论统计的书。

第二步：准备好了以后就要传达正确的信息。

要显示出你是专业人士，那么使用领域内专业人士的语言和写作惯例。如果你不清楚，就应该学习。读这本书以及其他相关书籍是一个好的开头。要使你的语言和其他非语言的方面都与没有经验的新手区别开来。

3. 了解你的"敌人"

到了这个阶段，你应该警惕你的"敌人"。你真正的"敌人"是那些别人可能会把他们与你混淆起来的人。应该含蓄地，而非明确地告诉读者，你与他们是不同的。如果你明确地指出有哪些人与自己不能相提并论，那只能加深读者对你的坏印象，他们会认为你擅自做主，把自己放到高人一等的地位。但如果你能含蓄地表达这个意思，那就应该没有什么问题了。

渴望成功的新手

一类"敌人"就是那些没有深入阅读文献、犯入门阶段典型错误的新手。你的论文需要发出强有力的信号，告诉读者你不属于那一类人。可以与专业人士喝杯咖啡聊一聊，让他们给你讲讲新手的典型错误有哪些。还有就是要全面深入地阅读文献，历史久远的文献也要读。你可能不相信，二十年前的文献对你也会有很大帮助——很多研究人员过于急功近利，往往没有耐心做基本的功课，结果却发现他们的研究前人早已做过了。没有什么东西可以长久地替代文献阅读，这本书里介绍的简捷途径只是用来帮助你更有效地完成任务，而不是帮助你逃避任务。文献和研究方法一样，应该是你的朋友，你掌握的文献越多，你能自信地应付的问题也就越多。

聪明的外行

你的另一类"敌人"就是那些聪明的外行。如果一个问题只需要一些基本常识就能解决，你就不应该把时间浪费在这个问题上。这也就是为什么文献中与直觉相反的结论特别有用的道理。

空话连篇的推销员与自封的天才

你的其他潜在的"敌人"还可能包括空话连篇的推销员以及自封的天才，这两类人都喜欢兜售自己的"万灵药"。声称自己解决了所有领域内的全部专家（意味着读者也包括在内）都困惑不解的问题，这不会让读者对你有什么好印象。

4. 不要表现出自己的软弱或迟疑

永远都不要表现出自己的弱点及向读者道歉、请求读者的原谅。如果你的论文写得很好，你就没有必要道歉或乞求同情。如果你的论文没写好，那就不要把它拿出来见人——回去把它改好了再说。（需要注意的是，这点只适用于致命错误，比如数据收集中重要的瑕疵——事后来看，所有的研究都包括未回答的问题及可以以不同的方式来进行研究的内容，这些是研究的正常情况，也可以用积极的方式公开说明，引出未来的研究方向。）

有很多词语和句子都会表现出你的软弱。其中有一类称为"推托话"（weasel words），这类话的目的是帮你躲避必须做明确判断或采取明确行动的局面。"推托话"在学术写作中不应该出现，在学位论文中更不应该出现。比如，说某件事"好像是"（seems）另一件事，那是不够的。到底是"是"还是"不是"？同样的，"可能"（probably）这个词也不好。"推托话"说明作者思考得不够深入，或是在做无根据的推断。

你在证明某件事的正确性或正当性的时候，也就同时提出了两个问题：这件事的正确性或正当性为什么需要证明，以及你的证明是否充分且有道理。任何涉及前提假设的句子都很可疑，"可能""或许"（presumably）、"一定曾"（must have）这类的词其实是在告诉读者："我没有事实根据，只是在猜测而已。"如果你有事实根据，就把它们摆出来；如果你没有，而涉及的问题又很重要，你就应该搞清楚自己的猜测是否正确。你要么明确地指出你的某个想法只是一种猜测（也就是说它与你的论证只存在着表面的而非确凿的关联），要么就把猜测留到结尾的讨论部分，为未来的研究做铺垫。

表意模糊是不被接受的。以下这段话摘自一份评审人的报告：

> 在一篇学术论文里，所有细节都必须尽可能是确定无疑的。最好省略你不能确定的信息。如果可以省略，那就说明它们没必要写进论文里。如果不能省略，那你就必须确认它们的可靠性。否则，你就无法得出准确的结论，而你的整篇论文就成了无法证实的猜想，这是博士论文所不能允许的。

在这方面要注意的一点是，不要听信公众舆论中所谓的原则，并将其用于解释你的研究。因为这些原则往往是不正确的或者有严重误导性的。你一定要保证论文中用于解释的原则来源于合适的学术资料。如果你找不到相关的学术资料，那么你使用的原则可能就是不正确的。

5. 不要虚张声势

如果你对某个问题不了解，那就花时间和精力去学习，直到你理解为止。如果你使用了一个自己都不知道是什么意思的技术术语，具有批判性的读者一眼就看得出来。

有一个例外，那就是当你就专业性的检验（specialist tests）听取专家意见的情况。在这种情况下，很多学科的惯例是原谅研究者不具有他本人领域之外的专业知识，并允许他从一到两个独立的、相关领域的权威那里听取建议。如果建议不对，那也不是研究者的问题，因为他已经采取了他应该采取的行动。但研究者仍需要了解检验结果的含义。

第二节 如何运用学术语言：一个案例

下面的例子节选自本书作者和一位同事的论文。特意挑选这个例子是因为这个话题对大多数读者来说很陌生，更容易说明语言应当既明确又能够将含义蕴藏于"字里行间"。

从理论来说，现代人类和原始人类大脑半球不对称性的直接证据可以从颅腔化石中获得。然而，合适的头骨并不多见，特别是古老族群的。从手骨的重量和大小来推测偏手性（用右手或左手的习惯）也出现这样的问题，通常来说，经常使用的手比不常使用的手会更强壮（因此骨骼会更大）（Roy, Ruff and Plato, 1994）。从尼安德特人上肢长骨和肩胛带的不对称性中可以找到证据（Trinkhaus, Churchill and Ruff, 1994; Vandermeersch and Trinkhaus, 1995）。但是，前期穴居人资料的缺乏限制了这个方法的推广。

这段话中用了几种特定语言，如下所述。

1. 术语

术语象征着某个研究团体的身份："大脑半球不对称性""原始人类""颅腔""强壮"（robust）、"长骨""上肢""肩胛带"。"强壮"在此处是一个术语,反义是"纤弱"(gracile)。"长骨"也是一个术语,对应的是"短骨"。

2. 参考文献

参考文献表明对相关文献的熟悉程度:(Roy, Ruff and Plato, 1994);(Trinkhaus, Churchill and Ruff, 1994);(Vandermeersch and Trinkhaus, 1995)。这三篇都是这篇论文写作时发表六年以内的专业期刊文章。

3. 通用学术语言

通用学术语言象征着某个学术团体的身份:"从理论来说""推测""可以找到证据"。注意,通过有相关参考文献支持的具体方法来推测偏手性的论断做得有多具体,然而关于缺乏合适化石证据的概括是没有参考文献支持的。在这个研究团体中,缺少合适的化石材料是一个大家都接受的事实,不需要用以支持的参考文献;作者已经通过展现对相关文献的熟悉度说明了他们属于这个研究团体,所以可以提出不需要参考文献支持的概括论述。如果为另一个研究团体写文章,那么就需要支持性的论述(比如,如果这个研究团体并没有对缺乏合适化石材料的问题达成一致,或者完全不知道存在这个问题)。

同样需要注意的是,相关术语是如何被描述的。作者自始至终认为他们的读者对生理学的一系列术语比较熟悉,比如"颅腔"——之所以基于这个假设,是因为这篇文章针对的读者对象是这个研究团体(偏向研究人员)。这个假设降低了解释术语的要求,也意味着书写语言可以是简洁扼要的。如果作者使用的术语可能不被读者所知,那么就有必要在首次使用的时候就解释这些术语的含义。

第三节　不同的语言风格传达出不同的信息

你所写的所有东西字里行间都将传达出某种信息。

传达的正面信息有：

- 我是个态度端正的专业人士；
- 我知道我在做什么。

传达的负面信息有：

- 我无知、不了解情况，我很绝望；
- 我懒惰、不诚实、没礼貌，我该受到谴责。

这些信息是怎样传达给读者的呢？情况各不相同。

我是个态度端正的专业人士（概念很简单，要为之付出的努力却很多）：

- 我注重细节，比如拼写正确，引用在全文中的分布合理；
- 我做了所有该做的工作，并将其体现在成稿中；
- 我细致专业地完成了研究的每个环节，并将其体现在成稿中；
- 我把我的研究清楚、完整地写在了论文里，论文符合我所在领域的写作惯例。

我知道我在做什么（要做到这点需要丰富的专业知识和辛勤的工作）：

- 我知道所有关键文献，阅读了它们，并正确地引用了它们；
- 我也知道其他相关文献，并正确地引用了它们；
- 我了解我所在领域内的所有技术性概念，并在我的成稿中谨慎地使用了所有相关的技术性概念。

我无知、不了解情况,我很绝望(一不小心就会传达出这样的信息,尤其是对二年级的博士生而言):

- 我没有读过关键文献;
- 我犯了我这个阶段的一些典型错误,却连自己都没有意识到,我没有想到应该把稿子交给某位能给我指出错误的前辈过目;
- 我在论文里向读者道歉,请求他们的谅解。

我懒惰、不诚实、没礼貌,我该受到谴责(如果你做错了,承认这些很容易):

- 我的论文里基本没有引用参考文献;
- 我引用的材料全是来自互联网、大众杂志和教科书;
- 我的拼写、语法和表达都一塌糊涂;
- 我试图用笑话、插图、花哨的装帧、彩色图表以及一大堆对导师的感谢词来掩盖我一塌糊涂的拼写、语法和表达;
- 在那一大堆写给导师的感谢词里,我拼错了导师的名字,弄错了他的职称;
- 我的论文里找不出证据可以证明我做过研究;
- 我论文里的某些段落写得明显比其他段落要好,与网上的文章非常相似;
- 我做了导师明确告诉我不要做的事;
- 我在论文中声称理论和学术界要优于"现实世界",但其实我口是心非,早就溜进"现实世界"了。

如果你符合以上几条,那么你可能根本得不到攻读博士学位的机会——初期的挑选过程一定会淘汰你,把你抛到局外(虽然你仍有可能攻读硕士学位,但你糟糕的论文会让你连硕士学位都拿不到)。符合以上描述的人可能根本不可能在读这本书，我们加入这个部分基本上只是为了让那些勤奋却没有安全感的学生放心，使他们认识到，他们并不像有时所想的那么糟糕。

一个有用的建议是用荧光笔画出论文中对普通人来说不熟悉的词语或短句。这个方法对论文的第一页来说非常有用，尤其是令人印象深刻的第一段。一方面，如果第一页中没有荧光笔画出的词句，那可能这篇论文缺少学术用语——或者更糟，缺少学术内容。另一方面，如果通篇几乎都是荧光笔勾画的地方，那么可能文章中使用了太多术语（让人读起来很疲乏）。平衡的方法是：谨慎地使用术语以显示用语的权威性，明确体现学术性；保证叙述语言的可读性，以展示作者思考和表达的清晰详尽。所以，是否使用陌生术语要考虑：这是必要的（比如，保证学术性和准确性），还是会使人困惑（比如，使用特殊的词语仅是为了炫耀，或者更糟糕的情况是为了掩盖文章的弱点）？

另一个明显且容易被人遗忘的技巧是：单词要拼写正确，标点符号要使用得当。如果必要，买本字典和/或上一门训练课程。这也许是你做的最好的投资。如果你声称要成为一名专业人士，却拼不对单词或用不对标点符号，那简直太糟糕了。

你使用的语言和风格可以传达有意或者无意的信息，表 11.1 给出了一些例子。尽管看起来很幽默，但是含义很重要——掌握字面背后的含义是一项重要的技能。

表 11.1 读出字面背后的意思：一些经典示例

论文中的表述	其他人理解的意思
史密斯说	我没读过太多期刊文章
史密斯博士解释说	我读了不少杂志
约翰·史密斯博士充满热情地说	我读了不少言情小说

第十一章 如何运用语言风格和组织论文结构

（续表）

论文中的表述	其他人理解的意思
有一种普遍认识是（a）	存在一定共识的观点是
有一种普遍认识是（b）	我没有具体参考文献的支持，但我觉得这么说应该错不了
很显然的是	我认为
可以证明的是	我希望
一组更大的样本可能证明	我不懂任何推论统计或调查方法的知识
最近的一项研究发现	我拿不出具体文献，但我敢肯定这是真的
有一些可以证明它的轶事	有人在酒吧里告诉我（我还没有掌握学术写作的要领）
发挥出它的潜力	我想让自己看起来像一个没受过学术教育的人
一个关于这种霸权的偶然获得的例子	这是我从专家那里抄袭来的、只有他们才能正确使用的"大词"（big words）
客观（objective）	我不懂得研究方法
没有偏见（bias free）	我不懂得研究方法
我想	我完全不了解情况，也从未听说过
参见格林等（预印本）对这部文献有趣的重新评估	我读过高级文献，我很优秀
例如：Green and Brown（1998）；Smith and Wesson（1999）；Jekyll and Hyde（1999）；Young, Gifted and Black（1999）	我读过很多东西，但没有分辨力
史密斯（预印本）	我与诺贝尔文学奖得主史密斯的关系很好，他寄给我他论文的预印本
史密斯（私人通信）	去年我去参加会议时在机场的洗手间遇到了史密斯
与1950年的一场辩论非常相似	我对这个领域中大多数人出生以前的、过去的文献非常熟悉，我很优秀
per se	我受过良好的古典教育，所以……

第四节　如何组织论文结构

你博士学习的核心就是论文：你所提出的论点及其论证和证据。如果你清楚这点，那么一切就以此为中心。学校会给你论文写作的指南（提供关于字数、页边空等的要求），你所在的学科也会有关于论文结构和风格的要求（比如，你是否应该在一项研究中写"方法"一节）。这些指南和要求会让你了解应如何组织论文结构，也方便你将已完成的部分与要求相对照。

下面，我们总结了一些有用的建议。

1. 打磨论文各级标题

检验标题优劣的一个办法是阅读目录，看看你通过浏览标题可以预测出多少关于研究的信息。

检查目录中的标题时，你可以问自己以下问题：
- 研究问题是在哪儿被提出的？你能看出研究问题来吗？
- 研究方法是在哪儿得到描述的？你能看出研究的实际操作方法吗？
- 论据是在哪儿给出的？你能看出是什么类型的论据吗？
- 论文的切入角度或观点是什么？
- 论文给出了新的模型或理论吗？
- 研究的重要性体现在哪里？
- 结论有哪些？

2. 明确提出研究问题

这是论文的核心部分。论文作者很容易忘了把研究问题明确地提出来，因为作者本人对这些问题实在太熟悉了，他们无法想象居然有人会不了解这些问题。你应该问问自己：

- 具体的研究问题是在引言章节的哪个部分被提出的？（也就是说，读者要等多久才能被告知论文讨论的焦点是什么。）论文的主题是用一句话还是一段话来陈述的？
- 研究问题表述得清楚、简洁吗？
- 研究问题是通过哪种形式来描述的，是研究的目标（aims）、问题（questions）、目的（goal）、提出的挑战或是其他？

3. 理论和论据是论文的支柱

理论框架为你的研究提供了逻辑依据，而只有有了论据，你才能称自己的研究是对现有知识的原创性贡献。你可以问自己以下问题：

- 理论是如何在论文中给出的？
- 理论是如何被运用到论证中去的？
- 论文是否明确表明了研究与哪些理论相关？
- 研究设计有坚实的理论基础吗？
- 论文明确体现了研究对相关领域理论的贡献吗？
- 理论和论据各占多大比例？
- 论据的给出符合客观性原则吗？
- 有对前提假设的陈述吗？
- 读者能够根据你对研究方法的描述重复研究过程吗？
- 对数据的阐释（interpretation）是独特的吗？
- 论据是从数据中推导出来的吗？
- 结论是依据论据得出的吗？

4. 如何撰写引言

在引言部分，你应该：（a）留给读者良好的第一印象；（b）让读者了解你花数年的时间研究某个课题是有重要原因的。引言的组成部分一般包括：

- 陈述研究问题；
- 概括研究问题的逻辑依据；
- 解释术语的含义（如果有必要的话）；
- 说明研究目标和目的；
- 概述研究对相关领域的贡献；
- 指出研究方法；
- 指出论文其他部分的总体思路。

5. 如何做文献综述

文献综述不仅是对相关文献的汇总，还应该：

- 为研究提供框架（将研究放在现有理论和先前研究的大框架中来考察，体现进行这项研究的必要性，以及重要意义）；
- 将作者从事的研究与其他研究区别开来；
- 向读者明确表明你对这个主题有充分的了解。

因为文献综述的作用之一就是为研究提供框架，所以它应该出现在论文的开头。很多论文还会在开头之外的部分对相关文献做介绍——比如详细描述某种研究手段，或在讨论部分提供与其他研究的对比。有些论文把引言部分分散开来，分布在每个有必要做介绍的环节，其实也就是使论文的每个主要的部分都拥有独立的引言和文献综述，这种做法可能会有效，但也有风险。把文献综述放到最后是少见的，也是不值得提倡的做法（这样的论文一般不会被认为是一篇优秀的论文）。

文献综述应该包括：

- 一些较具综合性、代表性的文献；
- 影响重大的开创性论文；
- 与论文焦点相关的文献。

本书在多处都讨论了文献需要涵盖的类型、引用的数量。写好文献综述的关键是建立起由 50～150 部文献组成的、基础坚实的核心文献库，这样你就可以从中得心应手地选取你需要的文献了。文献引用包括以下几种形式：

- 对某篇论文的有条理的、客观的总结；
- 一句话陈述；
- 直接引用；
- 集合性陈述——将属于同一思想体系的文献集中起来陈述；
- 编辑性陈述——只陈述为你的论证服务的文献（也就是说，从文献如何服务于论证的角度来陈述文献，而不是描述文献本身）。

对文献的陈述应该与对文献的解释区分开来。你应该问问自己，你是单纯地陈述了文献内容，还是加入了自己的分析和解释。

6. 表格的使用

表格不可能单独出现——必须在正文中有关于表格内容的描述。要记得检查表格是否是按要求的格式绘制的，所有的表格都应该保持格式一致。表格的一般用途为：

- 总结（比如对实验结果、数据分析和文献进行总结）；
- 比较（比如对多项研究的研究方法和结果进行比较）；

- 提供背景材料以及帮助"导航"（比如帮助读者明确论证思路和论文线索）；
- 分类，并规定每个类别涵盖的项；
- 提供框架（比如为各概念及其相互关系、技术及其应用提供框架）。

7. 图片的用途

"好"的用途：

- 提供一个概念性的"地图"（通过"地图"来梳理各种概念、论证过程等）；
- 强调重点；
- 展示（比如展示论文中提到的某个事物）；
- 提供另一种叙述方式（区别于用文字或表格叙述）；
- 总结；
- 对比两个事物；
- 澄清。

"不好"的用途：

- 作为掩盖写作水平差的把戏，但一般这类把戏都不会得逞；
- 作为娱乐性素材（不建议尝试）。

8. 最后一章（或几章）应该包含哪些内容

最后一章（几章）要达成的目标与引言的目标相似：向读者证明你过去几年的研究取得了成绩，并且给读者留下最后的好印象。最后一章（几章）的组成部分一般包括：

- 研究结果总结（可以具体地对照引言中提出的研究目标来写）；
- 研究发现的可推广性；

- 对研究局限性的讨论（要用肯定的语气）；
- 对现有知识的贡献；
- 未来的研究计划（陈述要有力、肯定）；
- 推断和展望（要注意适度）。

9. 不要忽视附录

附录包括哪些东西？答案：支持论证但没有必要在正文的核心论证环节出现的材料，比如：

- 数据；
- 细节性的数据分析；
- 工具（比如问卷）；
- 案例；
- 编码（如果论文涉及软件编程）；
- 术语汇总。

记住：评审人是会读附录的。仁慈的评审人读附录是为了找到让你通过的理由，不仁慈的评审人读附录是为了找到你不够格的证据。

10. 论文写作的一些关键点

你在论文写作时，应该清楚以下关键点：

- 写作是困难的、花费时间的。做个简单的算术：你在五分钟内能写几个有用的句子？然后再根据你的回答估算一下写一篇文章、写一个章节要用的时间，这样你写论文的日程安排就会现实许多了。
- 写作就是要把你的思想表述明白。

- 写作是有硬性要求的：内容（写的东西要有意义）；顺序（说理、摆事实要有条理）；完整性（每个部分都要彼此衔接，不能留出空白）。

- 材料不可靠（不严密的思考、不完整的理论或不可靠的结果）会使写作难以进行。

- 在写作时遇到困难往往体现的是你的研究存在问题，而不是你的写作态度存在问题——如果你在写作过程中遇到困难，应该细致地考察你的研究目标、步骤，以及你在写作时使用的素材。

- 在动笔前组织好你的想法、概念和素材。

- 表达要准确。怎样才算写"充分"了？

- 要提供一个较为完整的、具有分析性的文献综述。

- 要体现出研究目标已经完成，也就是要给出新的认识，并用事实支持你的观点。

- 指出研究发现的重要性及其对知识的贡献。对研究发现的可推广性和局限性都要有认识。

第五节 避免犯一些典型错误

你仍必须牢记的是：你应该将"制作橱柜"的技能充分应用和体现在论文里。例如在参考文献方面，你是否将关键文献清楚地列在参考文献中了？不同时期的文献分布合理吗？你是否加入了一些标准参考文献以外的、能体现你独立阅读的文献？你是否加入了能体现你具有追求完美的研究态度，并已经做了全面的背景阅读的文献？……另外这种技能还包括清楚了解你能够进行的研究类型。如果你的学科要求你能够进行涉及面广泛的、统计数据繁多的调查研究和深入的、不涉及统计数据的个案分析，那么你的论文就应该能够体现出你已经掌握了调查研究和个案分析这两种研究类型。这里，我们将再提供一些风格方面的建议，下章继续讲述写作中的其他问题。

关于避免犯典型错误的建议：

- 不要含糊其词。你需要清晰阐述，而不是评审人来提炼你所说的含义。

- 不要用模棱两可的语句来逃避问题——评审人能一眼就看出你是在逃避问题，并会在答辩时无情地质问你。

- 不要将问题简单化。你的读者也是专业的研究人员，把问题简单化会让他们认为你没有领会你研究领域的复杂性。

- 不要使用连你自己都不确定是什么意思的"大词"。错误使用"大词"会让你看起来像个白痴。评审人知道的"大词"、生僻词一定比你多，他们不会对你炫耀词汇量的行为产生什么好感。

- 不要依据别的学科领域或别的国家的学术写作惯例来写你的博士学位论文。如果你不清楚自己的学科有哪些写作惯例，应该先弄清楚。如果你反对自己学科的写作惯例，你也应该在拿到博士学位后再表达反对意见，博士论文不是你说"不"的地方。

- 最后，也是最重要的一点，不要忘记三条黄金法则：不要说谎；不要故作幽默；不要惊慌失措而在压力下吐露真相。

第十二章　如何应对写作过程中遇到的问题

如果一切进展顺利，你将最终完成你的博士学位论文。大多数学生对这个时刻有强烈的情感：害怕、迷惑、绝望和对整个研究课题感到恶心。如果你处于这样的状态中，不用慌张：这些感觉完全正常并可控。那么，你该如何做呢？

如果你遇到了这些困难，首先要告诉自己的是，几乎每个人都会遇到类似的困难。成功的研究人员和论文作者并不是一帆风顺的人，而是克服了困难的人。你也可以克服困难。这一章讨论的是写作过程，涉及写作过程中的普遍问题，也涉及在写作进展顺利时如何更上一层楼。

如果你现在读这一章是因为你正在经历论文写作的挫折，你感到前途渺茫、情绪低落，那么你一定要记住写论文的底线：一篇论文不需要有趣或雅致，它只需要能体现你有获得博士学位的资格。将来可能有一天，研究者也可能获得诺贝尔文学奖，但获奖作品肯定不是他的研究论文。

无论怎样，让我们来谈谈写作过程。

一个关键是从后往前看：知道你想写成什么样的作品——比如，明白你最终想要回答的问题。另一个关键是结构：知道你的论证链条和论据是什么。这两点在本书中都有细致的描述。如果你能掌握这些，至少不会失去方向。然而，学者也都是人，有的时候会感到精神失落，无法面对写作或者无法开始研究，也会出现无法组织好研究材料的时候。你会在本章找到应对这种情形的建议。

第一节　放下杂念，集中精力

把暂时不用的文字片段和其他的想法都放到一个安全的地方（如鞋盒）保存起来，将来可能用得上。但在你写论文时不要被它们分散注意力。

在完整的第一稿出来之前不要修改。一段文字写得再好，脱离了全文就没什么用了——应该先把第一稿写出来，再开始以完美主义为宗旨进行修改润色。

写作者和网球运动员一样，往往有自己的一套"仪式"来帮助他们对付手头的任务。关键在于，仪式要有时间限制和固定的形式，否则它反而会分散作者的注意力。所以，打个比方来说，你可以先削尖三支铅笔，再清理书桌，然后开始写论文。

第二节　着手写作

1. 找一个朋友谈谈你的写作计划

找一个聪明的朋友，告诉他你要写的"故事"。把你说的话，包括你对朋友提问的回答录下来。如果你一下子找不到合适的听众，可以想象一个，然后对着录音机说。

2. 尽可能早地写出初稿

有很多写作诀窍都用到了一个原理，那就是尽可能早地写出初稿，这样你的任务就变成了重写或在原来基础上做改动。先有感而写，它可以作为你反对或修改的对象——这往往比从无到有的创造来得简单。

3. 进行"提问—回答"练习

可以和你的朋友，也可以是自己进行"提问—回答"练习。可以先由"论文的主题是什么"问起，之后每个问题都接着上一个问题的回答，多问一些"为什么"和"怎么样"类型的问题。

4. 找一个速记员记下你的讲述

找一个速记员，以你向他讲述的东西为基础写出一篇文章。速记员可能很称职，也可能记录得不够准确，无论如何，他都能给你提供可以加以修改的材料。

5. 抛弃前半小时写的东西

向自己保证，你会抛弃在前半小时写的任何东西。这意味着你可以在前半小时写一堆垃圾、一封给你母亲的信，或者对你心目中蓝图的描述——任何东西，只要是文字。关键是要开始组织句子和段落，而不关心质量如何。（如果写得好，你当然可以保留，写得不好，你保证过会儿扔掉它。）

6. 尽快让手指在键盘上动起来

有时候，逐渐启动身体各个系统也会对写作有帮助——比如，在开始时你要做的仅仅是敲击键盘，打出什么都行，目的只是让自己在键盘前调整到合适的坐姿，让自己的手指活动起来，接着你可以敲一点陈词滥调到屏幕上，使从头脑到手指传输词句的通道流畅起来，然后再开始写文章。

7. 别从头开始写起

跳过引言部分，从最熟悉的或最易于表达的材料开始写。你也可以选择从最有挑战性的材料入手。

8. 进入高强度写作状态

制定一个目标，然后和你的一个朋友合作，一起在规定时间内完成高强度的写作任务。

第三节　开始动笔时可以做的事

1. 让素材看上去"焕然一新"

有时候仅仅改变作品的外观（比如字体大小、格式）、写作类型（比如把学术论文改变成儿童读物）、模式（比如用图来代替文字）或媒介（比如用纸张来代替电脑），就可以让写作素材看上去"焕然一新"，或显露出某些与原先不同的地方。

2. 用简单语言写出论文核心内容

儿童读物的语言简单易懂。动笔时，可以像写儿童读物那样使用简单易懂的语言，概括出你论文的核心内容，然后用很简单的语言把它写出来。

3. 画出情景图

参照制作电影的方式，将论文的陈述画成一连串的情景图，一幅图代表一个关键的陈述，用图形来代替文字。你甚至可以看图说话，把图中的情景演绎出来。你可能会觉得很做作，但这样做的确会对你有所启发。

第四节　找到重点

1. 要有一条清晰的叙述线索

提醒你自己注意的是，应先考虑全局而不是沉浸于细节。优秀作品的核心是好的"情节"——不是小说的情节，而是互相关联的元素构成的"情节"。论文必须有一个清晰的"叙述线索"。瑞典学者将它比喻为贯穿全文的"红线"（就像贯穿于平纹棉布中的红线）。红线清楚地解释了什么是重要的以及什么是次要的。换个思路来看红线，就是你论文中的所有因素最终要有助于实现全局观——对全局没有帮助的内容应当全部抛弃。如果你不断评估全局和贯穿其中的红线，那么你的文章也会连贯、一致。

2. 找到一个类似模板

找到和你要写的论文功能相似（比如都是展示研究成果）的一篇论文或一个章节。分析它的优点何在，它的内容、结构、特点是什么。从中得出一个模板，然后用你自己的材料来填充这个模板。

3. 逆向工作

开始时先想象你想要得到的结果：想象写完了的论文，或写完了的一个章节（可以让模板来帮助你，参考上面一段）。然后以这个完成了的作品为起点逆向思考，找出它的主要组成部分，再找到构成这些主要部分的关键环节，直到你找到写作的出发点为止。

4. 先列出标题

在写文章之前先把标题列出来。这样做可以使你在脑子里形成一个论文的总框架，使你从一开始就可以有条理地展开写作，而不被细节性的问题纠缠。

5. 写出每部分在论文中的意义

写出每一节（或一段）在文章中的作用。比如，这部分我是用来介绍论点的，这部分我要概括出主要的理论流派，这部分我将介绍使用的研究方法。

第五节　控制写作进程

1. 给自己设立奖励

给自己一些小奖励。比如把奖品摆放在附近，允许自己每写完一部分就得到一个奖励；每写一星期就允许自己玩一天。

2. 列出进程表

把每部分的标题写在一张表格里，写完一部分就在表格相应的单元格里填入字数和写作时间。每天统计一次字数。

第六节　克服写作过程中的困难

写作不是一项单独的活动。它不是单纯的"写下来",不是把脑子里的东西誊写到纸上那么简单。写作是多项活动同时进行的过程：分析、阐释、记忆、综合、计划、排序、表达、澄清、修改、评论、组织、合理化。由于有这么多种认知活动同时进行，写作毫无疑问是复杂而艰巨的工作。对这项工作有正确的预期，可以使你在面对它时比较从容。在进行这项工作时遵守一些规定，可以帮助你较好地完成它。

1. 不要畏惧论文写作

以下是关于写作的一些看法。

- 写作很难，且花费时间。计算一下：你在五分钟内能写出多少有用的句子？如果你能够推算出写一篇文章、一个章节或者一个什么段落花费多少时间，你就可以更实际地规划写作安排。
- 写作是把想法弄清楚，"清楚"是一个可操作的词语（参见我们对"叙述线索"，或者"红线"的说明）。
- 写作有一些要求：有实质内容（有意义的叙述）；线性（清晰的论证和论据）和完整性（叙述中没有空白）。
- "投机取巧"的材料（懒散的思考、杂乱无章的布局和闪烁其词的结果）会使写作变得困难。
- 写作中遇到困难可能说明你在研究中遇到的是学术问题而不是态度问题——如果你遇到了写作上的麻烦，那么密切关注你正在撰写的内容和使用的材料。

很多人害怕写作。教育工作者将其描述为"对失败的畏惧"（害怕写错或写得不够好，这种焦虑情绪也构成了写作中的障碍）以及"对成功的畏惧"（害怕成功带来的更高预期和压力，这种焦虑情绪也构成了写作中的障碍）。认识和面对你的畏惧情绪很重要。是的，它很可怕，但它并不是不可能的任务。最重要的是要认识到，无论写什么都比什么都不写好。

一旦你将东西写在了纸上，你就自然而然地减少了某些环节。把各个环节分开进行能帮助你更好地写作。你可以把写作看成是一连串的"攻关"：否定某些想法，强调某些想法，排列各个想法的先后顺序；在初始结构的基础上展开，把笔记的内容组织成句子，调整结构，修改语言，检查是否有多余的部分，检查语气是否恰当等。要单独提出来讲的是"否定想法"这一环节。一旦你在纸上写下了一些东西，你的写作任务就从创造转为"回应"，"写作"也就随之变成"编辑"。要记住的一点是：要在第一稿完成后再开始编辑。

另一条原则是简单原则——这条原则适用于几乎所有设计活动。能达到效果的最简单的语言（最简单的词汇、句子结构、修辞方式）往往是最好的。简单原则不等同于"纲要式写作"。纲要式写作只传达最基本的概念（省略了大多数细节），而"简单"的写作则提供所有必要的信息和细节，并且用尽可能直接的方式来表达。这两者之间的区别就好比是伦敦地铁路线图和英国地形测量图的区别。两张图都标示了主要通道，但其中后者更加"真实"，保留了各条线路与周围环境的关系，并显示了所在地区的自然状况。

2. 关于论文写作的一些普遍性建议

关于论文写作，我们有如下一些普遍性建议：
- 写作是一项技能，和所有其他技能一样，写作也是熟能生巧的。
- 向自己保证，必须每天都练习写作，每周完成一篇两三页篇幅的文章。
- 将研究材料以书面形式带到导师的辅导课上。
- 有人对你的文章提出批评时,花时间分析一下他们的批评:为什么他们提出这样的评论或修改意见?
- 有人对你的文章进行文字编辑或其他改动时,花时间分析一下他们做的改动:为什么要这么改?这些修改对文章有什么好处?
- 在动笔前要组织好想法 / 概念 / 材料。
- 用词要准确。

3. 你可能提出的一些写作疑难问题

问题:写点什么比什么都不写好,不要担心它"不够好",是这样吗?

尝试将"抛出观点"作为写作的第一步。记住:写点什么比什么都不写好。不要担心它"不够好"。在论文完成前,它很可能是不够好的——写论文的过程其实就是不断把论文变得"足够好"的过程。如果你不动笔写,不把自己写的东西拿给别人看,你永远都不会得到反馈意见,你永远都不会知道,你的思想表达得如何,你的课题是否有趣,你又在哪些方面启发了你的读者。

如果你写不出来东西,这很可能是因为你还没想清楚自己要写什么。尝试写任何你能写的东西,然后考虑一下为什么它们看上去不对劲,或不完整。"扭曲"的句子往往暗示着纠缠不清的思路——你应该着重留意那些意思模糊的语句。

可以考虑使用以下技巧:
- 和一个朋友坐下来喝杯咖啡,把你要写的东西告诉他,也可以尝试让他把你要写的东西再转述给你听。

- 玩"艾丽莎"游戏。"艾丽莎"是一个电脑程序，可以模拟具有治疗效果的对话。事实上，这个程序只设有限数量的问题，这些问题都是建立在同样数量的信息的基础上的，然而这些有限的问题却能够有效地导出信息。要玩"艾丽莎"游戏，你可以先说一句简单的话，然后再在这句话的基础上提一些简单的问题。比如："我想写关于紫象的论文。""为什么？""因为紫象比灰象更有趣。""它们更有趣在什么地方？""灰象很普通，紫象很少见。""所有的紫象都很少见吗？"你也可以时不时地问自己一些不合逻辑的问题。（不需要与电脑程序"艾丽莎"通常会问的问题相似，比如"紫象和你的妈妈有什么联系？"）通过这种方法，你其实是在反复问自己：我是怎么想的？为什么我会这么想？为什么别人要在意我这么想？

问题：论文结构该怎么构建？遇到的困难通常包括：
- 我知道主要论点有哪些，但我不知道怎样把它们表达出来；
- 我不知道怎么把草稿变成成稿；
- 表达不够清楚；
- 无法找到一个清晰的结构。

好的作品一般都是不断写、不断改出来的。所以不要指望能够一步就把想法变成最终的文稿。先要把想法变成笔记，这一步一般比较容易。那么笔记和文稿的区别在哪里呢？通常情况下在这些方面有区别：结构、顺序和句子的完整度。最关键的是要找到合适的结构——首先是将各个观点或想法联系起来的大框架，然后是论证每个观点或陈述每个想法的平行结构。

可以尝试以下组织观点或想法的窍门：

- 绘制思维导图。你把你的想法都写在纸上以后，就可以试着整理出它们之间的先后顺序。
- 把想法写在检索卡片上（可以一个想法写在一张卡片上），然后把它们分组或按某种结构摆放。用不同的方式分类和摆放卡片可以帮助你发现，哪些想法是不符合整体框架的，哪些想法是需要着重强调的。
- 列出写作纲要。有经验的写作者往往会建议，列出一个具体的写作纲要应该是第一件必须做的事。列出不同种类的纲要会对你有帮助，这些纲要包括：内容大纲、标题加上相应部分的概要（以体现出论文的"故事情节"）、标题加上对相应部分"角色"的描述（这部分是什么，它有什么作用，它如何为整体的论证服务）等。

问题：为什么我用了很多笔墨去说明的问题，我的导师只要简单几句话就说清楚了？

要想解决这个问题就必须多练习，练习写作和修改。记住简单原则。但也要认识到，简单并不是单纯的字数少——有时候多加几个词反而会使文章更加简单易懂。应该从论证结构上找问题的根源，并将结构作为你修改的重中之重。文章的混乱与不和谐往往是由于你不知道该保留哪些合适的东西，删除哪些不合适的东西，结果就是所有该写进去的内容和不该写进去的内容都被堆到了一起。

在你把稿子交给导师审阅之前，先过自己的修改"关"，找出所有重复赘余的地方。在导师对你的论文进行删改之后，分析导师的改动：哪些内容是可以省略的？为什么？你之前认为这些内容的作用是什么？

问题：如何培养学术写作的风格？

你可以收集一些写作风格和作者声誉都很好的论文样本。分析这些收集来的样本：它们有什么共同点？它们在哪方面让你钦佩赞赏？它们是怎么处理写作难点的？它们又是怎样强调和阐述关键论点的？它们是怎样使用专业用语的？在你自己写作的时候，想象一下如果你是那些优秀论文的作者之一，你会怎么安排和陈述你的材料。找一下在你收集的论文里，是否有一个对你的论文具有参考意义的段落，是否可以为你的论文提供框架的借鉴。

问题：从表格上得出结果很容易，但是如何用文字来表述结果呢？

图表必须在文中被提及，但仅仅说"结果在表2中"是不够的；表2必须在正文中有所讨论，表格的说明文字最好也能传达出讨论的主题。这并不是说，应该详尽地、一项一项地去描述表2及其在论文中的作用。表格体现了什么？你希望读者怎么去解读它？文章对它的讨论应该包含它所具有的关键特征。文章对表格的描述应该使表格与论文的整体论证结合起来。你想通过表格传达什么信息？文章对表格的描述应该总结表格的信息，并传达你的意图。

问题：写作风格前后不连贯（比如引用格式前后不统一）怎么办？

这是修改时要注意的问题。风格是多种多样的，并常常是个人化的。关键是要符合论文提交的规范（期刊一般有自己的规定）；一旦确定了你的风格，就要前后一致。你可以在你的论文中选择使用一种引用格式，要选用你本人觉得最合理的，定下来以后就不要变。

问题：总是无法在期限内完成论文该怎么办？

写作是件困难的事，会花去很长时间。一定要给自己留出比你估计的时间再多一倍的时间。考虑一下写论文可能需要多少时间，然后把这个数目乘以 2，再将时间的单位按分钟、小时、天、周、年的顺序升一级，然后再加 1。所以，如果我估计一篇文章 5 分钟就能完成的话，5 分钟 ×2=10 分钟，分钟升级为小时，即 10 小时，10 小时再加 1，即留出 11 小时也不过分。

交稿期限是个永远都要面对的问题。随着你学术事业的发展，会有越来越多的交稿期限，越来越多的责任需要你去承担。愤世嫉俗的读者甚至会认为，赶在交稿期限内完成任务的能力只会使"体制"把更多的任务交给你，直到你无法完成为止。熟悉权力政治的读者则会辩解说，这取决于你是否分清了"体制"的交稿期限与实际交稿期限的区别。我们在这里对此不进行评论。

第七节　论文写作进入尾声

当博士研究进入尾声的时候，你应当基本完成了论文。在这过程中，你也下意识地完成了其他碎片的工作，比如参考文献的整理。另外，如果你攻读的是以实验为主体的博士学位，你每次做研究的时候都应当完成"实验方法"部分，并且不会做很大的改变。

改变最大的部分就是每章的介绍和讨论部分（包括论文开篇含有文献综述的章节）。在过去几年的研究中你会发现，你正在研究的课题可能并不是最初预期的那些，因此博士第三年写的文献综述与第一年的完全不同。这很正常，如果你对一个课题研究了几年，得出的结论是，预期的研究结果和几年前的研究结果几乎一致，这种情况也使人担忧。这就是修昔底德的遭遇，他不得不中途停止推进研究，回到最初的起点重写开篇，找到最开始忽略的主题。这个时候，你也许会对这个公元前几世纪的无趣学究感到同情，但是如果他这样的天才都会遇到这样的问题，那么你遇到的话也没什么好羞愧的。

那么，这对你来说意味着什么？这意味着，你很可能在这个阶段重新写引言和讨论部分。这样会保证你的叙述线索是恰当准确的，一节紧接着一节，而不是一堆随意拼凑的内容。比如，你可以在引言中提出一些问题，保证结果中的图表切实地与这些问题相关，然后在讨论环节中一个个回答这些问题。

再一次使用橱柜制作的比喻，你需要对最终的作品进行润色加工。确保评审人阅读论文的第一部分时就能够看到你的专业素养——规范的参考文献目录、专业的论据、清晰的展示等。为这个环节留出充分的时间。修改标点错误是你应尽的责任，如果你犯了很多小错误，这确实会耗费你很多时间。

第十三章　如何做好口头陈述报告

这一章讨论的是"现场"陈述报告（presentation），比如研讨会上的发言。这方面的某些问题与写作也有关系——比如，如何对待批评意见，不论是来自听众的批评意见（"现场"陈述）还是评审人的批评意见（书面作品）。如果你将要做陈述报告，那阅读我们关于写作的章节与本章节，将会对你有帮助。在做陈述报告时，你需要牢记于心的是内容和形式的区别，在某些歌词中也有总结："你说了什么（内容）不是全部，重要的是你是怎么说的（形式）。"

内容是陈述报告的核心。如果没有什么值得一提的内容，那么你的陈述报告最多也就是起到了娱乐听众的作用。这对你的学术事业是有害的，你的同行将根据你的研究想法和研究结果中包含了多少有意义的内容来评价你。在一所历史悠久的大学里曾经出现过这样的情况，发言人刚讲了十分钟就被一名听众打断，那名听众敲着桌子对他说："你到底打不打算讲点值得一听的东西？如果你还要继续讲废话，我就走人了。"这应该不是你想要看到的反应吧。关于内容的问题我们待会儿还会再讲。

陈述报告的形式表现在：措辞、节奏和表达方式。陈述报告的形式说明了你是哪类人、哪类研究者。有很多关于公共演讲的畅销书都给出了做报告时如何着装、如何讲话的建议。然而，教学、商业报告和研究报告的要求与公共演讲有所不同。因此你需要根据不同的目的调整遵循的原则。

第一节 口头陈述报告内容选择的关键要素

大部分口头陈述报告都分为三部分。通常的建议是："首先，告诉听众你将要讲什么，然后开始讲，最后告诉听众你刚才讲了什么。"这条建议一般很管用。开头部分决定讲话的总体基调，向听众解释你所要讲的话题为何重要，并为接下来的讲话内容做铺垫。第二部分包含了讲话的主要内容，是最长的部分。结尾部分总结你的发言。每个部分可以再分出若干个小部分，这要依据讲话的规定时间来定。

内容选择的关键要素是：听众、可用时间和你觉得什么值得说。

1. 了解你的听众

如果你的发言技术含量很高，而你的听众对你讲的领域却只有一点肤浅的了解，那么你的发言很可能会让他们感到百无聊赖。相反，如果你对一群内行讲很基本的东西，这将使听众和你自己都显得尴尬。最好的策略是事先了解听众的水平。如果你在一场会议中发言，那么应参见以前的会议记录，阅读会议指南，和参与过会议的同事聊聊。如果你要参加在另一所大学举办的学术研讨会，询问邀请你的人关于听众的情况。如果你在工作坊上发言，询问组织者与会者名单。如果你在课堂授课，那么听一节别人讲授的相同或相近的课程。大多数组织者都愿意回答关于听众的问题，觉得你这样询问体现了你的专业精神。

你需要了解的关于听众的事情包括：关于你所要讲的话题，听众已经知道了多少；通常的专业知识水平（比如，相同领域的研究者、博士生以及其他专业人士）以及通常的学术方向是什么（比如，技术发展或教学方法）。这有助于你决定需要介绍多少知识背景。如果你所要讲的话题听众不熟悉，那么你需要提供基础背景，描述关键概念。如果你得知要讲的话题是听众熟悉的，你就可以在陈述报告中加入大量的细节来显示你对该领域的了解，然后再把讲话的重心迅速转移到听众较为生疏的内容上去。指导如何做商业报告和公共演讲的文章往往强调，陈述报告必须要有趣味性。要达到趣味性又往往意味着，技术细节必须减到最少，并且要用简单的语言讲。然而对于学术报告，这并不是明智之举。

如果你攻读博士学位，你要做的口头陈述报告会有两大类。第一类是作为丰富你简历的一项经历，给硕士生或本科生授课。第二类是与其他研究人员的交流（比如会议发言、内部进行的论文进度汇报，以及使人畏惧的论文答辩）。对这两类口头陈述报告的要求截然不同。

关于第一类口头陈述报告——授课，学生希望知道如何做才能通过这门课程。作为授课教师，你的工作是引导他们学习：提供学习架构，设定学习目标和保证他们的注意力集中。你需要对相关领域做一个清晰、一致、简单、主流的概述，不必要的细节都可以略去，以使陈述报告更加清晰。不幸的是，现实中你所在领域的学说往往不是清晰、一致、简单的，所以你在上课时给学生讲授的那个版本虽然不是谎言，却也不可能是一幅完整的图像。如果你给学生授课，你应该制作讲义发给他们。讲义上应该标注权威的期刊文章、教科书或其他形式的信息来源，用它们来为你的课堂陈述报告提供支持。这是非常值得推荐的做法。

听众如果是该领域研究人员，则陈述报告有非常不同的要求。这类陈述报告的目的是展示：（a）你了解研究领域的前沿知识；（b）自己处于研究领域的前沿；（c）在前沿研究中取得了一定成果，会对某些研究人员有帮助。做这类陈述报告还要注意的一点是，你汇报研究成果的对象是一群专家，他们往往比你更熟悉内行人的门道，你可能会使他们产生对你的敌意（比如，你简化事实，于是惹他们不高兴了）。学术研讨会上的提问经常被看作一种学术的"血腥运动"，一些学者（庆幸的是并不是大多数）乐于通过"抽血"，即寻找报告中的错误来对报告人进行评分。（发现其他学者研究中的错误有助于巩固他们自己的地位。）对于这类陈述报告，试图将自己藏在主流思想后面是不被允许的，因为你所报告的研究应该是前沿的、新近的，学术界还未对其达成共识。所以，你在内容选择方面应该非常谨慎。

2. 控制好报告时间

时间是有限的。可能比你想象的还要少。太多的学生将一半的时间花在文章介绍和准备上，浪费时间，让听众感到无聊。在有限时间内传递关键信息——那些能够表现你研究特点和概况的信息，关于论证和研究意义的重要信息，等等。

陈述报告需要包括研究的设计和结构，从而让听众了解研究的特点。你的报告应当包括五项基本的关键要素：

- 研究问题：包括驱使你研究的动力是什么和为什么这个研究问题如此重要。
- 背景：什么是已知的，问题是什么，其他已经尝试或正在尝试的方法是什么。
- 你的研究设计：你在做什么，你期待找到什么样的证据。
- 发现：迄今为止你找到了什么证据。
- 被记住的信息：你希望听众记得你研究的内容是什么。

你将要在有限的时间内平衡这五个要素：不要牺牲证据，否则你的信息不具有说服力。不能缩短背景介绍，否则选择该研究问题就没有意义。不要忘记问题提出的动机，否则听众会奇怪你为什么做这个研究，等等。

可以先将一半的时间在五个要素中平分，然后将剩下一半的时间分给你觉得最重要的要素。控制好时间有一个小诀窍，你可以事先计划好在什么时候应该讲到哪个内容，并把计划好的报告进度写在纸上，比如，"10：15，展示关于软件失败率的幻灯片"。不断演练，控制有效时间，然后添加或（更通常是）减少相关资料，然后排练，直到时间符合汇报的要求。对于简短的陈述报告，这个方法是简单有效的。对于长一点的报告，多次排练一个小时就不那么有趣了，因此更好的策略是排练一次，根据时间安排进行调整，添加或减少某部分的内容。

我们曾在应聘时被要求做 8 分钟的陈述报告，能否掌握好时间也是考查的能力之一。我们的策略是事先进行若干遍演练（在空房间里演练），不断调整报告的内容，直到将时间控制在 7～9 分钟之间。当真正的陈述报告到来时，我们故意不看表，而是通过观察听众的面部表情来估计还剩多少时间，结果我们在离规定结束时间还有几秒钟的时候完成了我们的陈述报告，并使听众感觉我们根本不需要看表就能掌握好时间。故意卖弄？是的。但这给听众留下了好印象——大多数发言人在 8 分钟的时间段里就算看表也难以把握好时间，不看表就能控制好时间体现了我们的专业素养。

3. 你希望听众能从你的报告中获得什么信息

你希望听众能获取的信息是什么？要把报告当作论文摘要的延续而不是一整篇期刊文章：你的目标是传递出你研究的独特特征，让听众能够了解全局，理解你和其他相关研究的区别。

第二节　口头陈述报告的形式和风格

形式——你展示内容的方式——在有的地方与内容重合，但是通常与内容的区别也是明显的。

会议（包括学生会议）上可以观察到不同的陈述报告风格。在某些领域，比如安全关键系统研究，陈述报告涉及学术和企业这两个完全不同的方面，一系列的演讲者在这一个话题上使用完全不同的方式对听众进行报告。我们当中的一人曾目睹了一名身着浅粉色晚礼服的杰出学者使用华丽的幻灯片进行陈述报告，接着另一位身着穿旧了的粗花呢西服的著名学者上台，并开始用手写的幻灯片做陈述报告，那些幻灯片看起来就好像是在来开会的出租车上写的，字迹玄妙莫测。

1. 听众对你的第一印象

听众在见到你之前事实上已经对你形成了一个印象。他们对你的印象有很多来源。比如在招聘面试前，他们一定已经读了你的简历。（你的简历里是否有值得一提的成就，附信是否给人留下了好印象？）在学术场合，听众在你发言前至少已经知道了报告的题目，或许还读了一段发言稿摘要。（你报告的题目和内容摘要吸引人吗？它们是否恰当地代表了你和你的研究工作？）事先做点功课会对你很有帮助。

听众了解你的第二个途径就是听主持人的介绍。理想的介绍应该是这样子的，比如："我们很高兴能请到琳达，相信在座的诸位已经通过她与克里斯的合作对她的研究非常熟悉了。"较为不理想的情况是，负责把你介绍给听众的人不断地看提示卡片，还把你的名字读错了。如果你的学术事业蒸蒸日上,那么你受到第一种介绍的待遇的可能性就会大大提高。

听众也会根据你的外表和行为来形成对你的印象。你的着装正式到什么程度?整洁吗?是否适合发言的场合?学术界的职位招聘通常会非常注意着装;而在普通的研讨会上,除非你把自己打扮得实在太怪异了,听众一般不会注意你穿什么,而是把注意力集中在你陈述报告的内容上。如果你不清楚发言场合的着装要求,那么请弄清楚。观察来你们系应聘的人的穿着,观察系里讨论会上人们的穿着。请人喝杯咖啡,问问他们在这方面的建议。(据说这是一个真实的故事:一名非常杰出的学者,对衣着不是很在意,有一天早晨在排队等庄严的英国国家博物馆开门的时候因为衣着不当被驱逐。这可能不太相关,但是还是需要讲讲这个故事,尤其是我们当中的一人当面听一位杰出的学者说起了这个故事。)

2. 制作幻灯片的技巧

视听方面的辅助可以是一个宝贵资源,也可以是一个分散注意力的事物。一方面,如果听众在一个小时左右的时间里只看你个人,你可能发现他们开始关注你的手势并数你的鼻毛。给他们一个不错的视觉材料可以帮助他们将精力集中于演讲内容而不是你。另一方面,若提供给听众的视觉材料很烂,这会使他们注意材料上的印刷错误而不是你的想法。

新手往往会试图在一张幻灯片上写尽可能多的内容。幻灯片不是孤立存在的,它们是为演讲者服务的。记住,如果观众一直忙着阅读你的幻灯片,那么他们不会听你的发言。幻灯片的目的是聚焦观众的注意力,强调关键点,而不是完全重复。你可以用幻灯片来配合你发言的内容（展示相关现象的图片，用意义深刻的卡通画来说明关键点，用图片展示关键结果等），还可以用幻灯片展示结构（比如，展示简单的概念图、关键点的清单、步骤的清单等），也可以用幻灯片展示原本需要耗时描述的结果。幻灯片应当有空档，而不是密密麻麻地写满字，除非需要展示重要的定义或者引言。

你应该使用大号字体，以便坐在后排的人也能看清。同时你的幻灯片上必须留出部分空白，使观众们不至于被过于密集的信息吓倒。幻灯片上的表格常会出现这样一个问题：表格中的数据字号太小，坐在后排的人根本看不清。强烈建议你提前检查幻灯片是不是可以看得清。也可以准备一份讲义发给听众，以此作为幻灯片的补充——大多数听众喜欢通过一页讲义来了解你的关键内容，你也可以准备字号大小合适的纸版幻灯片发给听众，这样他们可以在上面做笔记。

3. 你希望使用哪种类型的讲稿

不同的人使用不同的讲稿或者笔记来引导他们的陈述报告。考虑哪种讲稿对你最有帮助。

- 列出要点清单：你的要点清单应当是提炼出的关键想法。它们可以为你的陈述报告提供线索提示。
- 做好笔记：人们通常会记录下想要记住的关键信息。有些人会在写有要点的纸上做笔记，写下更全面的信息，记录下他们想讲的关于要点的更多的"故事"。另一些人则会把要点和更详细的信息分开记录，写明二者的联系。
- 写出完整讲稿：有些人会为陈述报告写出一份完整的讲稿——并不一定要完全照着它读（这并不是一个好的方案），但是如果他们"没词"了，可以参照这个讲稿。

- 列出时间进度表：你需要了解陈述报告的各部分将占去多少时间，演讲到半程的时候应该讲到哪儿等。如果你有一个讲稿，或者一些笔记，或者一个要点清单，你可以在上面标记下每部分使用的时间。然后就可以在陈述报告中掌握和控制自己的进度了。

4. 做口头陈述报告时要掌握的一些技巧

要使最后一排的听众也听得清楚，你讲话时声音要响亮清楚。最好在讲话一开始就询问后面的听众是否听得清楚，但不要这么问："后面的人听得到我说话吗？"以免有些爱开玩笑的听众回答说："很不幸，我们听得到。"新手往往在一开始大喊，几分钟后就变成了喃喃自语。避免这个问题的办法是在你的讲稿上备注一下以提醒自己（比如"幻灯片2：开始喃喃自语了吗？"）。另一个更难掌握的办法，同时也是在很多情况下非常有用的办法，就是观察你的听众的反应。

大部分没有经验的发言者总是以紧张的微笑来开始他们的讲话，接着他们往往又会在使用视听设备时遇到问题，把自己弄得更加尴尬。事先熟悉一下你将使用到的设备是个很好的主意——要尽可能学会使用多种设备。另外，要做好设备出故障的准备，即提前做好预案。我们中有人曾担任过科学硕士论文的答辩评审人。该答辩包括每人15分钟的口头陈述报告。在一位答辩人做陈述报告时，高射投影仪出现了故障，于是更换了另一台高射投影仪，答辩人在这个过程中没有慌张失措，仍然继续做陈述报告。第二台高射投影仪不一会儿也坏了，答辩人还是没有慌张，在第三台投影仪被换上时完成了他的陈述报告。就算是用专家们的苛刻标准来衡量，这名答辩人的表现也是不俗的，它传达出了很多正面信息。连遭两部机器故障的概率很低，但一部机器出现故障的可能性则不小，所以你应该有所准备，以便到时能够沉着应对。

你在陈述报告开始前常会先介绍自己，一般情况下你会向听众展示一张写有你姓名和所在院校的幻灯片，你可以借此机会调整设备的焦距，并给自己找到一个合适的站立位置。最典型的错误是站在观众和你的幻灯片之间，因为这样会使你自己的阴影投射到屏幕上，同时幻灯片上的表格又会投射到你的脸上。你应该形成习惯站在屏幕的一侧，并利用自己的阴影来指示幻灯片上的部分内容。

考察往往不是浪费时间的事。如果可能的话，在陈述报告开始前先检查一下场地，不但要从你的角度，还要从听众的角度来考察。从你的角度是要看看：有哪些设备，你会操作它们吗？你可以活动的空间有多大，比如你在屏幕的一侧展示幻灯片的空间有多大？地上有诸如电线之类的"绊脚石"吗？你是否可以清楚地看到观众，最后一排观众的面部表情你能看清吗？有地方放你的包吗？

从观众的角度是要看看：从场地各个不同的位置是否都能看清屏幕？如果可见度不佳，而你还有时间的话，应该考虑将幻灯片内容的纸质复印件发给观众，这样他们就不会错过任何信息了。另外，别忘了告诉观众你发的材料是幻灯片内容的复印件（很多观众在陈述报告结束前不会去阅读材料，或者只有当他们觉得陈述报告枯燥乏味时才会翻看材料）。屏幕是否有反光问题？

5. 观察你的听众

观察你的听众指的是看着你的听众，并预期他们对你陈述报告的反应。

典型的不好的现象是：

- 有人看窗外；
- 有人和周围的人说笑；

- 有人摇头；
- 后面几排有人为了听清楚你说了什么不得不前倾身子，伸长脖子；
- 后面几排有人询问周围的人幻灯片显示了什么；
- 有人看表或看钟。

典型的好的现象是：
- 听众做笔记；
- 你发表某个观点时听众点头；
- 听众在看你的幻灯片或书面材料时与周围的人低声交谈，表现出饶有兴趣的样子；
- 听众很有兴趣地观看幻灯片或阅读你发放的书面材料。

你需要让观众感觉到，你是个专业人士，你对相关课题有透彻的了解。你可以使用写作时也会用到的方法来传达这类正面信息。比如，在你引用了一篇经典文献之后，你可以再顺带提一下对于这篇文献的较新、较深刻的评论，这个评论最好是除了学术界的重量级人物之外其他人很少了解的。

经常碰面的听众（比如在院系里的讨论会上，或定期举行的高端会议上）往往表现出在外人看来不易理解的奇怪行为，这有小团体和历史偏见两方面的原因。比如一名资深学者可能会去攻击一个善良无辜的学生做的陈述报告。陈述报告本身并不针对任何人，那名学者之所以这样做其实是因为他与学生导师之间有长期未化解的"私仇"。这又会导致学生导师的"报复"行动，于是没过多久，场面就变得好像一部意大利西部片——前一分钟还是慵懒的墨西哥午后，后一分钟却已是尸骸遍地。有意思的是，在座的其他听众并不知道会场上正在进行两方面的交火，因为攻击的火药藏在学术语言背后，外人无法察觉。

第三节　做口头陈述报告时要注意的其他问题

某些类型的陈述报告，比如应聘陈述报告，是具有竞争性的。在这种情况下，值得推荐的做法是思考一下别人可能会做什么，然后想出一种与别人不同、比别人更好的做法。别人会把重点放在哪些话题上？他们想不到，但你可以在陈述报告中使用的元素是什么？

另一个不错的方法是做别人陈述报告的听众——比如参加院系里的研讨会，就是一个获取陈述报告经验的很好的途径。即使讨论会的主题与你的研究毫无关系，它也值得你参加，因为你至少可以观察到别人是怎么做陈述报告的。（当然你也很可能在未来某一天发现其他领域的某个方面对你自己的研究具有重大启发。）如果你对陈述报告的内容丝毫不感兴趣，那么你可以利用这个时间留意报告者使用了哪些内行人的招数，或者犯了什么错误，这样你就能够间接地改善自己的陈述报告风格。我们曾在一场关于鼠类研究的讨论会上学到了关于陈述报告的很多技巧，尤其是怎样在别人提问前就积极地回避对自己不利的问题，而当时我们正在研究的是"媒体在西方对阿拉伯世界的看法问题上的影响"。

参加别人的陈述报告会，尤其是在新学期的头两周参加此类活动，是一个很好的机会，你可以从中了解这类场合的礼节和惯例。看到别人因为一个幼稚的问题或幼稚的发言而被攻击是很痛苦的，但要比亲身经历这类情形好受多了。你也可以在这种场合了解到你的同辈研究者对于某些行为的看法，比如坐在听众席上睡着了（通常被认为是不礼貌的行为，但有时也被当作是对报告人的蓄意侮辱），问一些带敌意的问题（有的人认为这很不应该，还有的人则认为这是一门艺术），以及坐在听众席上编织毛衣（对它的看法非常不明确，褒贬兼有）。

1. 预防紧张情绪

- 做足准备：做好准备工作并不会使你不紧张，但它能帮助你克服紧张情绪。如果你事先进行了演练，获得了不错的反响，并通过演练改进了可能出现问题的环节，那么你在实际做陈述报告时就会自信很多。

- 提示卡片：如果你必须记住某些关键信息（比如重要文献及其作者的名字），那么你可以把它们写在一张提示卡片上（也就是关键事实和论点的清单），这样你做陈述报告时如果需要就可以参考卡片上的信息。

- 预料到你的恐惧：把自己最担心的事都想一遍。可能会发生的最糟糕的情况是什么？你将怎样去面对这种情况？问问别人是怎样处理它们的。

- 找到一张友好的脸：如果你把陈述报告看作是与某个人——尤其是对你的谈话感兴趣的人的一次谈话，那么你的陈述报告就有可能显得温暖亲切，类似于谈话。

- 停下来呼吸：在陈述报告过程中做短暂的停顿，你会感觉停顿时间很长，但听众根本觉察不到。让自己停下来片刻是有必要的，它能让你镇定下来，捋清思路，均匀呼吸。你的陈述报告会因此而更加出色。

- 做自我介绍时告诉听众你是个学生：如果你真的很害怕，在做自我介绍时可以告诉听众你还是个学生，他们可能会因此而对你比较宽容。比如，你可以感谢你的导师，这样听众就知道你还是个学生了，当然，如果合适的话，你也应该顺带感谢你研究的资助方。

- 研究过去陈述报告会上的听众提问：很多人会对不同的讲话人提同样的问题（比如关于研究方法、理论应用，以及与某个理论的联系）。所以如果有机会，你应该了解一下你的听众是哪些人，事先考虑他们会针对你的陈述报告提出哪些与过去类似的问题，并考虑该怎样回答这些问题。
- 穿让你感到舒适的衣服、鞋子：你在做陈述报告时要想的事情够多了，容不得因为鞋子夹脚或担心衣服不合适而分心。所以一定要穿上让自己感觉舒服的衣服、鞋子。

2. 如何回答听众提问

你不需要反对批评意见。你可以说："这是一个有意思的观点，据我所知，它在文献中提及不多。"你既显示出了自己礼貌、开明、乐于接受别人的意见，又暗示了相关领域的研究通常会忽略对方提出的观点，而并不是你在这方面存在失误。

如果听众的确指出了你研究中的一个缺陷，那么向他们表示感谢，回去以后检验他们的说法——他们可能是对的，如果是的话，你越早改正问题越好。在这种情况下，作为对他们提问的回应，你可以请听众详细地阐明他们的观点。他们有可能是错的，或只是随口说说，如果你礼貌地请他们展开他们的问题，你就能看出他们的建议是否是认真的，是否值得考虑。

假设案例：你刚刚描述了一个探究社会弱势群体信仰和价值观的方法。后排的一位听众认为现有文献中已经存在关于需求获取的深度研究。你可以礼貌地询问，请他提供一个案例。他可能会这样回答——回答1："哦，我确信你将在文献中找到很多例子。"回答2："首先，这里缺乏对各种半隐性和隐性知识的描述，比如缺乏关于内隐态度的叙述。"回答1很可能是虚张声势。回答2有可能是措辞繁复的虚张声势，也有可能说明你的文章中真的存在很大问题。

下面是一些处理问题的建议：

- 练习：如果你已经在小型研讨会上报告过你的论文，那么你一定已经遇到过一些提问，并已经有了"身临现场"的体验，这将对你很有帮助。

- 问题的规律性：在研讨会上或在别人做陈述报告时，留意听众一般会提出哪些类型的问题，试着从中找出规律。这能够使你较有效地预测别人在听了你的陈述报告后将提什么问题，你也就能够事先准备问题的答案了。

- 提问涉及你不熟悉的文献时如何回答：如果你没有听说过提问者要求你做出评论的某部文献，可以把问题重新抛给提问者："我不熟悉那篇论文，它的作者提出了什么观点？"或者你也可以通过一个问题将它与你熟悉的文献联系起来："我不熟悉那篇论文，它是人工智能领域的研究吗？是否属于实证研究？"不要不懂装懂。记得在会后向提问者询问那部文献的出处。

- 技术性问题：技术性太强的问题可以在会后个别回答。（这个问题很有趣，但我无法给你一个简短的回答。我们能在休息时间讨论吗？）

- 没听明白的问题：如果你不确定自己听懂了问题，那么可以把问题按你的理解重新组织一下："如果我听得没错的话，你是在问我如果……"然后给出你的回答。如果你根本没有听懂问题，可以要求提问者再问一遍——他或她在第二遍时可能会把问题说得简单一些。

- 很长的问题：准备好纸和笔。如果有观众提了一个由几部分组成的问题，或者借提问的机会长篇大论，那么做点笔记会帮助你记住在回答时要说的话。
- 怪异的问题：像对待技术性过强的问题一样处理这类问题，可以说些类似这样的话："这点很有趣，我之前对这个问题没有太多思考。我回去后会对它做一些考证和研究。"千万不要提议在休息时间与提问者讨论。

让别人帮你记下听众的问题，最好连同提问者的姓名一起记下来。你不可能凭记忆记住所有问题，你或许也没有时间记笔记。一般来说，做好准备随时记笔记是个好主意——记下你要在今后建立联络的人、特别好的观点（听众的以及你自己的），或者你要在今后探究的问题。

3. 如何面对听众对你的批评

这个世界是不公平的。有时候即使你是对的，你仍然会遭到人们没有理由的不礼貌待遇。有时候你一下子想不出一个既聪明又正确的回答，有时候甚至要过上好几年你才能想出该怎么回击多年前的那个"敌人"。这种情况在人生中确实偶尔会发生。有时候批评意见是正当的。但有些时候，批评意见的"公正"程度就值得商榷了。以下是别人遇到过的事例：

- 在某个会议上，听众发言的第一句话是："这是我听到过的最无知、最没内容的讲话。"
- 在博士论文答辩时，一名校外评审人发问的第一句话是："你能给我一个不应该用这篇论文来擦屁股的好理由吗？"
- 在一次会议上，观众席里有人极不礼貌地抱怨，他使用了演讲者推荐的方法却没有得到效果，另一名听众给他的建议是："或许你应该尝试正确使用这种方法。"

被批评后,一个好的策略(一旦你脱离了险境)是在那天余下的时间里深深地同情自己,然后在食物和包扎伤口的"绷带"中寻找慰藉——可以是一小杯雪利酒、一块巧克力、一部电影,或者任何其他东西。这种做法可以使你调整心态。到了第二天,你就可以问问自己,面对批评你该怎么办?你该怎样继续研究?这些批评公正吗?如果公正,你需要想出办法解决问题。如果不公正,你将在今后采取什么措施来降低受这类不公正批评的风险?

关于这个问题的最后一点:虽然这不是一个公平的世界,但世上仍有许多公正的人。如果你给别人的印象是你是一个工作成绩突出、人品优秀的人,而不是一个为了一点小事就苦苦寻求报复的人,那么经验丰富的学者可能会赏识你,发现你的才干,并把机会提供给你。那些把一辈子用在无意义的钩心斗角中的人是不大可能获得这样的机会的。(另外的安慰是,如果你从这个经历中学到很多,下次见到竞争者的时候可以使他输得一败涂地……)

第四节 公共演讲的三条黄金法则

做公共演讲时,必须要遵守以下三条黄金法则:
- 第一,不要说谎。
- 第二,不要故作幽默。
- 第三,不要惊慌失措而在压力下吐露真相。

第五节　陈述报告前的准备工作

做陈述报告前，要做好充分的准备，最好列出一份简要清单。

- 陈述报告应该在多大程度上探讨细节，你确认了吗？
- 陈述报告的听众已经了解了哪些信息，你确认了吗？
- 你对陈述报告的内容进行演练了吗？
- 听众能看懂你的幻灯片吗？
- 你知道该如何操作陈述报告时需要用到的视听设备吗？
- 你事先检查过陈述报告场地吗？
- 你准备陈述报告的时间进度表了吗？
- 如果设备故障，你有备用方案吗？

第十四章　如何参加学术会议

研究者们主要通过三种方式来获取他们研究领域内的最新进展。口头传播是一种迅速且有效的方式——如果史密斯和琼斯已经解决了他们领域中最重要的问题，那么他们领域内的主要研究者就会在消息公之于众前的几小时通过电话交谈和电子邮件传播这件事情（也有可能更快，取决于八卦的传递时效）。如果你是这个传播网络主要的参与者，这是非常好的事情，但是如果你只是一个正在努力奋斗的博士生，怀疑领域内的课本都是居住在奥林匹斯山的超人写出的，那么这种方式就不是那么好了。

对于大多数博士生而言，跟上潮流的一个更为可行的方式就是阅读期刊，阅读最新的期刊文献对于博士生来说就是黄金标准，是试金石或与此类物质相似的东西。不幸的是，期刊文章通常在研究结束后两年左右才能刊出，因此，你学校图书馆里新上架的期刊中的文章大概都是三年前完成的研究。这不是一个理想的状况。在学术会议上获得最新的研究进展则相对容易得多。每年，大多数研究领域都会开一些年会，来自世界各地的研究者会聚在一起，展示他们的工作并且聆听别人的工作进展。更重要的，他们也开展社交活动并建立他们的社交网络，通常的方式包括去酒吧喝酒。因此，学术会议将为你提供了解不超过一年甚至更近一段时间的研究的机会，并且也给你机会结识世界各地的同领域研究者。

基本情况就是这样，但学术会议怎样才能把你需要知道的传达给你呢？我们会从新手的角度开始介绍这个部分，然后再转到会议组织者的角度来进行介绍，最后给出一些建议，让你知道该怎样运用这些知识帮助你参加大多数学术会议。

第一节 新手如何参加学术会议

1. 了解学术会议

你参加的学术会议通常有两种类型。一种需要介绍自己的工作，而另一种不需要介绍自己的工作。我们接下来讨论的情况是你需要介绍自己的工作的情况，当然这已经包括作为一名听众你需要做什么。

在一个学术会议上展示自己的研究进展主要有几种情况。其中之一是你想公开发表一些东西，但概念没有完全成形，学术会议就是一个好机会；这通常需要你在网上做一些非系统性的搜索，然后对想参加的会议做些标记。另一种复杂情况：一开始就是为了免费游览会议所在的地方而去的，这需要你把搜索会议的精力集中在你所向往的会议地点上。最复杂的情况：期待一篇论文被一个特殊的会议选中，因为这是这个领域内的主要会议。巧合的是，会议通常在夏威夷之类的地方召开，并且他们对可以接纳的论文的标准又相对较低。

不管过程怎样，最后都需要适合那个会议的论文。征文通知将说明哪种类型的论文会被接收，会给每一种类型的论文提供指导，也会告知截止日期。征文主要类型通常包括：

- 长论文（full papers）；

- 短论文（short papers）；
- 论文摘要（可能是长的也可能是短的）；
- 海报（posters）（你在休息的时候站在之前准备的海报旁，介绍你的研究）。

有关摘要需注意的主要事情就是一旦你的摘要被接收，你需要依据摘要写一篇文章。你很容易忘记这件事，直到会前两周才惊恐地想起你必须写这篇论文。另外，如果你希望你的文章被接收，你需要进一步阐述你在摘要中表达的所有疯狂的思想。关于海报，你可能要忍受的事情是，参会的大多数人对你和你的海报视而不见；这不是什么个人问题，但是的确很残忍。关于海报需要忍受的其他事情还包括，大多数提问的人会给你一种不舒服感，因为他们提问是想证明他们在这个领域内有更广博的知识，或者因为他们是一些古怪的人。再一次强调，这并非针对你个人。

所以，在写完了论文且把它寄出去之后，仔细考虑数日，然后把它湮没在日常工作中。某一天你会收到大会组委会关于你递交的论文是否录用的决定。如果结果是不被录用，那么就涉及怎样处理此论文的问题（或者把它送到别处，或者扔在一边）。如果有钱的话，还可以考虑是不是单纯地作为听众去参加学术会议。如果结果是被录用，你需要做各种准备工作。如果你完全是一个新手，或者想看看什么是会议"潜规则"，那么你可能需要做出一项有趣的决定，即如何游说某个机构为你支付在夏威夷的希尔顿酒店的差旅费、会费以及接待费等。如果你之前没有这么做过，而那些在你的学科内比你优秀很多的研究者，仅仅能得到在斯凯格内斯①两天的专题研讨会的费用资助，那么资助方

---

① 英国东部的海滨城市。——译者注

会让你解释为什么要为你付几千英镑去让你过一个愉快的假期。一个明智的导师会为你争取资助来支付年度学术会议的花费，但理智告诉他资助的范围通常不会扩大到某个有异国情调的地方举办的大型学术会议。

假定学术会议资助已经得到批准，你仍然需要安排旅行、食宿等事务。如果会议在西班牙或者会议语言为西班牙语，而你只会有限的西班牙语，那就会很有压力。如果你是一个善于交际且理性的人，你或许会发现一个说着流利的西班牙语的秘书或者研究助理乐意为你提供帮助。如果你的为人不怎么样，那么获得帮助的可能性就会很小。

我们着装整齐地出发，去寻找预订的旅馆并办理入住。或许就在当地时间凌晨两点，你到达会议的举办地，你被旅途折腾得很累，还要一只手拿手提箱，另一只手拿大衣，并且还要腾出手来开门。接下来会发生什么？你遵循会议的指示，如果你的会议有几个说明，那么你就根据标记着"签到"的说明办手续。在签到的地方，你通常会得到一个参会证、会议议程以及有关信息。从这时开始，你可以随着人群，不用为近日的日程安排伤脑筋。很有可能负责签到的人说从未听说过你，特别是你直到最后一刻才做预订，因此，你应该：（a）不要把所有事都留到最后一刻去做；（b）找一个对会议熟悉的人一起去参会。这种问题通常能用某种方法解决，当然有些问题是你无法解决的。

2. 参加学术会议要做哪些准备

一旦你确认参加会议，就需要提前做好功课。大多数会议会提前在网站上公布会议内容以吸引更多的人参加（如果没有公布，那么你需要在到达会议举办地点后阅读会议材料）。你需要注意以下几点：

- 看一眼与会人员名单。谁在这个名单上，你最期待见到谁？他们提交论文了吗？
- 看一下会议分组和论文题目并确认你出席哪一组的讨论。哪一部分不应该错过？什么时候开始讨论？谁是你期待在会上取得联系的第一人？

如果会议中有你想见的关键人物，你需要尽早做些准备工作。是否有你认识并能帮你引见的人参加会议？你有没有给那个研究者发邮件说明你特别想问他的问题？（他可能没有回复，但是如果这个问题很有趣，他会在会议见到你的时候抽出些时间来。）

一旦收到会议材料，就利用起来。首先找到一个安静的角落，对参加哪些会议环节做出规划，通常建议出席全体大会环节。很多会议使用多个演讲厅，这样可以同时举办多个会议（"平行会议"），你需要决定参与哪个会议。你不需要每天参加每一场会议（有的时候，在咖啡间歇中与研究者的讨论比论文研讨环节更有价值），但是你不参会就学不到任何东西。参会期间的每天晚上，你可以：

- 浏览或仔细阅读你计划参加的小组的论文；
- 看一看其他分会场的论文（你可能会在喝咖啡时遇到这些论文的作者）；
- 检查自己次日的计划。

带上会议论文集到会场：

- 查找文章并且对文章进行分类；
- 给文章加注释：例如，如果作者在演讲期间补充了一些信息（总是可以从网上查到论文信息）或者这篇文章与你的论文有一些特别的联系，做好笔记；
- 列出要提问的问题；

- 如果会议枯燥乏味没有意义，会议论文集将让你有事可做（例如，阅读其他文章）；
- 注意优秀演讲者的优点（及水平较差的演讲者的缺点）。

你的收获和你的投入是息息相关的——如果你在会议上做了很多工作，坚持不懈地寻求对话机会，那么你就能与许多人建立很好的联系。记住大多数会议的"真实"价值不在会场上——它来自酒吧中的对话。如果你不喝酒，那么请记住，酒吧也提供无酒精饮料。

现在，我们转到组织者的视角，以帮助你更清楚地了解学术会议过程的细节。

第二节 学术会议的组织过程

人们为什么要组织学术会议？主要原因有三，即利益、荣誉和（很少情况下）对学科的益处。一个好的学术会议会给有关的组织机构带来相当丰厚的利润，并且能够给组织者带来荣誉和权力（至少在学术圈子之中）。一个组织周密的学术会议是振兴一个走向没落的学科的最佳方式，也是开拓新的研究领域的方式。

因此，如果你想要开创一个新的研究领域，或者振兴已有的研究领域，你或许就需要组织学术会议。一个重要问题就是怎样吸引足够多的人来参加会议。一个标准的解决方案就是邀请一些重要的演讲者，他们的演讲会吸引其他人前来。如果有一位或者更多的著名演讲者的演讲既总结了这一领域的现有状态，又提出一些有趣的新思想，那么参会人数就不用担心了。一个好的开会地点会是另一个吸引参会者的要素。第三个吸引人的经典方式就是出版会议论文集，另外和某家期刊的编辑达成协议，把参会的最佳文章在这家期刊的特刊上发表。这会成为吸引基金资助会议的有利条件。如果多个研究者于同一时段申请同样数目的基金用来召开学术会议（当然，不可能都申请到基金），那么可能得到基金的研究者如下：计划出版论文集和特刊的研究者作为第一选择，仅仅出版论文集的研究者作为第二选择，不出版论文集的研究者作为第三选择。

我们将略过后勤保障过程而将精力集中在有关的文章和海报上。如果你正组织一个出版论文集的学术会议，那么你就需要与出版商或出版社取得联系，这能迅速提升参与者的兴趣。同时也需要提出字数限制、截稿日期等方面的要求。出版商和出版社有其工作的统一要求而不会为某客户定制规则。因此，如果你没有准备好论文副本，错过了某个出版时间，你就需要再找另外一家。这会让你花更多的钱。因此，你要确保演讲者能够及时地提供正确的论文版本。对于许多学术会议而言，论文集在大会之前就已经印好了，以便与会者在听演讲的同时有论文集可看。这就有确定的截稿日期，因此，作为一名组织者，你不会同情那些不能及时提交论文或者没有以正确的格式通过电子邮件提交论文的作者们。

即使所有的论文以正确的形式准时备好，展示环节也有可能出现问题。在正常情况下，讨论是按时段分批进行的，一般来说，分为：大清早到早间咖啡时间；早间咖啡到午饭前；午饭到下午茶；下午茶到当日结束。每组都会有一些组织者来协调，每一组通常会有一个综述性的介绍，或者从一位特邀嘉宾的发言开始。这些讨论还可能超时，可能因为与会者们在开会前还在拖拖拉拉以致不得不推迟开始时间。也可能因为设备发生了问题，还有就是演讲者多说了两三分钟——对一个人来说不是一个大事，但是每个人都拖两三分钟，影响就大了。每场都会包括至少一位说话让人听不见、听不懂、枯燥乏味或者带了放不出来的幻灯片的演讲者。

作为一个参会者，我们的建议是：

- 尽可能早地提交论文；
- 按参会要求来做；
- 练习演讲以便你能在规定时间内完成演讲；
- 细致耐心，试着从组织者的角度来看事情；
- 如果你遇到问题，尽可能快地让主办方知道，以便事情能得到安排。

第三节　新手参加学术会议特别要注意的问题

在你完成博士学业之前，你的第一次学术演讲可能会是一次在一群你的研究领域的主要研究者面前展示自己的机会。不幸的是，对你而言那是一场不对称的力量对比。对于听众而言，你看起来不具有神奇的吸引力，最简单的原因就是你在你的职业舞台上可能还没有任何重要的、新鲜而有趣的事情可说。你要尽量避免一些让你显得愚蠢的表现，这些表现如下：

- 在公开场合醉酒；
- 因为在私下场合醉酒，结果抱病不能参加会议；
- 由于觉得没有人会知道或者认为不是什么大不了的事而和某人发生性关系——事实上，每个人在次日的下午茶时间都会知道——你的床上伴侣可能会让你犯可怕的错误；
- 问新参会的博士生年年都会问的愚蠢问题。

你的首次学术会议是一个学会聆听的好机会。即便你确信你对某人谈论的某个问题已经有了精彩的解决方案，你也不要着急去发言或与演讲者争辩。如果你是对的，那么明天你也还是对的，学会耐心倾听是一种难以估价的技能。（同样，将你的作品发表而不是在会议中模糊地提出,然后几个月后发现它出现在别人的作品中……)

你的第一次学术会议是一个认识人并交朋友的好机会,这种友谊可能会延续到你的整个职业生涯。最好的方式就是在酒吧里和那些愿意与你谈话的人在一起进行一次严肃而且谦恭的对话。(主讲人和其他参会者可能愿意与你交谈,但是要小心应付那些在会议中能说会道的人,以免交谈时间过久,错过了与一位亲密老友的聊天。)

如果你的第一次学术会议同时也是你第一次带着文章去做报告的会议,那么你有压力,这很正常。一个不错的减压方式就是在你去之前通过在公开场合演讲获得经验——例如,系里的讨论会,可以是一个很好的练习机会。你也可以举办一个非正式的讨论会,在会上陈述你的观点并收集反馈意见以改进你的报告。另一种方式是和你的导师合写论文,请你的导师做演讲,而且保证你下次一定自己去做演讲。你能学到导师的经验。牢记三条黄金法则:不要说谎;不要故作幽默;不要惊慌失措而在压力下吐露真相。你在说话时要谦逊有理,既不说太多也不说太少。你的使命不是娱乐或者迷惑听众,你在第一次学术会议上的主要目的是积累经验,以便你知道在第二次学术会议上该怎么做。

第四节 如何最好地利用学术会议

1. 参加不同规模的学术会议的策略

- 小型会议:目标是全面了解(例如,和那里的每个人谈话)。
- 中等规模的会议:和尽可能多的人说话,但是主要目标是了解与自己相关的研究情况。
- 大型会议:做精心安排,保证能够和关键人物联系上,并关注重要的会议安排。

2. 在学术会议上与同行建立联系

- 善于利用各种活动（研讨会、小组讨论、新人聚会等）。
- 汇报你的论文（这会把你介绍给你的听众中的每一个人）。
- 问好问题（其他人发现你的问题很有趣，或许会向你介绍他们自己，人们会更容易记住你）。
- 参与展示。
- 如果你听到很有趣的对话，那么就站在周围可以让人看到的位置，直到你有机会参与谈话。提一个小问题或者是开个玩笑都很好，或者直接问你是否可以参与这一话题的讨论。
- 让你的导师或者熟人介绍一些人给你认识。
- 同关键人物尽早接触（比如，委员会中的人、这个领域中杰出的人），在他们和其他人交谈的时候聆听，请他们允许你做自我介绍。
- 同与你坐在一起的人说话——问关于上一个演讲的问题。
- 养成习惯每天与不同的人在一起吃午餐。
- 替其他人建立联系。
- 当你在与别人对话的时候，避免滔滔不绝或者用你的观点来取悦别人，这时候提问往往比陈述要有效得多。

写一段关于自己的简短介绍并记在心中（例如简单说清楚你是谁，你在研究什么）。拿出自己的名片，并在背面写上帮助你记住谈话内容的信息。当你拿到其他人的名片时，写下你是在哪里见到他的以及一些能帮助你在六个月内记住他的东西。

3. 如何与同行保持联系

- 会议联系通常会有很高的"折旧率",你应该尝试将会议上认识的人转变为长期保持联系的人。
- 永远履行你做出的承诺:真的寄送论文,或者发电子邮件。
- 在与某人进行了很好的谈话后,给他发一封感谢邮件。
- 提出进行访问或者进行友好的相互交流的建议。
- 邀请已建立友好关系的人到你所在的机构,比如请他们来做一次演讲。
- 如果在大会上你没有机会同演讲者交谈,那么会后可以通过邮件来进行交流。

第十五章　如何进行学位论文答辩

第一节　表现不佳的答辩可能会使你前功尽弃

答辩对博士生来说就像在苍茫大海中找寻真理的恐怖神话传说，但是一些技巧可以帮助我们探寻未知的领域。从某种意义来说，民俗传说是正确的。通过答辩是你博士阶段的两个重要成就之一，如果你的论文和答辩都足够好，你就能拿到博士学位。如果不好，你就拿不到博士学位。没什么别的会对博士学位的取得起作用——不管你曾多么努力地工作过，或者你有多聪明，你多么在乎你的论题，这个论题对世界有多重要，你为之承受了多少苦难，你有多么想拿到博士学位。很有可能你写了一篇不错的学位论文，但是表现不佳的答辩却给你带来灾难性的后果。答辩如此重要，你应该为答辩做些什么呢？

记住你在答辩中要做的事情：

- 尊重学术体系和规则；
- 掌握相关领域的主要内容和研究工具；
- 展示你具有学术独立性；
- 参与学术交流；
- 完成相关学术流程。

第一件事情就是站在评审人的角度理解答辩的目的。博士学位是表明你值得被学术圈接纳的一个标志。用制作橱柜来比喻，如果你制作的橱柜足够好，此后你就可以脱离学徒身份成为一个羽翼丰满的能够独立工作的木匠。上述两种说法的关键都在于两者皆不包含要完成得尽善尽美的意思。博士未必是"完美无缺的"。他们足够好就行了。"足够好"意味着你已经证明了你在你的学科中具有专业研究所必需的技能。"足够好"的程度要很高，但是与完美无缺非常不同。没有人会期待你的论文完美无缺——在本文中完美的概念只是一种方便简洁的说法。从定义上来说，当你的工作涉及新的发现时，就会有不确定性，没有绝对正确的答案。你的工作只能建立在前人工作的基础之上，建立在已经确立的技术基础之上；所有的这些最终都源自估算、假设以及在这个领域内的共识，而不是绝对事实。部分成熟的专业研究者会接受这种不确定性，有时候不确定性是整个研究的关键点。（比如，"为什么这个霉菌会长在培养皿中？"）但是在另一种情况下你不得不接受，你必须在不确定性中工作，在一个可以预知的未来，这种不确定性可能无法被论证清楚。（比如，"为什么数据总是呈泊松分布？"）

　　从另外一方面来说，这也意味着你的论文中会包含存疑的内容。这些存疑的内容是那些全面评估你的论文、检验你的学术水平的评审人评审的一个出发点。他们不想意外看到论证不严密的地方。他们想得到保证：你对你的领域的掌握程度是经得起检验的。他们并不想看到，因为你的导师出于对你的绝对无私的爱护已代你写出了全部内容，所以你的论文精彩绝伦。他们不希望发现，是由于你从未思考过某个显而易见的结论，所以你的论文没有提到它，而不是因为你认为这个结论太显而易见、不值一提而未在文中提及。我们将讲述两个故事来说明这点。（我们要讲的故事是虚构的，所以不要和真实的故事相混淆。）

第二节 答辩时意外发现论证不严密怎么办

1. 蘑菇的故事

蘑菇的故事说的是一个农学专业的学生,他的本科论文涉及观察农场中蘑菇的生长,这个话题很少有人感兴趣,但是对于种蘑菇的农场主而言则是相当重要。出乎他意料的是,蘑菇并不是持续生长或者以天为周期生长,蘑菇的生长周期以小时计。这个发现是出乎意料的,他的博士论文继续做这个课题,提供了大量的数据和分析资料。答辩的日子到了,校外评审人提问的时间也就不声不响地到来,这位评审人轻轻地问了一句话,但这句话掷地有声,他的问题是:"我认为你让蘑菇棚里的中央供暖时开时关,是这样吗?"几秒钟可怕的沉默后,众人达成一致,答辩推迟,这个学生需要做后续的研究来证明目前得到的结果不是由中央供暖频繁开关引起的。后续研究如预料之中的让人生厌:学生花了好几年时间在蘑菇大棚里测量中央供暖的开关频率。

2. 啄木鸟的故事

啄木鸟的故事也类似。我们举这个例子不仅是因为类似的案例所体现出的原则需要引起我们的注意——这里刚刚只提出了一个论证不严密的例子——还因为我们以前有人自己测试过,佩戴安全帽能有效防止水桶砸脑袋上带来的伤害。啄木鸟的故事同样是有用的,因为它的影响比上一个故事还要微妙深远。

安全头盔的开发者们决定到自然中寻找新设计方案的灵感。其中的一个人想知道是否有某种动物,在头部经受了有力打击之后,还不会感到痛苦或者遭遇脑损伤。灵感来了,是啄木鸟。在啄木鸟醒着的时候,它花大量的时间用相当大的力量来敲击树木,这样会对头部造成撞击。

设计小组因此研究啄木鸟的身体结构，发现在头和喙相连的部分有海绵状器官，吸收了部分撞击的力量。小组应用这一灵感设计出一款头盔，此设计不是为了防止物体击穿头盔（和第一次世界大战期间的头盔不同），而是通过将头盔变形的方式，将头盔设计为可以吸收来自突然袭击的力量，吸收正在朝向佩戴者头部的大量能量（与那些防止击穿的头盔不同）。设计者很自豪地展示了他们的设计理念。故事中，在这个时候，一位观众问："你怎么就知道啄木鸟不会头疼呢？"接下来就是痛苦的沉默。

3. 避免答辩失败的两个保护性措施

在蘑菇的故事中，学生没能识别出相关的变量（中央供暖）。在啄木鸟的故事中，设计小组没有检验关键性假设（啄木鸟不会脑损伤）。事实上，啄木鸟的故事有一个很好的结局，现有的设计被证明是好的，设计者是对的（尽管如此，据我们所知，还没有人检测到啄木鸟的脑损伤率）。然而，在另一个案例中，未经检验的假设导致数年时间浪费在无意义的研究上，这么长的时间本可以用在更有用的研究上。这和通过排除可能性来找寻问题答案的方式截然不同。

由于这个原因，校外评审人总是喜欢检查你的研究的基础，是否遗漏了应该考虑的要素或者应该想到的东西，或者做出了未经思考的假设。流行文化中的一个例子从正面说明了这一点。在漫画《无敌浩克》中，浩克是被一位性格温良的科学家创造出来的。这位科学家想找寻人类的超能力，比如女人为了救遭遇车祸的孩子，将汽车举起来。这个故事是虚构的，而且很愚蠢，因为——戏剧性暂停——人们没有超能力；女人力举汽车的故事仅是个都市传说。（如果你考虑申请自己领域的研究专利，在考虑高拉伸性和无褶裤子的预算前，先考虑下它是否也只是个都市传说。）大多数学生都看到过关于答辩的恐怖故事，这些故事使他们噩梦不断。在我们的经历中，答辩中遭受失败的人是很少的，而且失败似乎只归咎于两件事情：

（1）学生不听自己导师的建议，也不听其领域内的其他导师关于答辩的建议。

（2）导师和学生之间的关系破裂，学生还不想办法去补救。

因此，答辩失败在原则上是可以避免的，以下是两个保护性措施：

（1）听从导师的建议。

（2）建立起有效的人际关系网，在答辩之前，通过专题讨论会或者向期刊投稿的方式展示你的研究工作，这样你的疏漏就会尽早得到警告。

第三节　校外评审人的意见

假设校外评审人正在检查你是否学会了做"橱柜"，他们会怎样着手呢？

正常情况下，在你见到他们之前，故事就已经开始了。在你博士生涯的某一时刻，你和你的导师要选择一个校外评审人。对于一些博士生，这件事情在他们读博士之前就已经开始；其他博士生则在开始写作博士论文后才开始。对于大多数人，都是在读博士的最后一年的某个时间。在选择校外评审人的时候要考虑很多因素。他们不应该和你有利害关系——举例来说，如果他们和你合作申请诺贝尔奖，那么他们就有现实的动机保证你的论文通过，而不管你的真实水平如何。类似情况，如果你和他们最近的一次对话说："醒醒，亲爱的，不然就赶不上我的答辩了。"那么他们就可能提出一些问题……

在被选定为校外评审人后,评审人们的日子还会正常继续,直到你的论文和相关的评审表格放到他们的邮箱里。他们会怎样处理你的论文和相关表格呢?那取决于不同情况。大多数校外评审人会至少详细阅读一次你的论文。很多人会逐行阅读,逐页做记录。他们会很认真地阅读参考文献和附录(就像拉开橱柜的抽屉,检查里面的接合处是否能正常使用)。他们会检查参考文献,或者看起来并不正确的观点。他们可能发现一篇由杨、吉福特和布莱克撰写的(Young, Gifted and Black, 1972)、实际上是编造的论文,等等。也有另外一种情况,评审人在来参加答辩的火车上才读论文。不管怎样,你希望他们的内心反应是一样的:你希望他们在思考的时候带着善意,并认为你的论文还不坏。因此,想办法使他们第一次看到论文时就觉得是一篇可靠的文章——每一页,从导论的第一页到参考文献、结论都是可靠的。

评审人通常会先独自阅读论文,然后互相联系并讨论论文。他们只有很有限的选择:你得到学位还是得不到学位,你不会得到像学年课程一样百分制的分数。尽管结果简单,评估体系还是很复杂的。评审人可能会不提任何意见就让你的论文通过(这种情况很少有,但是你肯定不知道是怎么回事);他们也可能完全不让论文通过(你也不会知道是怎么回事);他们可能会认为该论文可以通过,你可以被授予博士学位;或者是更通常的情况,论文需要做一些修改,他们才能允许论文通过。如果他们都一致同意论文一次直接通过,或者不通过,那么他们的工作就太简单了;更常见的情况是论文需要做一些修改,这意味着评审人必须讨论需要怎样修改。这是一个耗时且烦人的工作,特别是如果你的论文很烂或者书写很差而需要改动。经过这些之后,他们需要在答辩本身的"游戏规则"中达成一致——谁处理哪块区域,怎样处理这些区域。注意,他们不是简单地给你一张修改清单。如果出现了这样的情况,例如说，问题显然出在你使用了不常用的名词，那么需要做的修改可能仅仅是加入一段插入语，用来解释你说的就是那个大家都知道的名词。反之，如果答辩显示出你的主体部分存在极大的疏忽，那么最初的小的修改会变成大的修改，甚至是论文不予通过。

第四节　了解答辩过程：开场、中场和结束

通常，在答辩之前，评审人会在院系里聚一次，开一个答辩前会议，确定他们的"行动计划"。在这种场合下，他们通常不会对见你有多大兴趣。这和私人感情无关：他们有工作要做，必须集中精力在工作上。诸多答辩都在下午举行，给评审人留足时间到达答辩地点。在这些案例中，正常情况下，答辩之前，你的导师会请老师们共进午餐。他们或许不会邀请你：这是礼节，并不是怠慢你。（如果你在上午面对他们进行了成功的答辩，你或许会被邀请参加午宴，但那是完全不同的。）经常会有一些有关人际关系的谣传：导师会在午宴时对校外评审人多劝几杯酒，保证他们有一个好心情；如果真有这么回事，那就是例外。当他们准备好时，你就会被召唤进房间内，如果你有什么地方和大多数准博士相似的地方，就是看起来真的很紧张。

1. 开场白你要怎么讲

由于你可能非常紧张，大多数评审人会努力让你放松。既然答辩通常都安排在院系内，很多校外评审人只是作为参与者，开场白就没有必要像传统的会议那样，用很多的时间问评审人是否旅行愉快之类的问题。他们的自我介绍和答辩流程介绍都会较快结束。开场白可以有各种形式，对你来说都很容易。大多数的开场白是轻松的，而不是像那些神

经紧张的答辩人所误传的那样。

一种情况是校外评审人给你几张 A4 纸，纸上列出他们发现的打印错误。你很容易认为这是评审人错过了你的论文的大的逻辑点，而吹毛求疵地找碴儿。事实上，根本不是这么回事。这实际上是一种礼节。一方面，这表示评审人真的如你恭维的那样，在百忙之际抽出时间细心阅读了每一页内容，他们真的发现在第 174 页你出现了拼写错误。另一方面，在你修改论文的时候有那样的清单，总比人家告诉你论文中有大量的错误有待修正却不告诉你在哪儿好。还有一种情况是，评审人仅仅问几个象征性的问题，使用这些打字错误的勘误表作为一种非直接的表达方式来说明你的这篇论文很好，仅仅需要很小的修正就足够。（在这种情况下，勘误表是一种间接方式说明他们只有做一些微小改动的选择，并不是因为他们太懒而不愿做别的事情。）

另一种广泛应用的开场白就是评审人对着提纲来谈谈你的论文多有趣或者多有可读性。这样的开场白由不同的评审人来说，效果可能也不同。对于一些学者而言，"可读性"是一种低级的侮辱，仅仅用于形容流行作品（被很多学术研究者看作是很不齿的事物）。对于其他人，可读性是一种恭维，意味着你写的东西能让人明白，而非艰涩难懂。那么你怎样判断是褒是贬呢？一个判断因素是评审人的声誉，如果他们恰好是偏好使用艰涩语言的学者，那么你或许就遇到了麻烦。如果评审人以体谅的心情，那么你或许会有一个轻松的开始。尽管如此，值得记住的是就算是最体贴的评审人也是一个专业学者，会严肃对待答辩。如果你遇到这样的开场白，一个相对安全的回答就是干笑，用一种礼貌的声调说"谢谢"，表示你不是傻子。

第三种可能会误导你的开场白形式是让你给你的论文做个概述。对这样的要求，一个完全可以理解的反应就是愤怒——当然，如果评审人阅读过你的论文全文,他们还需要简单的概述吗?再一次说明,不是这样。概述是让一个紧张的答辩人放松的最好的方式,他们通常沉浸在话题中,然后忘记了紧张。这也是告诉评审人在这篇论文中你觉得最重要的部分的机会,这样可以让评审人知道你有多么专业。在一些案例中,如果论文的写作风格晦涩,概述论文对于评审人了解论文的意图就很有用。经常发生的情况是,一篇论文会包含看起来不错的内容,但是组织结构混乱,叙述也不够好。如果内容够好,那么一点技巧性的修改就会给论文带来让人惊喜的变化,如果内容和风格都不怎么样,那么你就无法通过答辩了。无论是上述哪种情况,这种开场白都将有助于评审人做决定。

在这个阶段,说出你做错事情这一真相、打破第三个黄金法则是很容易犯的错误。但是不要恐慌,清楚地说出事先准备好的论文概述,列出主要发现和主要贡献。或者,用几句自己的话去表示你知道游戏规则——小心谨慎地参考一篇最近发表的核心期刊上的文章,或者是这个领域正在进行中的研究的主要数据。尽管如此,别做过了头,记住你是一个答辩人,不是一个评审人。

2. 中场:真正的答辩开始了

在开场白之后,真正的答辩开始了,答辩结果会不同。从结果来看,评审人主要有四个选择:直接通过;做微小改动后通过;做大的改动后通过;不通过。(他们也可以授予你硕士学位而不是博士学位。)从他们怎样对待答辩的角度来说,他们有更多的选择,要记住的是:答辩对你来说像是严厉的质询,但是通常都以直接通过结束。

直接通过

这是一个让人心情舒畅的结局。评审人从一开始就清楚直接通过是毫无疑问的事情，对他们而言只是如何把握进度的问题，他们在同你的导师到酒吧吃饭或者喝咖啡之前，出于礼节问你几个问题。他们或许会因为格式的原因，让你修正三四处文字错误。如果你有个好导师，这种情况通常都会发生，你和你的导师都知道这个"游戏"怎么玩，你们在论文上已经从头到尾都做好了工作。

微小的改动

在接下来的答辩进程中，他们会问你几个技术性问题以检验你的专业水准，你或许不能回答出所有的问题，也不能完全符合他们的标准。不要让那些事情影响到你：没有人能明智地回答出所有的问题或者读过所有相关的书籍。以下就是这样的例子，你已经做了关于人类错误类型新分类的博士学位论文，你已经深入阅读了关于生物学分类的文献。如果校外评审人问你是否阅读过使用多维统计法进行分类的文章，而你还没有，你该做什么呢？在一开始，你不应该惊慌。虽然问题问得很在点上，不过你已经阅读过关于分类方法的文献，这已经做得很不错了。毕竟，关于这方面的主要文献并不是基于多维统计法和聚类算法的。虽然你应该调研过这个方向，但是这只是众多你应当调研的方向中的一个，你不可能全部调研完毕。回答你本可以调查与你应该调查两种说法完全不同。你可以礼貌地询问他们认为多维统计法会给这个领域提供什么。然后你会和他们进入一场争论之中，这些争论最主要的一点就是让你证明你的能力。如果你在争论之中举了很好的案例，你或许被要求补充说明你选择的不是多维统计法，并且给出不使用这种方法的理由，这就是小的改动。

大的改动

一个更严重的情况是评审人提出的问题暴露出你的重大疏忽。典型的例子就来自统计学。假设你已经观察到不同群体对大众媒体报道车祸方式的不同看法，并且收集了一些数据，你把这些写到一张整齐的表格上，并且在你的讨论中提到其中两组的观点有显著区别，而且另一项发现具有高度显著性。评审人在你的论文中看到了这一点，然后提出质疑说你用了"显著"和"高度显著性"这两个词，却未提到你所做的检验或者相关的 p 值。

对于这一质疑，没有什么回答是好的选择。最坏的是，你告诉他们你使用了什么检验，p 值是多少；评审人会暗地里怀疑你是在论文中删除掉这些信息的傻瓜，并且会进一步寻找你傻瓜行为的迹象。另外两个选择和这一样糟糕。其中一个是你告诉他们你仅仅使用定性的方法而原则上不赞成定量的方法，那么你就会被一个选择定量方法的评审人看成是傻子，认为你只会收集数据而不会进行定量分析。这个问题就涉及一些严肃的争论，学科中哪些技能是必须掌握的——当然，这不是本书讨论的话题。我们来举一个极端的（并且原创的）例子，如果一个人拒绝使用标准的法语拼读，那么他应该获得法语专业的学位吗？如果普通人对关于橱柜制作的某个观点不赞同，那么还好，但是如果你作为制作橱柜的学徒也这样想，就解释不通了。

最后一种选择是你承认你从未听说过统计检验和 p 值，并询问 p 值到底有什么重要性。这种说法在某些学科或许是完全可以接受的，但是在以统计学为核心技能的学科中（例如实验心理学），结果就会很糟。如果你承认对校外评审人提出的问题全然无知，并且就此结束回答，那么你在校外评审人的选择上、在学科的选择上或者在研究方法的选择上已经犯了严重错误。对于后两种情况，你能希望的最好的结果就是做一些非常认真的修改。假如你费了九牛二虎之力终于摆脱这一质疑，那么也无法挽回答辩会议将从一个完全例行公事的审查流程变成对你是否能通过答辩的慎重考虑，你的结局很可能是不通过。

不通过

答辩遇到的最糟糕的极端情况就是评审人认为你的论文一团糟，并认为你在答辩时表现得无礼、无知甚至愚蠢。通常情况下（但不是绝对的），这些案例发生在学生不听导师的建议而提交论文的情况下。典型的例子是非全日制博士生，作为忙碌的经理之类的在职人员，他们的工作不能受影响，只好把论文写成建立在教科书和职业杂志基础之上的拼凑，还设计了糟糕的调查问卷，认为"得到这些内容非常容易，<u>丝毫没有问题</u>"。（是的，这种情况确实发生过，而且还不止一次。）这样的案例是无可救药的：文献综述太过简单以至于不能引出一个有趣的研究问题；方法太枯燥以至于无法写成优质的论文内容；因为方法论上的缺陷，数据可能根本不可靠。这种工作注定是要失败的，并且失败了也是活该。再次说明，如果你觉得制作橱柜的要求太过分了，平装家具就说得过去，那你可以选择制作平装家具的学位，如果你仍申请针对橱柜制作大师的考核，然后完成一件声称是大师之作的组装平装家具，那就太傻了。

3. 答辩结束：等待结果

在答辩即将结束的时候，评审人可能达成一致并做出决定。"可能"是因为他们需要商议并形成一致结论，他们会礼貌地让你离开，当你在走廊里紧张地走来走去的时候，评审人会做他们该做的事情。评审人做的事情就是互相商量，达成一致意见，并且留有回旋的余地。如果你的论文是明确的通过或者不通过，那么他们会明确地表态。如果确定通过，那么他们不会在你离开30秒钟后立即招呼你回来，很多评审人认为让答辩人在门外等几分钟是一件好事情，这可以增强答辩人的心理承受力。

如果大家达成共识认为你必须做一些修改，好的评审人会列出一张清单，这或许是一张手写的清单，或许是一份在一两天之后用电子邮件发给你的电子清单。

如果没有达成共识，那么评审人必须协调一致。在这个时候，你之前的其他努力会体现出价值，例如，如果你发表了大量不错的期刊文章，那么这证明你的工作是有足够的专业性的，就算毕业论文写得不怎么样，对任何一个想说明你的论文有不错内容的人而言，这都会增加你论文通过的筹码。同样，如果你写了一份很好的文献综述，就算你的数据收集有一点不完整，那么也能表示你已具备本领域内的专业知识。这两种情况都需要工作尽早开始，都不是你能在最后一周进行修补的工作。在你读博士的第一年或者之前的时间，阅读你学校内部的规章，这样你能找到论文质量评判的标准。在同行评议期刊上发表文章会在答辩会议之后结果判定有争议的时候帮助你。

在所有这些完成之后，评审人会就你下一阶段事项和你的导师达成一致，并且把你叫回来。有的时候会对你说出那几个有魔力的字："恭喜您，史密斯博士"；有的时候并不会说。严格来说，你只有正式毕业后才能成为史密斯博士，所以如果他们没这么称呼你，也不要放在心上；校外评审人大概知道"博士"和"准博士"的区别，在不同情况下有不同的称呼。接下来的流程就不确定了。如果你能通过，你的朋友可能已经准备好了香槟。评审人可能不会参加你的庆祝活动，这一天你会过得很充实，你生命中接下来的日子将会阳光灿烂。

以上主要是从评审人的视角来看将会发生的事情。那么从你的视角来看会发生什么呢？下面这节会很简单，因为前面已经讲过了。

第五节　为答辩做好充分准备

当然，答辩最好的准备是一篇优秀的论文。在你做博士论文的早期，应该和你的导师讨论一下是否应该想办法在期刊上发表一两篇文章。在这个问题上，要根据不同导师和不同学科的情况来定。在你写作的时候，要有足够的时间做出像样的工作，要对那些能在论文中展示你"制作橱柜"技能的事情予以特别关注。用一种理性的方式选择一个合适的校外评审人：在你博士生涯的这一阶段，你应该对"游戏规则"以及相关人员有一个理性的概念。

1. 答辩前一周你要做什么

在答辩前一周，重新通读你的论文和数据，补充一些关键的文献。你或许在这个阶段之前的很长一段时间就已经对此感到恶心和厌倦，那么修改完论文后就用巧克力或者其他令人愉悦的东西来奖励自己。组织一次模拟答辩。模拟答辩包括开始的陈述部分，至少有一个模拟评审人。这个评审人要知道完成优秀的答辩和陈述报告的技巧。如果他们是合格的，他们会知道在模拟答辩中用不着跟你客气，他们会给你一些建设性的意见以及反馈，告诉你在正式答辩的那一天怎么做。很多模拟答辩可能出现真实的问题——你很可能在模拟环节就感到紧张，脱口而出那些你之前忽略了的文章弱点，比如，"我现在知道我应当使用一个大一点的样本数据"，而不是说，"我下一次研究会做延伸，并使用更大的样本数据"。

- 在头脑中过一遍那些答辩时"一般会问到的问题"（见本章末），并且思考问题的答案。
- 列出你最害怕的问题的清单，并为它们设计答案。
- 让有经验的人为你做一次模拟答辩，然后让他们说出什么地方表现较好，什么地方还有待于进一步提高。（要知道，模拟答辩通常比正式答辩要难一些；模拟评审人经常会扮演极苛刻的角色，这样你才能知道如何做最坏的打算。）
- 浏览一下你的评审人的作品，注意他们的研究领域、研究方法和研究风格。
- 为你论文中的内容准备"发表方案"（使用哪些内容，怎么"包装"，在哪里发表）。

2. 答辩前一天你要做什么

在答辩的前一天，确认你在何时何地举行答辩（或许在最后一分钟地点会发生变化）。在答辩当天找一个可靠的、可以让你随叫随到的朋友。他们会准备好香槟和杯子，等你通过之后大喝一顿——即使最后结果是论文需要小修改便能通过，也会使答辩人紧张得口干舌燥。在前一天晚上不要出去喝得酩酊大醉：你需要在答辩当天保持清醒。确认你了解评审人的名字、头衔以及主要著作。这不是让你去卑躬屈膝地献媚，而是让你展现职业礼仪并且给你一个朝着他们期待的方向回答问题的机会。确定你准备好了合适的干净衣服以及若干论文的副本。礼貌地问你的导师论文副本是否还需要任何改动，以防你在兴奋之中遗忘了一些事情。（他们可能也会自己做这类事，但是再确认下也没什么坏处。）

- 标注你的论文，在你最想提及的那些页面放上"书签"（贴上便签或者类似的东西）。

- 判断一下是否需要相关的文件（例如关键性文章、数据示例），这些不包括在你的论文之内。你也可能根本不会用到这些东西，但是将这些材料准备好会让你感到安心。

- 浏览一下你论文的几篇关键参考文献。如果你没有记住足够多的参考文献信息，那么就在参考文献旁做注解：他们做了什么，为什么重要，你的论文在什么地方和这些论文相关，这些论文对你的论文的启发。准备好使用作者名来指代这些关键论文。

- 如果已经用足够的时间做好了准备，在前一天做一些完全放松的事情：运动，沿着海岸步行，看最喜欢的经典电影，全身按摩等。但这不包括过度饮酒、过度运动和任何让你第二天状态不好的活动。

- 答辩前一夜睡个好觉。

3. 答辩当天你要做什么

答辩当天时间显得很长，当你在等待的时候要有些事情可做。如果你没有被介绍给评审人，没有被邀请和他们共进午餐或者是答辩开始之前你一直在等待，不要觉得自己受了委屈。所有这些都是答辩过程中最正常的事情，并不能说明评审人不礼貌或者答辩会议的组织没有效率。例如，你或许需要一直等着是因为某些人"非法"使用答辩的教室在开非正式的讨论会，需要先把他们赶走，再让评审人去重新摆桌椅。

在答辩开始的时候，如果需要的话，礼貌地做好准备并且保持安静。如果你没有被要求做陈述或者概述，也不要烦恼：模拟答辩的时间没被浪费，因为这会有助于你在答辩期间非常有效地整理你全篇论文的思路。

前一两个问题可能会比较轻松，缓解紧张情绪。接下来的问题，你需要记住三个黄金法则（不要说谎，不要故作幽默，也不要惊慌失措而在压力下吐露真相）和其他一些注意事项。

答辩很像击剑训练，答辩是用来评估你的击剑技巧，你需要用防御的方式证明你的剑术技巧。你不能让你的对手每一次都击中，但也不会有人期待你能把你的对手一次扎个窟窿，然后一直扎到死。重要的是你怎样回答问题，而不是你是否恰好知道正确的答案。在这个意义上，通常没有一个明确的标准答案。

另外，你没有必要立刻回答。你可以使用一些技巧给自己争取一些思考时间，诸如，用一种表现出正在思考的方式，抬起眉毛，然后略有所思地说"嗯"，或者说"这是个有趣的问题，我需要考虑一下"等。与评审人再次确认问题也没有什么错（只要你不提一些蠢的问题，比如问某个词的意思，而这个词是你学科中的核心词汇）。在你回答了问题之后，也可以和评审人确认是不是他们想要的答案。

一位同事将答辩比作拳击比赛：每次提问和回答，都会确定是学生还是评审人得分。这个比喻的含义是，除了罕见的致命一击（通常是学生自己的问题，比如学生承认作弊，或者胡说个解释——"是我导师让我这么做的"），你都会"得分"。只要你得到的分更多就会胜利。

4. 答辩之后你要做什么

答辩之后，确保你没有从地球上消失；借用一个朋友的办公室休息片刻是一个好主意，但要确保评审人知道你在哪里，这样可以避免他们到处找你。如果你没通过，平静地接受这个事实，保持礼貌。（简而言之，离开教室并且在当天剩余的时间里为自己感到遗憾，然后收集一些理性建议并且为接下来的工作做计划——失败并不是世界末日。）尽管如此，从统计数据来看，大部分人需要对论文的一些内容做些调整，然后论文才能通过。在这个阶段争论怎样修改是不明智的。相反，你应该感谢评审人对你的论文提出修改意见，礼貌地感谢评审人和你的导师然后再去庆祝。不要着急记住所有需要修改的地方；在此之前你的导师应该已经安排好了，答辩委员会将有一个清楚的修改清单，你次日就可以从他们那里拿到。如果你不需要改动就通过了，那么一定要感谢你的导师。你现在可以出去开怀畅饮，或者去做你喜欢的任何事情来庆祝答辩通过。

很多学生太沉浸于答辩过程中了。我们有一个学生就有这样的经历。评审人对她说："恭喜你，X博士。"她没听到。评审人问了3个小时的问题，然后给出"修改后通过"的决定，她也没在意。在通往系里进行庆祝的路上，她遇见了她的导师，然后问："刚才发生了什么？"她的导师安慰她说："你已经通过答辩了。"她停下又问："你确定吗？"

第六节　按照答辩委员会的意见尽快修改论文

答辩后的第一天，你或许还有点宿醉，但你必须出现在导师的门口，清楚地了解你还要做什么，何时必须做完。有一部分参加完答辩的博士生竟然忽视了这一阶段的工作。做一些修改是费时费力的，但总比不通过答辩要好得多。列出一个清楚的时间安排表，用一段完整的时间，把修改工作做好。如果你想先休息，那就取决于你自己，但是不要把修改论文这件事情遗忘，抓紧时间去完成修改并且得到导师认可。写一封说明信详细阐述你在哪一部分做了改动，是如何改动的——这会使评审人更容易检查你需要修改的每一项内容。将修改的内容写在表格里会有帮助：第一栏列出评审人要求修改的内容，一行一个；第二栏写出你修改的细节（包括页码）或解释为什么你做这样的改动。在大多数机构中，细节的改动只需要反馈给主评审人，但是如果有大的修改，就需要给答辩委员会全体成员每人一份说明信，对于每一个参与此项工作的人而言，一封说明信会让工作变得更简单。在答辩中或者答辩后，你需要弄清楚评审人需要你做的改动。哪一章，一章中的哪一节，一节中的哪一段需要改动？他们能否举例说明修改所要达到的要求？这和论文第 X 节有什么不同？你需要表现出你的判断和慎重的态度——如果他们说"整章都不是很清楚"，那么也不太可能要求评审人说明具体的问题了。你还需要查明修改提交的截止日期，不要指望所有的事情会在截止日期前五分钟做完。你需要就修改问题和你的导师取得联系，在你修改之后，给你的导师足够的时间去检查你的修改。如果你的博士生涯马上要结束了，这点尤为重要。你不能因为（a）你的打印机坏了，或者（b）你的导师在截止日期前一天又发现了一个致命的错误而错过提交修改稿的时间。

对于一些学生而言，可能会对这样的修改产生强烈的反感——就像经过一晚的宿醉，却要在清晨用冷水清洗布满油渍的盘子。知道这种情况还是有必要的，你需要知道自己是在为不想修改论文而进行替代活动（displacement activities），这样你就能及时意识到这点并做出改变。一些激励的手段和朋友的支持对你有很多帮助。

一旦你的修改稿通过了，你就可以做毕业的准备了。大多数机构都会允许你在毕业典礼上请两位客人，通常是你的一位朋友和一位家长，另一位家长在台下观看。许多即将毕业的博士生都希望有一张照得很好的穿博士学位服的照片，那么可以去租借学位服（租借一周比租借一天要明智得多），然后去一些景色优美的地方拍照（尤其是如果你在夏天毕业，而毕业典礼当天窗外瓢泼大雨的时候）。

所有的这些结束之后,你或许再也不想再看一遍你的论文,甚至恨不得把它烧成灰。别那么做,这篇论文就像一张面具:你只看见了里面的缺点,而其他人看到的是它闪闪发亮的外表。是的,这是一个夸张的比喻,但是你在这个时候值得获得一些表扬。

第七节　答辩中的一些注意事项

尽管答辩很神圣,但等你到达答辩会场的时候,你已经完成了最艰难的部分。记住一点:答辩的结果只有通过和不通过。大多数评审人都在寻找一个理由让答辩人通过。你的工作就是让他们的寻找变得容易。完美不需要,但能力必须有。

1. 注意答辩时的仪表

答辩时穿着得体是一种展现自己的方式:穿着反映了答辩人的角色和态度。因此答辩人应当在穿着方面表现出对评审人的尊重和对整个答辩过程的重视。穿着应当正式。简单的原则就是按照工作面试的情况来着装。

轻率的穿着表明对答辩的轻视。身穿破旧牛仔裤和脏衬衫的学生传递出的信息是"我不重视这次答辩"。答辩人也应当避免无礼的态度,这样会使评审人忽略你博学精妙的回答。

如何分散评审人的注意力或使他们产生反感?(生活中的例子)

- 气味:人一紧张就容易出汗,焦虑的汗水会发出难闻的气味。坐在封闭的空间内几个小时,闻着某人的汗味可不是什么愉快的体验,最糟的是还会带来头痛和坏脾气。所以一定在答辩当天早晨考虑卫生这个问题,使用有效的防臭剂。浓烈的香水味也会分散人的注意力，注意避免使用。

- 穿着不适："正式"并不意味着必须是穿商务装、戴领带，尤其是如果你从未穿过这类衣服，还会使你感到不舒服。看到学生紧张得翻卷夹克袖子，或者扒不开口袋，或者不自然地抓着领带，对学生和评审人来说都很分散精力。如果你想系领带（或者穿其他不熟悉的衣物），那么在答辩前几周就重复练习下以保证在答辩的时候习惯它们的穿着、佩戴方法。

- 穿着性感：粗壮的身躯外包裹着紧身T恤，领口外露，身着短裙，这样的穿着适合酒吧和聚会，不适合博士论文答辩。

- 忘记带纸巾：咳嗽、打喷嚏和抽噎都可能发生，也需要我们为此有所准备。对每个人来说，接连打喷嚏或咳嗽却束手无策是很痛苦的体验。你需要携带纸巾和止咳药（评审人需要保证现场有水）。纸巾可以擦拭溅到腿上的水和由于紧张脸上流出的汗。

- 穿吱吱作响的鞋子：吱吱作响的鞋子像是持续不断的玩笑。我们有个同事参加一场答辩会，一位学生一紧张或思考就在桌下来回摆脚。他的鞋发出的像鸟鸣的咯吱声和呻吟声真是太搞笑了，就像一个焦虑的计时器。评审人一直忍俊不禁。

这些是你可以提前做准备的事情。好的仪表可以给予学生信心，并向评审人传递正确的信号。

不要忘记睡个美容觉——答辩前睡好觉非常重要。

2. 导致答辩失败的原因

- 认定答辩不是什么大不了的事情。
- 对于任何有关你所做的事情的回答都是"我导师让我做的"。
- 回答时只用简单的一个词语。

- 表现出不让步的态度。
- 态度极端傲慢无礼。
- 表现出缺少兴趣。
- 无法清楚描述你自己做的工作。
- 无法给最基本的术语下定义。
- 无法对你所引用的学术论文加以评论。
- 对评审人无礼并直呼其名。

这些都是经过检验的，我们看到过学生们因为这些原因而答辩失败。

不要把时间浪费在揣测评审人的心理上。一位教授给我们讲了一个聪明学生的故事，学生看到他在备忘录中写上"失败"，就认为自己在答辩的后半部分彻底被判了死刑。教授不明白为什么这个学生先前的答辩毫无瑕疵，而后半场忽然大失水准。所以答辩后他问这个学生原因，学生说是因为看到教授写下"失败"二字，认为自己答辩没有希望通过了。而事实上教授只不过认为在该学生的回答中，某一个有趣的假设无法成立，才在笔记本上随意写下了"失败"二字。

3. 怎样打动评审人

- 来之前就精心准备。
- 认真聆听，理解问题并且直接表达。
- 进行目光交流。
- 表示出对你的工作的热情。
- 在一个更大的背景下看你的工作。
- 在回答问题时，能够直接指出问题针对的是论文中哪一段落（强调关键段落）。

- 能够直接精确地说出引用的重要文献及其作者。
- 能够清楚地说出你的贡献的本质和贡献的大小。
- 除了自己的研究之外，对于未来的工作具有前瞻性思考和建议。
- 深思熟虑——能够清楚表达自己的工作哪些是好的，哪些是需要提高的，以及怎样提高。

这些也都是经过检验的并且是好的方法。那些对自己的材料了如指掌的人，那些答辩时专注、博学、兴趣盎然，并且礼貌的人会让人印象深刻，尽管他们也会犯一些错误，或者偶尔答得支支吾吾。评审人喜欢活泼且有趣的答辩人。

4. 战胜恐慌

- 暂停：让你有时间思考。
- 深呼吸：三次透彻心脾的深呼吸，确保你呼气缓慢，通常是有帮助的。
- 喝一点水：桌子上通常都放着水。
- 快一些做笔记，特别是你有很多东西要说的时候。

如果你没有听懂某个问题或者不知道答案：

- 让评审人重复一下问题（他们有可能将问题简化）。当你第一次没有抓住问题主旨的时候，这就是最好的机会。
- 给评审人转述一下问题："我想您问我的是一个有关××的问题，答案就是……"
- 给一个选择性的解释："我不清楚您指的是 X 还是 Y，您能区分一下吗？"
- 给问题提供一个解释比说"我不知道"要好得多，但是，你只能这样做一两次。

尽量保持简单。当你听到自己把一样的话说了三次，停下来微笑一下，不妨说："对不起，我复述一下自己说的话。"我们都很紧张。在答辩中万一你无法控制自己的紧张情绪，你就应该完全放松一下僵硬的嘴唇然后说一些诸如"对不起，我感到很紧张，我需要一点时间……"之类的话。评审人通常会考虑一下，然后在正式开始之前问你一些"热身"问题。

5. 评审人提出的问题涉及哪些方面

- 让你平静下来的"热身"问题，经常以这种形式出现："你是怎么开始这个主题的研究的呢？"或者是"你能为我们归纳一下你的论文的核心观点吗？"

- 让你展现所学知识的验证性问题：通常是要求你阐述或者解释你论文中的一些内容。

- 让你展现知识深度的验证性问题：保持头脑清醒，继续就这些问题做出陈述。

- 确认评审人的理解是否有误的问题：这些问题帮助评审人检验他们自己对你的研究的理解是否有误。

- 学术问题：让你证明你对自己的领域和研究都很熟悉。

- 挽救性问题：如果你所写的一些东西出了差错，至少让你有机会表示你知道你的问题所在以及如何弥补。

- 递进式问题：可以帮助评审人了解你对自己领域的知识掌握的水平。

- "这很好"问题：就是给评审人一个机会讨论你的有趣思想。

- 补救的"吸取教训"问题：给你一个机会承认你文中一些可怕的

错误，以便评审人能在不用担心你会再犯错误的情况下"给你放行"。
- "这是一个优秀的学生——哪方面优秀"问题：制造一个小"争论"，让你展示自己学过的东西。
- "给我一个理由让你通过"问题：通常情况下，如果评审人不停地就同一话题发问，那是因为他们对此感兴趣，如果是这样，你就该积极合作，而不是试图改变话题。

所有这些都是对你非常有利的问题。如果你让评审人生气或者让他们怀疑你的文章某处出了错，那样的话，你就会被问一些尖锐难答的问题。下一部分我们将列出一些经典的"杀手"问题，并且提出有效回答这些问题的建议。

6. 如何应对评审人提出的"杀手"问题

在这一部分，Q=问题，A=建议的回答，C=我们对问题的评价以及建议。

Q：你的论文和吉姆·布洛格斯（Jim Bloggs）最近写的文章有什么关系呢？（你从未听说过布洛格斯，怎么办？）

A：我对这篇文章不熟悉，他使用的是 X 方法还是 Y 方法呢？

C：说一些你知道的相关的东西，然后，当评审人说出一个大概的时候，你说："啊，他和某某的作品很像吗？"

Q：这不是显而易见的吗？

A：可能这样写有些"后见之明"，但是关于这个话题的文献确实少得惊人，也应适当地提出问题。

C：很多论文会写入一些人们以为早就知道但是一直没有被正式探

讨和公认的内容。一项研究的研究结果被描述成是"显而易见的"可能是不错的评价，说明这个研究做出了一定贡献。我的一位学生，玛利亚的校外评审人对她研究结果的这点表示怀疑，幸运的是，她的校内评审人回答说，是因为他阅读了玛利亚的论文，才觉得这个研究结果是显而易见的。如果没人帮你回答，你需要自己尝试谦逊地回答这类问题。

Q：这和布朗的研究不一样吗？

A：这和布朗的研究不同，因为……

C：每个人都会担心有别人同时和他们做同样的研究，而且就在他们的研究完成前发表。忘掉这件事情，一个完全不同的方法、技术、样本等，会让你的工作与众不同并体现出你的贡献。如果你已经知道布朗的研究，那么你应该分辨他的研究和你的研究有多大不同；如果你不知道布朗做了些什么，就问清楚布朗的研究是什么样，再做对比。

Q：你在第四章和第六章以两种不同的方式使用了 X 术语，是什么意思呢？

A：在第四章，我使用了史密斯的定义，针对论文的那一部分，那是最合适的；在第六章，我使用了布朗的定义……

C：回答这个问题，做出简明的澄清。记录下来你是如何回答的，因为你可能会被要求在修改时对使用 X 术语的不同方式进行明确区分。

Q：为什么你不……

A：因为……

C：这就是你需要重读你的论文并且进行一次模拟答辩的原因了。再读一次论文会让你回想起你做某件事情的方式（并且，告诉你为什你没有使用其他方式）。如果"为什么你不……"后面提出的建议是你的领域内很少有人知道的，那么你可以沿着这样的线索回答："那真有趣，听起来应该被这个领域内更多的人知道。"然后你就能把这个问题转向方法方面的讨论，然后就有机会让你谈论你知道的事情。

7. 一些表达论文不足的方式

有时候，你不得不承认你错了。偶尔，带着幽默感地承认是有效的。比如，一个学生被问到她是否会再使用相同的（无用的）调查方法，她打趣地回答："天哪，不要。"

遵循以下三点更安全：

（1）详细说明在设计阶段这一研究方法是一个合理的选择。

（2）尽可能简单地解释你知道为什么研究会遭到失败，不要带着歉意。

（3）想出一些可选项，以提高你下次成功的概率。

没人期待博士研究进展一帆风顺，没有错误或者没有障碍。实际上，任何研究都不可能是这个样子——研究充满了随机的风险和惊喜。评审人期待的就是学生对自己的错误和障碍做出充满智慧的反应，并且从中学到东西。

第八节 答辩中一般会问到哪些问题

由于众所周知的原因，我们没有对这些答案提出建议。你会发现在模拟答辩时让一个朋友问你这些问题是可靠且有用的，然后看看你是否能回答出来。这个朋友无须懂得你的答案。如果你能信心十足地迅速做出简明扼要的反应，那就没问题了。如果你不能，那么用一些时间来思考合适的答案。

- 你是怎么想到用这种方法来进行此项研究的？
- 你研究的主要成果是什么？
- 对你来说，最重要的研究成果是什么？为什么？
- 你的研究对这个领域做出了什么贡献？
- 这个领域内的主要理论组成部分是什么？核心思想是什么？谁是主要的贡献者？
- 这个领域内主要问题（争论问题或者有争议的问题）是什么？
- 在现存的理论和争论中，你的论文处在什么位置？主要的研究者对你的观点会做出什么样的反应？
- 你认为谁会对这篇论文感兴趣？
- 已经发表的哪项研究与你的研究最接近？你的研究的不同之处在哪里？
- 为什么你选择这个研究方法？
- 你考虑过其他研究方法吗？
- 你做出了哪些关键的研究决定？
- 如果你再次做这项研究，你会怎么做？
- 你认为这项研究下一步该怎么做？
- 你的研究结果中最有趣的发现是什么？
- 所有这些不都是显而易见的吗？
- 你对你的研究结果吃惊吗？（如果是，为什么是这样，是什么让你惊讶？）
- 你对刚进入这个领域的学生有什么建议？
- 你有什么出版或发表计划吗？
- 哪些是我没有问而应该问的问题，你会如何回答？

第十六章　如何养成良好习惯

我们已经说明，有很多种方式可以爬上山峰。如果你不注意，也有很多方式让你掉下去。用我们喜欢的比喻说就是，最终你能否制作成精美的橱柜在很大程度上取决于你如何管理自己和自己的行为。换个比方说，设想下健康护理而不是疾病控制：预防总比治疗要好。如果你诚实地对待自己，预防总是更容易的方法。本章讲述的内容就是关于自我管理，学习识别和防范你的"行为敌人"，以及学习职业礼仪。

我们先讲一个基本的概念：名声。然后我们再来说明三种行为：有害的习惯（或者说自我摧毁式习惯）、替代活动（或者说做一些可以获得"精神空间"的有意义的活动）、良好的习惯，以及它们和职业礼仪之间的关系。

第一节　建立良好的名声

关于名声，你被外界看作是怎样的研究者和同事？大多数人可能都希望成为被广泛接受的、公平的、诚实的、杰出的、和善的、支持他人的人，学术圈里的确有这样高评价的人。不幸的是，也存在不合群的、阴险的、腐败的或自私的人。

你的名声是由你的成就、行为和与他人的合作决定的。优秀的研究成果、高效的合作、杰出和成功的博士管理经历和不错的奖学金获得经历有助于建立你的声誉。我们通常称这些为"学术标准"。通过积极参与研究团体内的会议统筹委员会，成为期刊编委会成员、政策顾问、校外评审人，帮助审稿、有效拓展社交、分享信息和指导他人，从而为研究团体做出贡献，也有助于你建立好的名声。研究团体内的好名声有助于你的事业发展。

研究团体内不良的名声会毁了你的职业生涯。建立良好的声誉需要花费一些时间，但是一两个无意的举动就能毁掉它。有一个极端的例子就是学术造假。研究生涯的基础是一些基本的东西（数据、方法等）。当你进行某项研究时，你会从该领域已知的知识开始。如果发现由于某人故意造假，你从一开始就是错误的，那么你之前花费的时间就白费了。在一些领域，比如药物研究领域，研究发现的迟误会造成病人死亡。

这种案例是很极端的。很多例子包含一些灰色领域。也有部分是个人性格造成的，比如有的人就是无缘无故好争斗或者对同事很无礼。尽管这些坏习惯某些程度上可以被高质量的研究成果所忽略，但是没有人愿意和这些令人不快和不值得信任的人共事。这类人的职业生涯就会遭受所谓的被动伤害。这种伤害带来的结果就是不会有好事情主动发生在他们身上，特别是涉及他人邀请的事情——比如，被邀请加入编辑团队，被邀请在会议上发表主题演讲或者被邀请参与研究方案的起草。有趣的是，这些人可能不会意识到这种伤害。

你会发现管理个人行为与建立良好的名声息息相关，这个问题将贯穿于本章内容之中。

第二节 改掉有害的习惯

博士学习是混乱的、因人而异的。相比本科生和硕士生，博士生需要产出更多的个人想法。很多学生错误地认为不是他们的想法被评判，而是他们的智力水平和价值被评判。博士学习也是私人的、紧张的，需要和导师长期相处，很多时候没有较多选择和计划。人们总想清楚地知道博士是什么，博士学习包含什么内容，但是博士的规则和要求并不十分清晰（因此需要像本书这样的图书）。这就导致那些能力强的学生可能会承担压力，产生情绪化和非理智的行为，对事物主观臆断。很多学生养成了有害的习惯，这些习惯成为他们最糟糕的敌人。

1. 避免习得性无助

如果你在动物试图逃走的时候给它们电击，这种情况下它们通常无法逃脱，并最终放弃逃跑，即使后来环境改变使得逃跑变得可能，它们也不会再尝试逃脱。（比如米尔格伦的从众实验，这个实验在今天不会通过伦理审查，但是这样的研究很有意义，因为通过研究，我们可以洞察到一些在我们看来一般不可能发生的行为的存在。）

博士研究生尤其会有这种无助感。一般情况下，在一段时间内，他们感觉到学业没有进展，就会感到没有必要继续下去了。如果你也曾经历过完全如上面所述的情形，也曾经想过就这样放弃研究，那么你要鼓起勇气（"吃些巧克力"可以帮你重新鼓足勇气），找一本关于自助的书来读，比如《感受恐惧与战胜恐惧》（*Feel the Fear and Do It Anyway*）。仔细阅读你找来的书，给自己设立一些可以实现的目标，但是这些目标至少和研究课题有些关系。找一个能够给你提供明智建议的人聊一聊，并从他那里获取一些建议和支持。同样，除了常规的研究工作，还要与此领域以外的人或事保持一定的联系，从而获得一种洞察力。一旦你完成了这些事情，你就能走出意志消沉的状态，并且为自己规划出明智的道路，迈步向前。

设计周全的研究有很多优点，其中之一便是在每个研究阶段，你都准确地知道自己在做什么工作，而且为了迎接即将到来的每种可能性，你都能做到未雨绸缪，知道如何应对。这样做的缺点便是你可能提前知道自己将要花很长的时间去啃资料，但是这样也有好处，既然已经知道要做什么，你就应该清楚地知道如何去啃资料以及如何处理最后得到的结果。如果不能提前知道这一点，那么你就需要重新考虑你的研究设计了。

2. 要懂得适时运用表现性行为

表现性行为经常伴随着习得性无助出现。工具性行为指能够帮助我们实现目标的行为。表现性行为指那些旨在向他人表现你是什么样的人的行为。一个学生坐在图书馆里辛苦研读 6 篇其研究领域中的核心文献，其行为被称为工具性行为。坐在旁边桌子的学生，正在读一篇不相关的论文，反反复复看着同一页，看起来像濒临精神崩溃的样子，此学生的行为就是我们所说的表现性行为。他用行为想表达：看看我吧！我多么用功啊！请可怜一下我吧！如果某个学生的论文中包含了校外评审人喜欢的所有特征，那么这个学生也使用了表现性行为，但是这样的行为却很有裨益。评审人一般给你的论文打分，却不关心你是怎样的人；有人在两天内成功写出一篇很优秀的文章，有人也许花了几个月的时间结果只是一篇普普通通的文章，在这种情况下，前者会比后者更受欢迎，分数也会更高。所以要懂得适时运用表现性行为。

有的时候你可以利用表现性行为帮助自己逃离负面评价的怪圈。比如，如果你有一个无法摆脱的烦人的、琐碎的想法（并且你无法现在处理），你可以在程序上把它交给其他人（比如你的领导），然后约定一个日期再思考这个想法。或者，形式上，你把它写下来放进一个盒子里，封上盒子，然后在封条上写："不要打开，直到……"这与对待无用的自我评价一样：标志性的、表现性的行为就是将这些评价写在一张纸上，然后烧毁、埋藏，或者把它绑在气球上，让它飘走，这可以帮助你向前看。

3. 找出花了很多时间却毫无进展的原因

下面是几个花了很多时间却毫无进展的原因（没有特定顺序）。

- 原因1：你花了很多时间却一无所获的原因是你根本不知道自己在做什么，如何做。如果你是这种情况，画一个图表，图表中一个箭头穿透一个"盒子"。箭头就是你研究的问题，盒子是收集的数据和分析。现在，再画出几个穿透盒子的箭头，每个箭头代表数据收集和分析带来的可能结果。比如，结果可能是"A 大于B""A 小于B"和"A 等于B"。你应该列出所有的可能结果，并解释每个结果的含义。你也应该准确地知道数据的形式和如何分析数据，以及使用什么样的表格来展示你的结果。（然而，你不应该对每个答案都过分疑虑，这样会导致研究工作太细碎。）如果你没能通过这个测试，那么你很可能一无所获。在这种情况下，重新设计研究方案是一个很好的办法：不是说你一定要使用量化方法或者做你不擅长的事情，也不是说让你放弃你研究的领域。只是说，你不得不修改你的研究问题，降低出现问题的可能性，而不是猜测某一个特定的答案。拿你几年的研究时光打赌不是一个明智的主意，只推进符合你最初观点的研究是非常不靠谱的做法——如果数据和你最初的观点不符怎么办？伪造数据还是面对事实，改变自己的观点？

- 原因2：你花了很多时间却没有收获，仅仅是因为你正处于博士学习或者硕士学习的过程中。如果你通过了图表测试，且已经花费了超过三分之一的规划时间，那么可能就是这个原因了。"第二年忧郁"是博士学习很正常的阶段，习惯就好。
- 原因3：你把"替代活动"和"生产活动"弄混了。比如，你做的工作与完成博士学习无关，并不会有助于你完成相关学习，甚至对推动完成学习的因素也没有影响。有个例子就是上面提及的"表现性行为"。对于任何非生产性的活动来说，首先应该做的就是停止，停止这项活动，停止加强负面情绪。然后选择一项建设性活动，比如找他人帮助你设定一个步骤清晰、考核明确的行动方案。

4. 不要让自己孤立

被孤立和感到孤立是很多（如果不是大多数也不是所有的话）学生面临的问题，特别是非全日制学生。有的时候，交流过程中确实存在问题需要解决（比如，有些人在办公时间外进行沟通，彼此的空间距离远，你研究课题方面的专家在当地不多）。"如何建立人际关系网络"这章会对你有所帮助。我们会不必要地远离一些事物。有的时候，我们对生产活动有错误的预期（参见上述原因3），虽然我们真正需要的是与能够帮助我们拓宽思路的人进行交流，但我们却想成为象牙塔内的孤独学者。有的时候我们对他人的能力和兴趣也有错误的预期。听到学生说"我本不想打断你，因为我知道你很忙"，但实际上我们进行了一个小时的交谈，这很令人沮丧。有的时候我们对自己也有错误的认知，比如"独自工作对我来说效果更好"。事实是，虽然学生需要时间自己安静地工作，但是那些在固定时间交谈（每周，如果不是每天），积极参与社群活动的人，更容易成功——因为他们获得了更多的学习机会、更多的视角和更多的评判。

5. 纠正其他不良习惯

还有很多影响研究者的不良习惯，比如对导师有所隐瞒，时间管理糟糕，做工作没有计划性，拖延，不熟悉研究工具。你需要学习识别和改正不良习惯。大多数不良习惯都是对自己的欺骗和糊弄。你需要认清自己，纠正那些给你带来危害的习惯。这并不意味着你要把习惯全部改掉。很多习惯，比如追求与职业不相关的兴趣爱好，是个人的选择，你可以自己决定是否要保留这个兴趣爱好。其他的习惯，比如拒绝承认自己的错误，是对你不利的。没有改变，你将无法进步，没有痛苦，就无法改变。学习将痛苦看作朋友，你的人生就会有提升。

那些长久以来经历痛苦的人，如果了解到研究中有很多办法可以使自己不必承受不得不承认错误所带来的痛苦，就会消除很多疑虑。一个好的办法是，重新叙述研究问题，使得无论研究结果如何，都不是你的过错：无论发生什么，你首先可以证明自己能够识别正确的研究问题。

第三节　合理规划时间，采取有用的替代活动

你应该接受，所有事情都需要花费时间。时间分为两类：一种是"实耗时间"（elapsed time）；另一种是"任务时间"（task time）。很多事情在执行阶段花费的时间（任务时间）很少，但是前期等待任务开始的时间（实耗时间）却很长。比如，你和他人通过电子邮件组织活动。

键盘打字交换信息的时间一共五分钟，但是整个安排花费了几天的时间，因为你需要等待他人的回应。所以，放慢速度，不要着急，再慢一些。这样，你就不会焦虑得浪费自己的体力，而是花时间去做一些更有意义的事情。

合理规划与所谓徒劳的替代活动和错误的表现性行为（比如，说"我很忙"却没有做有用的事）是完全不同的。你往往被生活的烦扰所压，很难做出合理规划，那么你最该做的就是留给自己一些时间，考虑如何节省更多的时间让自己振作起来。该怎么做到这一点呢？讽刺的是，好的开始来自替代活动——那种有用的活动，它们能够帮助你放松和重新振作。

我们中的一员曾得到导师的建议：如果你在进行替代活动，你应该确认这项活动对你有用。有用的替代活动对优秀的研究非常必要，却很少能看到实际结果（至少是与博士学习直接相关的结果）。它们是隐性的支持活动，可以帮助你思考。例如整理和清洁、准备充足的文具、做大略的背景阅读（与专业阅读不同）。你必须做这些事情。整齐是很重要的，文具用品也很重要，背景阅读可以帮你拓宽思路。

1. 泡澡

与其每周沮丧地窝在电视机前，还不如去享受一次热水澡。脸上盖着湿毛巾，泡在浴缸里，可以帮你冷静下来，也可以让你对现有情况有一个清晰的认识，找到处理事情的更好方法。长时间泡澡可以帮助我们清空杂念，放松身体。

2. 散步

散步具有惊人的使人恢复元气的力量。不要受困于一个不良习惯或者一种沮丧情绪，来散步吧。这项运动对你有好处：加快血液流动，锻炼长时间待在椅子上的肢体。变换的风景也对你有帮助：让你休息一下眼睛，呼吸新鲜空气，换一个环境进行思考。通常半个小时的散步能够给你提供一个新的视角、一些想法，并给你重新振作的感觉——这些足够让你回到工作的正轨。

3. 整理和归档

大多数人不懂得如何整理和归档。如果你能很好地进行整理和归档，那这项活动能成为一种慰藉，给你一种控制感。它也可以帮助你重新熟悉自己的活动，有的时候能帮助你想起来已经被遗忘的论文，唤起一些灵感。同时会给你的生活带来不同——如果你能有效地完成整理和归档，那么做事情也会更加有效率。

这个方法不仅对日常生活有用，对博士学习也很有用。我们大多数人的学习材料都是乱糟糟的。看看你的物品，处理掉那些没有用、你不喜欢和丑陋的东西，留出一些储存空间和一些"置换空间"。"置换空间"是你重新整理事物的临时空间，它非常有用。比如，如果你在整理书架，你至少需要一个置换空间来置放架子上的书，这样你就可以将这个架子清空，擦干净，然后决定书放在哪里。几乎没有人有足够的置换空间或储存空间，不要想着一次性完成这些事情，每周或每个月的一个夜晚用来做一点。

4. 读一本和你博士学习主题不同的书

这会帮助你打破博士学习焦虑的怪圈，帮助你从不同的视角看待事情，并很可能某天帮助你改变人生。

有很多关于计划、时间管理和自我发展的优秀图书。它们会告诉你很多管理自我的方法和一些提升人格的途径。你会发现自己总是有好的开端，然后渐渐回到原来的坏习惯。你可以做的一件事就是从可掌控的角度开始，不要一次做得太多。还有一种方式是尝试多种方法，然后找到适合自己的。比如对于某些工作，传统的时间管理方法并不适用，因为这个工作包含太多未预料到的事情（比如，处理他人造成的严重问题）。在这种情况下，你需要分清先后顺序，这其中涉及很多不同技能。另外一种经常发生的情况是你发现合理安排时间（比如，将每一天分成几个时间部分）并不符合你个人性格，其他方法更适合你（比如，以天为单位对一周的时间进行规划，定义为行政日、研究日等）。

我们这里建议广泛阅读各类图书，因为很多优秀的思想和成果都适用于其他领域。（我们其中的一人曾经指导过一篇本科毕业论文，该论文用一位19世纪的研究者研究的关于形式主义的内容来描述俄罗斯民间故事的结构，并将结果运用到电脑游戏的情节研究中，非常优秀，也很有趣，对电脑游戏业有很多启发。）问题是，你不可能提前知道这些东西什么时候有用，对哪方面有用；俄罗斯民间故事就是作者从20年前的资料中读到的。好消息是当你在另外的领域遇到了能够帮助你产出杰出工作成果的内容，你不用花费太大的努力就能实现这种跨领域的成果应用。

替代活动可能对你有用或无益，不是行为本身会有多大作用，而是是否有用或有益取决于你如何使用、使用多久。如果你想凭借替代活动来表现你卡住了或者很疑惑，那么就不是很好的方法。如果你是用替代活动为自己争取一些规划和放松的时间，那么就很有用。你可以思考一下你想花多长的时间、多久进行一次这样的活动。如果只是暂时性的，那么进行替代活动是可行的。如果你每天都依靠这类活动，成为一种习惯，那么你就要重新考虑了，因为你大概在拿自己的生活开玩笑。

第四节　养成良好的习惯

如果你能充分理解你的博士学习不仅仅是关于你自身的一项活动，而是一个反映众多社会关系，涉及导师、院系和机构的社会活动，那么你就很容易形成良好的习惯。你和导师有复杂的、不断变化的关系。尽管你在学习过程中会显著地成长和改变（和儿童成长的速度差不多），你的导师则会有更微妙的改变（和父母变化的速度差不多），然而他们不会像你一样关注自己的变化。

博士学习要处理好独立和依靠指引的平衡。一方面，你需要产出自己的原创作品。另一方面，你需要导师的指引，向他学习。忽视哪一方面都会出现问题（无论是忽视导师的作用，一切都亲力亲为，还是过多依赖你的导师而缺乏主动性和独立思考）。平衡的复杂性也涉及其他问题，比如知识产权：学生享有自己的工作成果，但是这些成果不可能严格地独立完成，所以他们的工作成果通常并不完全归属他们自己。另外，学生经常与他人合作项目。理解独立性的形式对遵守职业礼仪，也就是保持专业研究者的合适举止，非常重要。实际上，遵守职业礼仪就是管理和保护你的专业声望的一种方式。

1. 经常与他人保持沟通

你可以和他人说说你的研究。聊聊在研究中你使用什么方式来表达你的想法（从而帮助你思考），说说你的顾虑和问题（从而帮助你系统地评估）并使你的思考得到监督（进而使你感到做的研究有意义或者在早期警示你存在一些错误、缺陷或认识不足）。谈论研究期望的结果和假设能够帮助你融入研究团体——可能也给他人一个分享建议和经验教训的机会。

不要只是说，也要听取别人的研究情况，这有助于你培养关键技能，帮助你识别相关技巧。其他学生可能已经解决了你正在面临或将要面临的问题。带着小小的怀疑去倾听；记住大多数学生都会感到无助，这会使他们夸大自己的成就，弱化他们的焦虑情绪和遇到的困难。

2. 从错误中学习

你需要认识到你可以在博士学习期间犯错误。如果你没有犯错误，可能是你一直待在舒适区里，并不努力。这里要说的是不要完全避免犯错误，而是要从犯过的错误中学习。失误所面临的部分现实问题是如何对待批评。我们记得，有一名学生无论什么时候她的想法遭到质疑，她就会反问："你为什么那么恨我？"学术批评的第一个原则就是：不要把问题个人化。第二个原则是：尊重他人的参与。如果你的导师或是同事批评了你的工作，那么说明他们充分参与讨论并且有了意见。感谢他们的参与并从批评中学到东西。第三个原则是：并不是所有的批评都需要回复。如果你可以从中学到东西，那么就好好利用这个批评。如果批评是恶意的或者莫须有的（你确认自己评判的角度没有问题），那么你应当考虑是否是你表达观点的方式有问题。如果你考虑周全后觉得这个批评不合适，那么就忽视它。第四个原则是：明确你希望获得的批评（通常这类批评是清晰、有足够信息量、理由充分、结构层次分明的）。

3. 表达意见时要有技巧

没有人喜欢被批评、嘲笑或是羞辱（不管理由是否正当）。然而，学术界要求我们学会批判、挑战和反对，并且准确地去做。其中的奥秘就是要使用技巧，使用温和的话语，这样传递的观点和表达的意见不会使他人感到被侵犯。通常情况下，这与避免直接发话或者刺耳地陈述一样容易。提出问题，而不是发表一个声明；要求澄清，而不是发出挑战。这会帮助你发现你之前忽略的假设和错误理解，也给予对方一些"回应的空间"。行为顾问通常推崇"自我陈述"的方式：去描述冲突对你的影响，而不是指责他人。"我对你以陌生的方式使用熟悉的语言感到困惑，如果你定义一下表达特殊含义的熟悉词汇，会对我很有帮助。"或者"你刚才把我的名字叫错了，我没有听到；请再称呼我一下。"每个人都会犯错误，温和地指出不会让人尴尬。

4. 肯定他人的贡献

肯定他人的贡献不会使你失败，通常会让你有所收获。

- 理解研究的范围和其他研究已经取得的成就：谦逊会给你带来收获。
- 在你发表文章的时候，谨慎地向他人致谢。
- 准确使用他人的材料（观点、直接引用等），恰当地表达谢意。

肯定他人的贡献对于建立自己的声望和表达对他人贡献的尊重非常重要。

5. 关注大局，不要陷入细节

人们非常容易陷入细节，或者完全沉浸在当下的任务中。不幸的是，时间是有限的，你需要有效地（也就是有策略地）利用时间。这意味着你需要一个策略，关注与研究规划中的问题和想要获得的结果相关的"大局"，这些东西才是博士研究中有意义的事情。这意味着你需要能够"以木见林"，还要知道你在哪片树林，为什么。

一旦你掌握了"大局"，你需要把它牢记在心，或至少定期反思一下。根据对"大局"的贡献程度来监测你的研究情况。什么是关键的，什么不是？分清主次顺序。你要诚实地看待自己的能力，这也会帮助你避免过度投入。

6. 要注意职业礼仪

职业礼仪的基本原则和与导师相处的基本原则相似：诚实，善于表达，提供有用信息，尊重他人和认真负责。这些都是你应该履行的、与你的研究直接或间接相关的义务，体现在基本的日常的行为中：履行你做出的承诺（可靠），准时传递信息（守时），在学术交流中不要情绪化（客观）。你不是一座孤岛：你是社会体系的一部分，并为自己的决定和行为负责。

一个经常被（尤其是被学术界）遗忘的、形成有效工作关系的关键技能是倾听，另一个是宽容。

7. 遇到棘手问题怎么办

下面是生活中一些"棘手问题"的例子，设想下你的反应。

你在拜访一家公司的时候，希望从这家公司获得研究用的数据。公司要求你签署一个保密协议。你应该如何做？

你了解保密协议对你的研究意味着什么吗？你有权力签署这样的协议吗？或者你是否应该先咨询下你的导师或者学校相关部门的意见呢？

第十六章 如何养成良好习惯

下周一是会议论文投稿的截止日期。你在本周五对论文有一个不错的想法，并用周末的时间完成了初稿。但是你无法在下周一前找到导师。你应该如何做？

最糟糕的情况是什么？也许是你递交了论文，这篇不成熟的论文被接收和发表，这种结果惹怒了你的导师，并让他对你形成了草草完成工作的印象……

一位学生向你抱怨他的导师，指责导师的不当行为。这个学生平日有点夸夸其谈，你不确定他的说法有多少夸张成分。另一方面，他说的事情非常引人入胜，让人相信。你应该如何做？

你不知道的是什么？对你、对这位学生、对他的导师、对其他学生和院系来说，采取行动或视而不见有什么成本？有什么回答是既负责又谨慎的？

你在研究过程中一直遵循导师的指导，开展他要求你进行的研究。你申请将研究成果发表，但是导师不同意。你应该如何做？

你不知道的是什么？你导师拒绝的理由是什么？你是觉得导师是一个白痴，或者在出洋相前询问他的意见？

你为一个项目做了一些工作，算是合作。你想要进一步参与这项工作，将拓展的想法写进一篇新的论文里。你应该如何做？

合作是否有边界？如果是你的合作者有这样的计划，你希望他们如何做？

这些问题没有绝对唯一的答案。很多事情取决于没有直接表现出来的因素，你要经常考虑有什么没有表现出来或者对境况有影响但并不明显的因素有助于解决问题。

8. 职业礼仪的一般原则

有三个原则能保护你的职业声誉：

- 黄金原则：你希望别人怎样对待你，你就怎样对待别人。事实上，你可以认为这个原则有双重标准：用最高的标准衡量自己的行为，容忍他人的缺点。

- 预防总比治疗好：对研究沟通过程有恰当和清晰的期望，通常能够避免日后的误解。

- 付出就有收获：一旦你开始博士学习，你就进入了一个社会网络；在你的领域里遇见的研究者很可能认识你的导师，他们也可能互相认识。在这种相互作用中，谈话和其他行为并不是孤立的——你在外面说的话有可能影响你的内部圈子。举止良好有巨大的好处，能够帮你建立好的名声，也有助于你在研究团体内与他人沟通。付出就有收获：良好的行为能给你带来积极的回应，比如他人愿意与你共享信息、提供有用的邀请以及开展愉快的合作。

第十七章　答辩后还有哪些事情要做

就这样，你通过了答辩，论文最后修改得让所有人都感到满意，等待着毕业的日子，不需再用论文去充塞你的生活。在这个时候，很多学生感到烦恼，因为他们对未来需要做的事情还没有进行太多的思考。本章就是讨论与之相关的话题。

一个问题是学术界中的职业类型。我们讨论这个问题是为了让你能了解走不同职业路线的人的生活方式，并且思考这些道路中的哪一条适合你。这将会帮助你决定申请哪个工作（尽管实际上你可能会选择成为研究助理或者讲师——我们讲了"大局"观念，因为它对所有的事情都有用）。一旦你知道你要申请哪种工作，你需要知道怎样应对面试——在面试前和面试中需要做什么。我们提供了一些好的策略，且提出了各种各样的小建议。我们以申请讲师职位为例来提供建议。如果你可以应付这些事情，那么只要对我们提供的建议做出一点点变化，你就能应付其他职业类型的面试了。

第一节　成功学术生涯的驱动因素

要合理规划学术生涯，你需要懂得成功研究者努力工作的驱动力是什么。根据印第安纳·琼斯（Indiana Jones）[①]的说法，答案就是"财富与荣誉"。尽管如此，那是虚构的，现实情况更复杂，成功的研究者有两个或者三个驱动因素：身份地位、权力和满足好奇心。

你应该注意到了，金钱不在其中。如果你的驱动因素中有金钱，你可能应该选择从事商业、工业领域的工作或者其他更有利润的职业。

1. 满足自己的好奇心

满足好奇心是研究中的一个重要主题——你通过探索就可以获得收获。如果你是精明的，那么你能通过这种方法获得资助并用这些钱去风景名胜地旅行，去阳光海滩研究"假期制造者"的行为。聪明的地理学家知道只能在很罕见的地方找到某种熔岩，比如夏威夷。研究者总是在一些想不到的地方有意外发现——比如，在北极圈酷寒的荒野挖洞，坐在飞机场的指挥塔台观看当地警察管控空中交通，这只是举几个我们同事已经做过的例子。然而，如果你只是满足你自己的好奇心而不愿做更多的事情，没有人愿意为你长期付费；你也必须让世界知道，你已经发现了什么，这就会引出其他两个目标（特别是你的发现意义深刻且有用）。

2. 获得在学术团体中的身份地位

学术界中的身份地位与其他领域很不同。真正与研究者相关的身份地位就是在研究团体中的身份地位。研究调查的领域有冰川地貌学、朊蛋白结构、未成年人犯罪行为等。在每个研究领域，都有组织得很好的学术会议、学术期刊等，还有一大群在其领域内工作的研究者。这些研

[①] 系列电影《夺宝奇兵》中的主要人物。——译者注

第十七章 答辩后还有哪些事情要做

究者形成了这个领域的研究共同体。他们通常会阅读同样的期刊，参加同样的学术会议，等等。在每个研究共同体中，都有一个很清晰的等级排序，从没人听说过的初学者到著名的研究者，再到鼎鼎大名、备受圈内人尊重的权威人物。

在研究团体中的地位并不来自你的研究机构的威望，或者你头衔的分量（尽管这会有点用）。最重要的因素是你的研究工作的质量。如果你做的是枯燥乏味、非常平庸的工作，就不会制造出什么奇迹，研究团体不会因为你是计算机科学、数学教授就会留下深刻印象，也不会简单地认为你不值得那个头衔。如果你的研究工作做出了有趣发现，为你的同行开启了新的研究方向，那么你就会被认真对待，即便你只是芬兰某学院的助教。有些学者确实是故意选择在没有名气的小地方工作，因为一位著名的成功学者在这样的地方工作能够更加专心研究，而不被教学系统中的其他事情打扰。有很多渠道可得知一位研究者的身份地位，主要通过口口相传和社交网络。在研究团体中的身份地位会以不同的方式在正式场合得到承认，例如，被邀请在学术会议上做关键演讲，成为期刊编委等。

不幸的是，一个人在研究团体内的地位以及他们在其所在机构的身份通常会被混淆。作为一种普遍情况，在新的大学中，这种问题更多，行政系统不懂得处理研究地位的问题，把研究地位直接与在组织的官方等级体系中的职位挂钩。在这样的状态下，研究团体中地位不高的教授被当作十分重要的人物对待，而在研究团体中有国际声望的讲师则被看成是无足轻重的人。这种感觉对个人来说很奇特也极度令人厌烦——前一天在国际活动中被尊敬对待，转天就被低级别的管理人员教训。由于这个原因，大多数研究者早晚都会开始对权力这个概念感兴趣。

3. 用好学术权力

权力是极端有用的。对大多数研究者而言，权力最初吸引人的地方就在于可以拒绝做让人分心的烦事（比如为一个所知甚少或者不感兴趣的话题做文书和教学工作）。如果让研究者自己安排，大多数研究者会利用他们自己能掌控的时间尽可能长期地、快乐地开展研究工作。拥有的权力能允许研究者们有更多的时间做他们真正喜欢做的事情，这是一个诱人的方面。

权力来自何处？在研究者本身所在的机构中，权力不是来自研究团体中的地位：权力来自影响主办机构决定事务的能力。这或许会来自官方角色——例如，如果你是一个大型基金会的评审小组成员，那么你所在机构的一部分人就不可能会想和你进行太多的对抗。然而，你的机构中还有其他人，例如，仅仅和教学相关的一部分人，以及那些对研究赞助基金根本没有兴趣的一部分人。因此，出于这样和那样的原因，更强有力的权力资源就是金钱。如果你给自己的研究机构带回大量的金钱，那么你就会被看作是有价值的资产。你带回的钱越多，你就会越有价值，就有更多的机会得到更好的对待。对一个机构来说，账户里的现金比资助机构许诺的未来的钱更有用处。如果你因为管理机构中的某人对你很糟糕，想离开去能被更友好对待的地方，从而影响流入研究机构的现金流，那么机构管理层会因为这个问题帮你说话，你的困扰也就解决了。

迄今为止，一切都运转良好。不过，假如你给机构带来了大量的钱，但是和机构中带来更多钱的人起了冲突，你该如何解决呢？答案是，你可能会输。在一个更高的层面上，如果你认识到你的工作能够让这个世界变得更好，但是在一天之内没有足够的时间做完所有你需要做的事情，这又该怎么办呢？

这两个问题的答案就是拥有"更大的权力"。你有几个研究助理，也许有一个小的研究中心，或者只有一两个同事，你就会开始考虑，拥有一个"帝国"应该不是一件坏事情。你开始意识到，有一个气派的头衔、大的办公室、大量的下属可以让你在机构内更有效地对付琐碎的行政事务，有时间从事更重要的事情，如研究工作。你开始明白你已经到达你的生涯的新阶段，为此，你需要更新技术和价值观。

第二节 选择学术界还是其他职业

本章一直聚焦在学术界，很大程度上只是为了将事情简单化。但是外面的世界更为广阔。很多有趣的研究是在学术界之外完成的，在学术界之外，时间、资源、资金和优先次序是由市场或者周围的社会政治环境，而不是地位和声望决定的。有一个与自主权相关的重要问题是：自己设定研究进程、自己选择研究项目、自己提出研究问题有多重要？第二个问题与产出相关：对你来说，出版或发表作品、享有研究成果所带来的声誉、看到自己的想法得到实践有多重要？另外一个问题与资源相关：谁掌控着你完成工作需要的关键资源（例如在天体物理学领域中，拥有大型研究设备很重要），以及你的研究需要多少经费？此外，与社群相关：哪类人会激励你，他们在哪里工作？

有的时候这并不是一个严格的选择：人们可以每个地方都插一脚，或者在企业工作并与学术界保持良好的合作，或者相反。这取决于学科和组织的特点。当然，通常经验丰富的研究者更能有趣地变通他们的工作方式。有的公司和公共组织鼓励员工发挥主动性，发表作品以及与其他领域合作。有的公司觉得这种行为会分散员工的工作精力。还有的公司保持中立态度，只要它不影响"真正的工作"或者组织的利益就能够容忍。有的公司提倡员工发挥主动性，进行创新和做出发现——但是要求严格保密，这样公司就能拥有知识产权。你需要找到适合自己需求的工作环境。

考虑自己的学科和文化氛围，离开学术界一阵子对日后再回归学术界有一定影响。比如，在英国的计算机领域，企业中的经验是一个人的优势，使其具备真实世界的经验、企业沟通经验和实际信用。在其他情况下，在企业花费时间会耽误学术研究，所以并不是一个优势。同样的，学术界的时间使用价值也可以从不同角度解释。在某些情况下，在学术上投入大量的时间是一个决定性优势；在其他情况下，则被认为是沉溺于"真实世界"之外。考虑你的工作属于哪种情况。不仅要思考"我如何获得一份工作"，也要思考"10年或20年后，我想成为怎样的人"。不管你选择学术界还是其他地方，"销售"自己的基本准则都是一样的：找到潜在的雇主（包括哪里有工作以及你想为什么样的雇主工作），并评估你想从这份工作中获取什么、你能实际贡献什么和雇主想从员工那里获得什么。

记得要仔细做调查。没有对"事态"做准确的评估就做选择是很危险的。组织不同，其运行方式也不同，你需要了解它们的结构、重要事项和文化。没有事实根据的猜想对双方来说都很普遍，这会造成愚蠢的误解。比如，我们其中一人曾应聘一家著名的美国计算机公司，连续两天，每天半个小时的面试，每次面试公司都会说明："这和你过去待的象牙塔不一样，我们并不是一次只集中于一个项目。"（然后就有人不得不解释运营一个研究中心和学术研究的完美模型完全不一样。）

第三节　不同的学术职业生涯各有利弊

在古时候的英雄时代,英雄通常会在一个英气勃勃的年纪得到命运给予的一次选择,即在短暂灿烂的一生和漫长平庸的一生中进行选择。英雄通常会选择短暂灿烂的一生,创造传奇。可能这个选择对英雄来说是显而易见的,或者仅是因为那些拥有漫长平庸一生的人们并没有选择的权力。

无论如何,即将成为研究者的人也会在学术界面临这样的选择。在你职业生涯的某个时刻,你必须做出决定。和英雄的选择不太一样,但是也相似。做了足够长时间的讲师之后,你既可以选择主要做一个研究者,也可以选择主要做一个行政人员或者教师。前者通常是富有魅力的道路,后者通常是有着可贵价值观的人们所走的道路,他们组建机构,经常为之超负荷工作,受到不好的对待并且不受赏识,直到压力到达极限时他们提早退休。这是特别不公平的,我们十分不赞成这样的事情。对于那些选择了有价值但乏味的道路的人来说,对他们唯一的安慰就是或许有一天他们会成为院系的领导,或许是院长,甚至是副校长,并有希望拥有合法地支配那些选择了另一条道路的人的权力。然而,拥有这么一点点安慰的人将发现,知名研究小组的杰出教授也具有很大的非官方承认的权力。

对于学术研究者来说,有各种各样的经典职业生涯模式。尽管各自有利弊,但是本身没有对错之分。

1. 循序渐进建立自己的研究帝国

一条经典的道路就是通过不同层次的学术资格的晋升最后建成你自己的研究帝国。从做博士生开始,然后做几年的博士后研究助理,得到讲师的职位，再工作几年，做几年高级讲师，然后得到终身教职（例如，成为教授）。在成为教授的过程中，就开始建立帝国（拥有自己的研究助理和博士生）。成为教授之后，你会建立一个研究小组，或许是一个研究中心，或许是一个研究所，有自己的讲师、研究助理和博士生。这会让你在你的院系成为拥有相当大的权力的"经纪人"，既然你能带来显赫的名望和大量的金钱，那么聪明的院系领导就不会同你对抗。大多数走这条路线的人都不愿意做院系的领导，那太麻烦了，并且没有回报。他们或许会在院系领导这个位置上待几年，只为了在自己的简历上写上一笔（这迟早有用，同样也能让新任的院系领导知道如果想滥用权势，有可以替代他的有能力的人）。如果你想做事情，想拥有权力，这条道路有很多优点，缺点就是复杂的政治和要为行政事务付出努力。如果这些不适合你，你可以考虑不那么艰辛的道路，如巡游学者路线。

2. 做一个巡游学者

巡游学者（wandering scholars）可以到不同地方或者去不同的学科巡游，或者二者兼有。这一做法有很长的历史。在中世纪，学者们在欧洲从一个大学巡游到另一个大学（有拉丁语作通用语言让这一切相对容易）。在拿破仑战争时期，甚至在英法激战的时期，杰出的英国科学家到法国做演讲也没什么大不了的。这个传统现在依然存在，优秀的研究小组经常聚集了来自全世界的聪明的研究者。基于现实的原因，走这条路线的人尽管会建立起令人钦佩的声望，但是通常不会建立物质形式的帝国。如一句警告的说法一样：如果你在不同地方巡游，建立令人钦佩的声望是很容易的，只要你在领域内受人尊敬的地方——每个人都阅读的期刊以及每个人都参加的学术会议——发表了研究成果。如果你在不同的研究领域之间巡游，建立令人钦佩的声望是十分困难的。建立声望要花很长时间（从开始写一篇文章到看着它印在理想的期刊上通常需要三年的时间，而发表在一个高等级的期刊则可能需要更长的时间）。如果你经常转移领域，那么你就不会花大量时间来写作和发表文章。一个明显例外就是，如果你在两个你都具有坚实基础的学科之间巡游，立足于一个专业并应用另一个专业的概念，那就可能非常有成效。

在不同地方巡游是和你工作领域中最聪明的头脑共同工作的最好的方式（如果你有真才实学，也建立了自己的威望），而且可以看遍这个世界。然而，如果你有实际的困难，或者你不喜欢旅行，你或许会考虑开启非巡游的生涯，就像以下描述的"隐士"学者的方式。

3. 做一个"隐士"学者

实际上，"隐士"学者（hermit scholars）通常不是独身而且也不是过着始终在洞穴中沉思的严肃生活。这个术语用在这里是描述一些独自进行研究的人，在他们的研究所没有正式的研究小组与其研究相关，他们的研究仍旧只有一个单一的主题。这是非常让人尊敬的，如果运作得当，成效会十分显著。他们也可能很乐于同全世界的研究者们合作，因为他们在自己的领域具有深厚的学识，因此能建立起很高的威望。

第四节　使自己快速成长的路径

典型的学术之路包括先在剑桥大学读比较有名的学科，例如数学，然后跟着某个有名的导师攻读博士学位，然后在一些著名的研究机构做博士后，在这一条路上不断进步。某些人遵循这条路径就能在一两个领域内越来越专业。

然而，这只是一个路径。另一个路径被认为是延期取得成果的快速路径。这条路包括在一个领域内成为专家，然后利用那个领域的概念去解决新领域的问题——这方面经典的例子就是约翰·梅纳德·史密斯将博弈论引入演化生态学中。也需要记住的是，竞争并不总是意味着追求速度：研究声誉是建立在研究质量而不是晋升速度的基础上。在40岁前成为教授是一项成就，但是如果在成为教授后并没有进行特别有趣的研究，对世界来说，你的成就并没有什么用。这种成就也不会对研究团体的其他人产生什么影响——是你的研究内容对他们重要，而不是你多快爬上滑竿的顶端。

同样值得一提的是，研究团体是体现着身份地位的奇怪地方。学生们担心他们能取得哪类学位。这在某个程度上来说是合乎情理的，除非你拥有二等学位或一等学位[①]，否则你是不可能被博士项目录取的。除了这点以外，其他研究者不会特别在意你是哪类学位。另一个奇特的地方是，随着你研究的推进，你在最初和接下来取得什么样的学位会越来越不重要。这个现象尤其在诸如心理学这样的领域尤其明显，在这种领域中，研究者在进入心理系学习之前就开始其他领域的学习，比如数学、统计学或者音乐学，是非常普遍的。很多学科间的边界很清楚，有的则很模糊、有争议——比如，认知模型、人工智能和人机交互是心理学和计算机科学交叉的学问，这就使得研究者可能被安排在心理系或计算机科学系[②]。

[①] 英国很多大学按照学生成绩的高低评定学位的等级，一等学位通常为最高学位。——译者注
[②] 目前，大学或研究机构中也开始建立人工智能相关院系。——译者注

第五节　善于抓住机遇

"机会总是为有准备的人准备的"：好的工作机会有时会出现在未预料到的地方，你需要重新思考理想工作是什么样的。优秀的求职者都是积极主动的。在公开的地方找机会：浏览报纸或者专业期刊（特别是那些专门发布学术职位的期刊章节，了解你潜在的雇主如何发布广告）；关注职业介绍所、求职网站或猎头（面对面或在线）。还可以咨询你所在机构的职业顾问并获取他们的帮助。

也可以在不是很公开明显的地方寻找信息：邮件列表、公告牌、奖学金公告（会说明谁会招收博士后）。如果你觉得这些地方能够发现工作机会，你可以好好调查下而不是坐等工作消息公布。

但是识别机遇的最好方法是社交网络。告诉你社交网络中的人你正在寻找工作。公司更乐意雇佣一个"已知变量"——他们信任的人推荐的候选人。利用你个人和专业领域的社交网络关系——你永远不知道谁会认识谁，谁可能会和谁建立联系。让你的老师（比如你的导师、对你求职比较关心的学者、曾指导过你的同事）整理出一些能够提供工作职位的人（或是知道谁有相关工作）的清单，询问你是否可以用老师的名义来介绍自己，写推荐信："尊敬的教授，某博士建议我写信给您……"老师的声望可以使你的自我介绍更容易引起他人的兴趣和注意。至少让其中一位联系人与你的老师获得联系。

第六节　如何写简历

简历的主要目的是让你"跨越门槛"，特别是让你得到面试的机会。你想告诉别人关于你的什么故事呢？你想强调什么？故事会随着目标变化而变化，因此简历也会随着每次使用目的的不同而变化。用"有效"或"无效"而不是"好"或"坏"来评价一份简历。阅读其他人的简历，思考其简历的特点以及为什么这样。

一份有效简历的关键特征是：

- 时间上具有连续性；
- 有体现你进步和发展的证据；
- 一致性；
- 精确性；
- 可行性。

1. 个人"陈述式"简历 vs 目的明确的简历

一份及时更新的个人"陈述式"简历包含可能有用的任何信息，从出版物到选修过的课程，都可包括在内。在个人"陈述式"简历中可以包括诸如参与的关键项目、其他机构的学术研讨会，博士期间的重要事项，顾问工作，组织的学术会议，获奖情况等相关的内容。（记得博士学习期间所有的年度报告吗？——你可以用这些报告来更新你的简历。）

然后，可以根据需要从个人"陈述式"简历中选择部分内容来制作一份为了特殊目的而使用的简历。简历中采用一个能反映目的的结构（比如，反映出你满足这份工作的要求）。

2. 设计不同的简历

想象一下你申请的职位共有 50 人乃至 500 人应聘，那么招聘人员会收到 50 份或 500 份简历。为了找到那些值得进一步详细阅读的材料，大多数招聘人员首先都是略读。所以你要写一份可以略读的简历。

招聘人员会区分出你是哪一种候选人，他们会战略性地阅读简历，留意某类特别的信息（诸如，特别的技能、特别的经历、团队工作的证明、表现个人创造力的证据），寻找"危险迹象"（诸如，有很多的删节和改动，前后不一致，省略关键信息），检查信息是否连续，寻找发展进步或者卓越的信号。

当然你的简历还要经得起推敲。当你设计简历的时候，你要对信息、强调的重点和陈述风格做出选择。

简历中应该呈现什么样的信息

在面试时，面试官可能会就你简历中的一些信息进行提问。你选择写进去的任何事情都会被公开讨论，所以不要把你不想讨论的事情和那些或许会被误解的事情写进去。仔细考虑是否要将个人信息（例如婚姻状况）或者宗教及政治倾向写进简历，在把你的爱好写进简历之前也要仔细考虑。有些时候，这些"无关紧要"的信息会产生完全不同的结果——可能对你不利——因此要确信写在里面的信息就是你想让人看到的。

强调的重点是什么

你怎样描述先前的工作，你怎样描述你所接受的教育，这些都能传达出你认为什么是重要的。例如，当你列出你的学位时，你会优先写学科还是机构？

申请不同的职位要有不同的陈述风格

你介绍信息的方式能够表现出你对雇主的价值观的了解程度。例如，如果你打算申请一个学术职位，将能够反映不同层次和水平的出版物——图书（写明你是作者还是编辑）、书本章节（写明你是被邀请撰写本章节还是编辑）、期刊论文、会议论文、其他不重要的出版物——以多种形式展现出来是一个很好的方法。如果你打算申请一个企业职位，展示你与此职位相关的技术资格证书，强调可以反映你具备市场意识的经历是一个很好的办法。

学术简历与投给企业的个人简历不同。有的时候你需要强调自己掌握的技能，有的时候你需要展示你的多才多艺和面面俱到。其中的技巧就是要达到恰当的效果，充分了解你有求职意向的机构所在领域的背景。人将随时间而发展，简历也应随时间而改变，简历的设计也要随之变化。适合刚从事某行业的求职者的简历未必适合成熟职业者，反之亦然。

3. 设计适合粗略浏览的简历应注意什么

- 每个字都计算清楚。不要使用"简历"二字作为你的标题——这是对词句的浪费。你的名字应该是主要的标题。

- 第一页（封面）很关键。设想某个人正在审阅半打候选人的资料并把六份简历放在桌上备选。好的封面会让人记得更清楚，印象更加深刻。你放在第一页的内容应该反映出你所认为的最重要的东西。

- 认真思考，使用好的排版设计——好的设计有助于传达重要的信息。注意留白的作用，注意"视线引导"——确保眼睛会被引向重要的信息。如果你仅要浏览最重要的内容，你会读什么？缩格书写和空格能帮助你将信息分组。例如，顶格书写日期能让人更容易浏览连续性的事件。

4. 设计适合详细阅读的简历应注意什么

- 校对！然后让别人校对！
- 使用叙述的方式会影响阅读。因此，要尽可能少并且策略性地使用叙述的方式。（比如，用叙述方式说明你博士研究的重要性或突出你在上份工作经历中所展现的技能和职责。）

- 用一些具体问题评价你的简历。它显示出经历的连续性了吗？是否有某些时间段没有写？阅读者能按一定方式联想到你的工作技能和成果吗？根据职位的要求提问：简历提供了什么证据证明你能满足所应聘职位的标准？

5. 简历要避免什么

- 永远不要在简历中说谎，但是尽可能好地写你的经历，有选择性地强调相关的重要信息。不要让人注意到你不愿意谈论的事情。（如果你说谎，那么你可能要冒着可怕的风险，执教几门你一点都不懂的课程。更严重的情况是，当你的雇主发现你撒谎的时候，你会被解雇。）
- 注重内容，而不是外表装饰：简历上个人照片不要穿着奇装异服或者扭捏作态，这样总是会产生相反的效果。目标是传递信息，而不是以华而不实的方式来使人印象深刻。
- 确保时间的连续性：如果你不这样做，招聘者们会认为你隐瞒了一些内容，诸如你在监狱待了一段时间。如果某一段时间你没有工作，那么最好老老实实地说实话而不是留下时间间隔；可以说一下你怎样用这段时间准备下一份工作。

第七节　申请表和求职信的不同作用

很多人重视简历而忽视申请表和求职信，这些也同样重要。

在你提供了简历之后，为什么你还要填写申请表呢？因为招聘者在挑选过程中会收到很多（成百上千）份申请，并对其进行公正和客观的评估。申请表可以将每个人的信息呈现为标准版本，同样也告诉你对于公司来说哪些标准很重要。确保你填入申请表中的信息与简历中的一致。

求职信是用来干什么的呢？它可以将你的简历（"个人陈述"）和公司的需求进行匹配。优秀的求职信通常是为特定申请而书写的，是对求职信息的回应，从而突出申请人的相关特征。求职信是一次摆脱标准模板、传递你独特信息的机会。求职信对你是有影响的，优秀的求职信能够使你受益，平淡俗套的求职信则会对你不利。

第八节　如何求职面试

某一天，你会发现自己汗流浃背地坐在面试的房间外面，等待着一个重要的工作面试。（所有的事情看起来都很重要——第一次讲课，第一个终身合同，能够让你取得成就的高级讲师身份，准教授职位，教授职位，等等。）那么，你该做什么以帮助你得到这个工作的机会呢？

像平时一样，来回踱步并仔细思考是很必要的。人们在面试时会感到很大的压力，不幸的是，咖啡因对缓解压力没什么太大的好处。你需要考虑的事情包括你是否真的想要这份工作。当你接近博士毕业／合同结束／药物治疗（与压力相关的疾病）结束的时候，你很容易抓住任何一根稻草，以带你穿过急流，你会劝自己说正在争取的这份工作就是你需要的，它能让你的生活完美。除此之外也有许多好工作，但是机会太少了，通常还被一些在职的"守护者"盯着。（谁能怪他们呢？）因此，经过长期且艰难的考虑后，如果你认为你必须紧紧抓住这根稻草，那么当你面试的时候，你就牢记，把面试当作练习技巧的机会。

这样就有以下的有利条件：

- 你将面临较小的压力，这本身就对你有帮助；
- 你会得到一些有用的面试练习；
- 你或许会表现得相当好，比平常还要好，这本身就是很有帮助的，也是对未来求职的一次很好的练习（实际上，你可能得到这份工作）。

1. 了解清楚你想申请的职位

引用一位早期科学勘探的资助人的话来说，花在调查了解上的时间不会被浪费。仔细阅读给求职者写的信息（院系描述、工作描述、个人特定要求等）是一个不错的开始。通过个人途径了解院系情况也并无害处，你可以参加在那里举办的学术研讨会，或者通过结识与会者来了解情况。做调查有两个主要优势：(a) 帮助你了解这是否是你想要的工作；(b) 招聘者会认为那些"做了功课"的申请人更加认真、更有能力、更想加入这个院系。

理论上，面试过程将从一封厚厚的寄送到你家的邀请信开始。这封厚厚的信件（或是电子邮件）会包含如何抵达面试地点、面试时间和面试流程以及其他你可能要完成的任务。在实践中，一些机构可能会尝试更有创意的方式，比如通过给你现在的工作单位邮箱发电子邮件或通过电话通知你面试地点。现在大多数机构会告诉你，因为成本等原因，他们不会通知没有通过的求职者。如果你有理由确信自己合适，但是过了一段时间还没有收到任何消息，礼貌地打电话询问相关机构（通常是人事部门）查看自己是否进入最后的候选名单，是个挺不错的办法。

如果你正在申请博士后研究职位，那么你可以通过留言或是仔细阅读网站上导师的简历以找出他们喜欢的工作方式。他们会把你像狗一样地使用，在出版物上不写你的名字，一旦资金用尽就把你抛弃吗？他们是能照顾你、好相处的人吗？会给你一两篇论文的第一作者署名权吗？一旦资金用尽，他们也会尽可能地照顾你——例如，找到更多的钱接着做项目吗？

找到机构的相关内容，特别是你所申请的机构的信息。查看它的网站和介绍。关注招聘院系开设什么课程，有多少教员，有多少学生（你能计算师生比例并算出工作量），是否有特别的课程和教学风格，研究强项是什么，研究领导是谁，已经发表了多少研究成果，院系中都有谁——问问自己，你想和谁一起工作或合作。

一旦你做了这些，你就会知道如何去申请这个职位了。更重要的是，你就更加了解是不是真的想申请这个职位。最后要提醒你的是，求职的过程是双向的。你不一定非要接受你得到的第一份工作，如果你的未来雇主显然是顽固且不可理喻的人，你没有必要去满足他们的需求。这是你的生活，不是他们的。

2. 为面试做好充分准备

面试时你要穿什么衣服

同外部世界相比，学术界关于服饰的要求通常是宽松的，但是面试则不同。具体可以查看本书关于答辩的章节的内容和建议。所有的面试官都会认为，你的面试穿着就是你在正式场合的穿着。用学术语言来说，你需要进行"功能性思考"。什么是面试时穿的衣服的功能呢？一个功能就是显示你有理性的社会技能，在需要的时候，能够用来同外部世界取得联系。有时候，在描述外表时也说诸如"他们穿着得体"，这意味着他们在正规的情境中是完全职业化的、体面的。比如，如果你需要带领很重要的访问者参观，你穿的衣服是否合适？如果你穿得像个乡巴佬，那么就不合适，你就不适合这个组织（因此，就会降低你的评分）。

以下是一些小的细节，没有特别的顺序：

- 一些面试官习惯去看你的鞋子是干净整齐，还是又脏又破。如果是后者，他们会假设你就是那一种人，即工作表现不好却想尽力掩饰的人。
- 大多数面试者都穿深色的衣服。原因很明显，假如你在参加面试前两分钟不小心把饮料溅到衣服上了，或者是为了及时到达面试地点快速跑过满是泥水的停车场的时候弄脏了衣服，深色衣服就不太明显。
- 在令人厌烦的面试中，一些面试官的要求是确定的，如面试者需要打领带，穿衬衫和套装。如果要接受面试，并且计划穿正装，那么就预先试穿一下，不要让衣服使你烦恼。

面试时你要带什么

找出需要携带的东西：地图和指南、方便看时间的手表、充足的现金（出现意外情况的时候很有用）。带一些能饱腹又不会把环境弄得很脏的食物，比如麦片棒。带好简历、资料，你想和面试官分享的论文或者其他支持性材料。以防意外事件，额外准备一件衬衫、一条领带或一双紧身袜（如果合适）。还可以带应付恶劣天气的物品，一本你喜欢的小说或者能分散你精力的小说。如果你携带手机，别忘记在面试前调成静音模式。

怎样到达面试地点

通常情况下，是上午做陈述报告，下午面试。来自最远地方的候选人通常会被安排到最后，以便他们有时间应对旅程中的意外情况。通常你会得到一张地图，或者一个包含旅行信息的网址。

使用公共交通工具还是私人交通工具都可以。不论你利用什么方式，预留充足的时间以防事情出错，记得带充足的现金。这样的话，如果你遇到什么不测，你就能够很好地想办法解决。比如，如果火车出现故障，可以坐出租车去（这就是为什么我们推荐带现金）。如果饮料洒在你最好的衬衫上，就买一件新的。如果行程确实看起来很耗时，考虑提前一天出发，住在酒店里。

当你到达面试地后，最好尽快到达面试地点，核对是否真的是地图上显示的那个地方。例如，一些大学在城市的两端有两个校区，这通常会给面试者带来麻烦，有的人甚至会走错地点。你要去结识组织安排这次面试的秘书，让他们知道你已经到了，然后告诉他们你要放松一会儿。然后放松一下：四处溜达一下（如果当地没有严格的安全设施）或者找个地方思考一下，或者读一本为了应对这种提前到达情况而带来的好书。

你可能被请去喝一杯咖啡。如果有人问你咖啡味道如何，别说任何会给你带来麻烦的话。如果他们还没告诉你洗手间在什么地方，那么就自己去找，用你的直觉，或者是用一种礼貌但不带哀求的声调去问。然后你就能做一些重要的事情，诸如检查你的衣服上是不是有油点，后面的头发是不是已经打绺等。你没必要慌慌张张地冲出去四处寻找洗手间，要小心水龙头，它们有可能会突然喷出水来，打湿你的裤子，使你尴尬出丑。

你的陈述报告决定了面试小组对你的印象

通常面试者都会被要求做除面试之外的事情：针对某个具体话题向特定观众发表一次演讲，举办一次研究会议，准备教学材料，评判现有的材料，举出已发表的作品，列出研究进程，等等。这些任务很重要，可以给你一次展示自己技能和引起面试官兴趣的机会，也给面试官一个机会去检验你在申请和/或简历中所做的陈述是否有具体的证据。这些给你一些线索，面试官觉得哪类活动是重要的。特定的展示可以让潜在雇主"看到行动中的你"。

能否利用这种办法找到好的候选人是有争议的，但是令人吃惊的是，这种办法在找到一些你院系里花多少钱也不想要的傻瓜上是十分"有用"的。（遗憾的是，不是所有的方法都有用，但是有方法总比没有强。）通常，面试中的陈述和展示（和后续的任务）是院系仔细审查面试者的机会，面试小组中的一人会向院系汇报面试小组对面试者的印象。

记住以下事情：

- 复习制作橱柜的比喻——你需要证明什么技能？
- 你按该职位对个人技能的要求说明你所有关键的、优异的技能了吗？
- 如果你是面试小组成员，候选人有什么特点可以赢得你的好感？
- 备用材料——如果使用PPT或者类似的东西，那么就要对幻灯片做备份，如果这些都失效了的话，准备好使用白板。
- 在面试的前几天，尽可能多地做准备，让演讲的长度恰到好处。如果你有条件的话，在一间空屋子里先做一遍演讲（尽管有经验的同事给的评价更有用）。

- 思考对某个主题而言什么是理性且明显的方式。这是别人也会使用的。然后考虑一个理性但不显而易见的方式，这是别人不会使用的，用这种方式可以证明你比竞争对手更加成熟且更有远见。
- 展示自己的个性：如果你不是热情的人，至少表现出你是有兴趣的或愿意参与的。

3. 了解面试小组成员

面试小组成员的组成由多种因素决定，通常会包括下述一些人或者更多：

- 从人事部门来的人看程序是否恰当；
- 一些校外评审人看聘任的层次是否合适，并且监督面试小组成员没有选聘不合格的人员；
- 从院系里来的一个人，或许会对你正在说的问题有些想法；
- 从院系里来的另一个人，他参与院系里选人的投票，这也减少了面试小组成员因为忽视了院系里的研究领域兴趣而选错人并造成灾难性后果的风险；
- 从院系里来的另一个人，他不同意前两个人的观点，要选聘某个与之有截然不同技能的人，这个人资历深厚，无法不让他成为面试小组成员；
- 一两个高层人员——比如院长——想看看正在发生的事情，确信选人的计划适合院系；
- 一些可信、健康的人，穿戴整齐，代替高层中的其中一人待一会儿，用来凑足人数。

面试小组成员通常会轮流工作，经常会问你他们已经问了其他候选人的同样的问题。如果其他候选人之一有一些奇异的特点，那么出于比较的兴趣,你就会被问与其他人相同的问题。比如,有的问题对于一些没有国籍和工作许可证相关的复杂问题的候选人来说有些奇怪。如果你遭遇到了麻烦的问题,你可以请求面试小组解释一下,因为还不十分清楚他们试图从什么角度来问。

面试小组成员(理论上)会预先对他们提问的顺序和所问的问题达成一致。他们也会(理论上)在他们的面前放上"关键与优异特点"的清单,并且用记号逐一记录你展现出来的特点。

一些面试小组成员会简单数画钩的个数,并把它作为选择的基础,这能导致一些骇人的决定(因此院系总是慎重考虑面试小组成员的选择)。如果面试小组要选出一个比落选的候选人更差的人,可以有各种各样合法的理由,这就是为什么会有一些看起来奇怪的决定。对你来说,这点带来的最大好处就是如果你比其他内部候选人要好,你有很大机会获得这份工作。你需要非常确信你得到了尽可能多的"画钩":仔细阅读"关键与优异特点"清单,如果你认为面试小组或许没有意识到你有哪些特点,你需要明确提到你的特点。不要指望他们已经详细地阅读了你的简历。任何一个有资格进入面试小组的成员通常都有超负荷的工作,也会为忘记你与布里斯托尔研究小组工作了六个月找借口。

在面试期间,你应该让面试小组成员了解你是如何优秀,尤其要站在未来职业发展前景的角度去展示。面试小组成员不会对此给予责难。他们只关注他们自己的计划。这包括下列事项。

院系里的面试小组成员:

- 找到一些能教授 SOD2001 课程的人,院系现在的团队中还没有人能教这门课程;
- 找到一些能在第一年就教课教得非常好的人;

- 找到一些能给毕业班和科学硕士学生教授复杂内容的人；
- 找到一个可靠的好搭档，能够帮助院系解决问题；
- 找到一个能够使下一次研究评估成绩更好的人；
- 为自己找一个"同盟者"，以应对院系其他成员的长期权力斗争；
- 找一些让人高兴的人，去平衡令人讨厌的琼斯教授和韦斯特博士的存在；
- 确定他们没有聘任任何像琼斯教授和韦斯特博士一样的人。

其他的面试小组成员：

- 确认流程准确并且表格填写正确；
- 确定机构不会被感到不满意的候选人起诉；
- 确定院系里没有因为任人唯亲而聘任了某一个可怕的人，避免像他们聘任琼斯教授时那样做；
- 确定院系里没有出于教员缺乏的绝望而聘任某个明显不合适的人，避免像他们聘任韦斯特博士时那样做；
- 让整件事情尽快结束，因为有太多别的事情要做；
- 摆脱滑稽可笑的大量例行行政管理事务，有一段轻松的休息时间。

从你的角度来看，院系里的计划通常更重要，并且院系里的计划可以概括成一个问题：这个人能做什么而让我们的生活变得更好？如果你碰巧能作为明显符合院系里一项或多项要求的人，那么这就是非常重要的一步。如果你确定该院系想要什么（阅读给候选人的信息是非常重要的开始），那么面试对你而言就会容易许多。

4. 了解院系聘任标准

了解院系聘任标准是非常重要的。

以下是大多数院系用来描述优秀候选人的标准：

- 愿意做合理比例的教学工作；
- 愿意分担行政管理工作；
- 愿意帮助那些身陷枯燥的委员会会议的人；
- 是团队的参与者。

用正面的方式看，这是院系聘任人员的标准。在一个公平的院系里，你会被要求做你所要分担的每一件事情。这是合理的。在一个不公平的院系里，你会被要求在每一事项中做大量的工作。在一个病态的院系里，你会被要求去做完全浪费你的时间和专业技能的事情，而这会毁掉你的健康和事业。作为一名新手，你怎样判断你希望入职的院系属于哪一种呢？你或许无法判断，这就是为什么你要有导师和关系网，你可以从他们那里得到忠告。

5. 面试小组或许会问的问题

经典问题如下：

"你的旅行愉快吗？"这或者意味着"你可能感觉紧张，让我们慢慢地开始"，而不是意味着"我们真的乐于听你说第 14 号路口的道路施工情况"。

"你愿意和我们说说你自己吗？"问这个问题出于几个原因，诸如提醒工作过度的面试小组成员，是否你就是从南安普敦来的人，或者给你一个机会，用比你的简历更连贯的方式来描述自己。不管原因是什么，这是个很好的机会来总结为什么你拥有的技能最适合这份工作。

"你为什么申请这份工作？"可能意味着"为什么你如此坚决地要放弃你现在的工作单位？"或者，"你真的想要这份工作吗？或者，你会满足于你得到的第一份工作？"对于第一层意义，你要格外小心，回答时最好使用中性的描述，承认现在的职位不适合你，你决定换个地方。对第二层意义，你需要做出解释，表明你了解招聘院系的优势所在，并表明你能够为院系做出贡献。

"你对未来五年有什么规划？"这是一个老掉牙的问题，却也是一个好问题。它主要展示了两件事情，即你是否是提前做计划的人，以及你的计划是否有利于院系。如果你的规划能力差，或者你前进的方向将不利于院系，那么你被录取的概率或许就会大大降低。

"如果被录用，你会教授什么课程呢？"可能的答案包括以下几种，按照从坏到好的顺序排列：

- 我？教课？
- 我还没考虑过这个问题。
- 一些和人文学科相关的课程。
- 人－机相互作用或定量方法。
- 我已经讲授过从 HND[①] 到科学硕士的所有层次的系统分析和设计课程，因此我能够教 SOD1001、SOD2001、SOD3001 和 SOD4001 课程，我也能……

6. 面试时你可以问哪些问题

你可以问各种各样的问题。这有两个好处：一是弄清楚你需要知道的事情；二是向面试小组证明，你足够聪明，能问出合适的问题，而且是足够精明不出错误的问题。你需要知道很多事情（比如，你可能承担的繁重的教学任务是怎样的），但是没有任何人愿意告诉你；如果你沿着这一思路提问，那么就表明你不懂这种游戏规则。你可以问的问题是院系如何支持你想做的事情，比如："我正在申请关于如何阅读商业网

[①] HND 即 Higher National Diploma，英国国家高等教育文凭。——编辑注

站的研究项目。如果能够申请成功，院系是否能够提供一个可进行眼动追踪实验的实验室？"

一个更好的方法是打听相关传闻。如果你的问题证明了你对院系的教学和研究有着明确的认识，那么你也许就不会错得太离谱了。

一旦你得到了这个工作职位，你就能问被录用后的问题了。你通过这些问题同你的雇主谈判、斗争、磨合。你要在短期内你想要得到的和引起你的雇主反感的东西之间权衡取舍。询问雇主他们能够为你提供的资源和支持是合理的，这其中包括基础设施（办公室、实验室、设备）支持（行政的和技术的支持以及出差经费）、当机会（比如奖项）来临时的灵活性等。和雇主协商你的具体需求也是合理的（"你可以安排我周一拥有空档时间，这样我可以继续与 X 教授合作吗？"），这通常在发出聘用通知和接受之前做比较容易。也有一部分胆子大的人会去争取与职位相称的资源。雇主协商的意愿通常与候选人的资历（和薪水）相挂钩。不要期待他们总会答应你的要求。如果你有特别想做的事（比如发表文章和出席会议），你需要确保这些符合工作职位描述或者相关条款。如果不符合，那么需要你进一步询问。

理想情况下，你要找到一个能够展示你的强项并弥补你的弱点的"家"。找到一个能让你成长和发展的环境：这个环境能够提供专业支持，激励职工，并拥有活跃的团队氛围，具有灵活性和主动性。

第十八章 最后的建议

我们以制作橱柜的比喻开始，也以这个比喻来结束，说明制作橱柜如何与博士学习相类似。第一个想法就是你需要遵从内心。如果你对制作橱柜根本不感兴趣，你还会开始学徒生涯吗？同样的道理，为什么花费人生的几年来做一个不感兴趣的博士论题呢？

另一个想法也是遵从内心，但是以不同的方式。在攻读博士学位期间，总会有一些艰难的时候。正确地看待博士学习，减少压力。这就如同要学会如何制作一个标准的橱柜，而不是要制作一个举世瞩目的、在世界著名家具博物馆展出的获奖作品。与此类似，如果人生中一个悲剧打击了你，你可以退出博士学习一阵子，但是你不能离开你所爱的人，或失去健康。这只是一份学徒经历。

学习过程在最开始的时候总是很痛苦。接受这一过程，你就能学到知识，渐渐成长后就不会觉得那么痛苦了。伟大的专家都是通过学习踏上事业正轨的，学习需要谦逊——接受你所不知道的——并进行试验，犯错误，从中成长。

在你博士学习期间，可能有很多时候都会有疑虑。当遇到这种情况的时候，找一些聪明的人咨询建议。能够向专家询问操作过程的学徒比那些没有认识到问题，以及由于无知毁坏了上等木材的学徒要优秀。你往往不得不在实践和道德方面做出选择。当你做选择的时候，应当做出一个很多年后当你成为一名专家并将所学传给下一代学徒时，问心无愧的选择。

附录：一些有用的术语

标准化的术语在相应的教材中解释得十分详细，这部分我们将重点介绍那些非标准化却十分有用的术语，还有那些本应该广为人知的术语。另外，我们还将详细说明那些你们不是很确定但必须知道的术语。

big name：在某个研究领域十分有声望的人，也可称为"权威"（authority）。

big picture：你研究的视野和策略。在更广泛的意义上说，是你职业的视野和策略。

blood in the water：对于你研究中存在的严重缺陷的不必要的说明。

bounced：（投递到会议或者学术期刊的论文）被"拒绝"的委婉说法。

buzzword：指时下非常流行的词汇，但往往与上下文无关联。如果你所研究的领域最近在媒体上很时髦（例如生物技术和纳米技术），那么你在写文章的时候，要显示出你对这个领域了解得十分全面，切不可对这些词一知半解就随意使用。

cabinet-making：论文就像是以前学徒制作的"精品"橱柜。这个工作成果展现你已经掌握了相关领域的技能。就像学徒，你需要保证你选择的研究领域、论文方向，能够使你展现你应当掌握的所有技能。

chair：教授职位。

critical depth：你需要在博士学习中展现的一种健康的、"警觉的"态度，使你能够质疑假设和论证，并思考研究问题、论据、研究技术和研究主张的价值，总之就是公允和系统地思考。

cup of coffee：与某人闲聊的一种说法。事实上闲聊也经常发生在喝咖啡的时候，高档写字楼都十分重视咖啡间，因为那是非正式信息交流——包括告诉博士生们有关学术界的一些"小道消息"——的理想场所。

duty of care:这是研究伦理中的核心概念。你有义务考虑受这个因素影响的研究的各个方面,包括(但不限于)你实验的参与者、其他研究者、资助者和使用你研究结果的人。

eyeballing the data:浏览原始数据,这样做在分析数据的时候是十分有意义的。如果数据处理的结果和你浏览时的印象不一致,那么很可能在处理数据的过程中出现了错误。而错误是经常会发生的,所以浏览是个好习惯。

field, the:有两个意思,可能初学者会比较困惑。含义1:一个学科,或者一个领域的研究。含义2:地点,实验室/院系外收集数据的地方。

funded research project:有资助的研究项目。如果研究项目需要经费,可以向多方申请。这些经费资助少则几百英镑,用于差旅或者设备费用;多则上百万英镑,来建立一个研究机构。此类项目普遍采用的形式是:聘用一位项目助理(一到两年的时间),由他来管理这笔经费资助下的研究项目。这是大学的经费来源之一,也是研究项目中很重要的部分。

Good Thing:来源于《1066和其他》这本书,是对流行事物的一种反讽说法,暗示其将很快被别的事物取代。

Great Departmental Annual Report:大多数的系都会隔一段时间出一个关于教学或是研究的报告,通常不是由于自己想要这样做,而是上一级部门(比如学院或者学校)要求的。这些报告常常是十分令人恼怒的,不仅是因为它经常要求你用一种非常不方便的形式来汇报信息,还因为它甚至需要任何一个你递交过论文的会议的具体时间,以及所有出版物的国际标准书号和国际标准刊号。如果你没有记录下这些信息,那么"体制"会不停地催你,直到你查清楚为止。所以应当吸取教训,把所有出版物的信息都简明完整地记录下来,至少也应该把所有的会议文件都存放在一个文件夹里,以备查找。

harmless:一种略带贬义的评价。描述某物没有特别好或者不好的品质,它的平庸不会吸引任何注意,但也不会给世界带来什么损害。

inaugural:新任教授向同事和受邀嘉宾做的一场演讲。

inflating your p value:使用不必要的大样本数据从而使得弱效应不必要地

被放大。在一些领域，弱效应很重要；但是大多数领域的绝大多数弱效应无关紧要，不值得注意。

journal：针对某一学科的学术期刊，与杂志（magazine）有很多不同点：学术期刊的阅读对象是专家学者，而不是一般的读者；学术期刊上的文章一般是学者写的，而不是记者；学术期刊比杂志更具有学术权威性，在优秀学术期刊上发表文章是学术成就的体现。

named candidate：在撰写项目基金申请书（为一个研究项目筹集经费）时，一些基金会会问你是否已经列好参与研究项目的人员名单。因为在通常情况下，找到合适的人选来进行某一专业领域的研究是很困难的，有大量的研究项目失败就是因为没有找到合适的人员来完成工作。在这里，候选人就是指被列在名单中来完成研究工作的人，明智的学者平常会留意物色这样的人选，例如某位深谙研究之道的博士生。

operationalize：将我们想要知道的与我们可以从经验上调查到的，也就是我们可以在世界上观察到的关联起来。意识到我们能够捕捉到的东西——记录、描写、分类、测量——并不是现象的全貌很重要，如果探索规划的方向错了，可能导致无效结论。

Past, The：我们将这个短语大写是为了形成一种讽刺的幽默语气。人们总是认为"过去"（The Past）只是时间的缓慢变化，然而不是这样。对于博士学习来说，博士学位的本质在我们的记忆中飞快变化，可能在历史上变化得也很快。如果你论文的核心包括过去几年中某个领域惊人的变化，那么过去的一些错误理解可能会是一个严重的问题；幸运的是，关于这点的完整讨论不在词汇表中涉及。

periodical：一份定期发行的出版物，通常是一年出版几次。例如学术期刊或者杂志，和一次性出版的书不同。

PhD：拉丁文"博士"（*philosophiae doctor*）的缩写。是普通高等大学所授予的最高学位，通常学生要完成一篇特定领域的论文，并且顺利通过论文答辩才能够获得此学位。

practicalia：低水平的实践事宜，比如确保你有足够的曲别针，或者在截止日期前填好表格。

professor：最高学术头衔（区别于行政），资深教授通常都获得了博士学位，但这并不是必需的。资深教授相当于一个传统部落中地位很高的老者，而如果在 40 岁以前就成为一名资深教授，那就是年轻有为的标志。

protocol：提供有详细操作细节的设计方案的实证研究的"剧本"。

questionnaire：通常指包括一些糟糕的无效问题的问卷，制作者没有仔细思考如何分析这些问题，也没有参考其他文献思考如何收集数据和进行调查。认为收集大量无效的数据比收集适量有效数据更好的研究者会更偏向这种方法。

research metrics and assessment exercises：由于要进行质量控制的原因，"体制"会定期要求大学提供研究成果的出版物和其他研究活动的相关资料。一所大学的研究做得越好，"体制"提供的资助越多。"好"是什么意思？好问题。精明的院系有一个对"好"的定义，并有相应的激励措施（通常顶尖期刊的论文和研究中产生的不菲收入属于这个定义）。

Reader：普通教授的学术地位介于讲师和资深教授之间，其工作是专注于科研而不涉及行政管理。通常情况下，普通教授很快就可以升为资深教授。我们将"Reader"这个词的第一个字母大写以减少误解。

reducing the problem space：将似是而非的可能性剔除，以减少需要检测是否正确的可能性的数量。

research assistant：受雇于某个资助项目、从事一定研究工作的研究助理。大部分博士生毕业以后的头几年里都会作为博士后继续从事辅助的研究工作，这是一种积累经验的有效方式。曾经被人们以一种讽刺的口吻描绘为"研究步兵"（影射美国海军陆战队中那些最容易被忽视却发挥巨大作用的基层士兵）。

research community：任何研究领域都有一定数量的研究人员；当这些领域被进一步细分成更易管理的子领域的时候，每个子领域的研究人员的数量通常是十分少的。在各自的研究领域中，所有的学术权威和绝大多数的重要研究人员都是互相认识的，至少熟悉彼此的名字和声誉，他们通常每年都会在学术会议上见面。对于大多数人来说，常规的学术道路就是找到一个自己感兴趣的，并且能在学术圈中建立一定学术声誉的研究领域。

research fellow：不同机构的职位体系不同，从研究助理到知名大学非常资深有名的研究员和教授，等级体系不同。

rhetoric：沟通和说服的艺术。

rigour：通过严格的实践和论证，对真理的系统性探索和对偏见的警惕。

sample size：通常是随机挑选出的大量数据，这些数据不涉及某些能够证明何时达到收益递减与何时再收集其他数据的统计检验。

sanity check：一种非正规测试，用以确保某种论断或发现没有明显的谬误。适用于首次使用统计软件并有可能产生错误结果的情况，而且这种情况通常形式是正确的，但其实质是完全错误的。

significant："显著性"这个词是有着特殊的统计学含义的。如果那些没有意识到这一点的学生在日常生活中随意使用它，将会导致一系列的误解。

significant absence：关键缺失。有些东西只有当它缺失的时候，你才能感受到它的重要性。在夏洛克·福尔摩斯的一个探案故事中，主要线索就是一只看门狗在罪犯进屋的时候没有发出吠声。这种吠声的缺失就是十分关键的，因为它显示狗是认识那个罪犯的。如果这只狗平时就是一种非常友好的动物，从来不对任何人吠叫，这也就不能构成一种"关键缺失"。学术界的关键缺失往往体现为，有些现象和事件未引起重视，也没有针对这些现象和事件的重要研究成果发表。

System, The：一种广泛流传于学生和导师之间的，关于学校的上级主管部门的一种讽刺性形象。

tacit knowledge：隐性知识。总体讲是指那些常常不被明确提起的知识，或者是大家都习以为常的，或者是有关一些敏感话题的内容。很多专业技术是包含大量隐性知识的，掌握这些隐性知识是攻读博士学位的一个重要组成部分。这些知识在博士生的课程和书本中通常是学不到的，而是留给导师来传授。

there is a literature on that：这是一种略带贬义的评价，意思是，这个题目已经有很多人研究过了。显然，你没有很好地完成功课，论题的挖掘也不够深入。你花费了大量的时间来重走前人的老路。

viva：拉丁文"论文答辩"的缩写。通常是有外部评审人参加的现场问答，以考查学生对所选题目相关知识的掌握程度。论文答辩是攻读博士学位的最后一关，有的时候也会用于硕士和本科生教育。在有些国家，答辩通常是向公众开放的，任何人只要有兴趣，都可以去学术报告厅旁听论文答辩。

voice：语气，含义介于风格（style）和观点（viewpoint）之间的一个词。比如，论文的语气可以是严肃的，或者非正式的和／或官方的。在传统的语法中，这个词有另外的含义。

北京大学出版社教育出版中心
部分重点图书

一、大学之道丛书

大学的理念	[英]亨利·纽曼
德国古典大学观及其对中国的影响（第三版）	陈洪捷
哈佛通识教育红皮书	[美]哈佛委员会
什么是博雅教育	[美]布鲁斯·金博尔
美国文理学院的兴衰——凯尼恩学院纪实	[美]P. E. 克鲁格
营利性大学的崛起	[美]理查德·鲁克
学术部落及其领地	[英]托尼·比彻等
美国现代大学的崛起	[美]劳伦斯·维赛
大学的逻辑（第三版）	张维迎
教育的终结——大学何以放弃了对人生意义的追求	[美]安东尼·克龙曼
知识社会中的大学	[美]杰勒德·德兰迪
美国大学时代的学术自由	[美]罗杰·盖格
美国高等教育通史	[美]亚瑟·科恩
印度理工学院的精英们	[印度]桑迪潘·德布
后现代大学来临	[英]安东尼·史密斯
	弗兰克·韦伯斯特
21世纪的大学	[美]詹姆斯·杜德斯达
理性捍卫大学	眭依凡
大学之用（第五版）	[美]克拉克·克尔
高等教育市场化的底线	[美]大卫·L.科伯
世界一流大学的管理之道——大学管理决策与高等教育研究	程星
大学与市场的悖论	[美]罗杰·盖格
美国如何培养研究生	[美]克利夫顿·康拉德等
公司文化中的大学：大学如何应对市场化压力	[美]埃里克·古尔德
哈佛，谁说了算	[美]理查德·布瑞德利
大学理念重审	[美]雅罗斯拉夫·帕利坎
美国大学之魂（第二版）	[美]乔治·M.马斯登
高等教育何以为"高"	[英]大卫·帕尔菲曼

二、21世纪高校教师职业发展读本

教授是怎样炼成的	[美]唐纳德·吴尔夫
给大学新教员的建议（第二版）	[美]罗伯特·博伊斯
学术界的生存智慧（第二版）	[美]约翰·达利等
如何成为卓越的大学教师（第二版）	[美]肯·贝恩
给研究生导师的建议	[英]萨拉·德兰蒙特等

三、学术规范与研究方法丛书

如何成为优秀的研究生（影印版）	[美]戴尔·F.布鲁姆等
给研究生的学术建议（第二版）	[英]玛丽安·彼得
	戈登·鲁格
社会科学研究的基本规则（第四版）	[英]朱迪思·贝尔

如何查找文献（第二版）	[英] 莎莉·拉姆奇
如何写好科研项目申请书	[美] 安德鲁·弗里德兰德
	卡罗尔·弗尔特
高等教育研究：进展与方法	[美] 马尔科姆·泰特
教育研究方法（第六版）	[美] 乔伊斯·P.高尔等
如何进行跨学科研究	[美] 艾伦·瑞普克
社会科学研究方法 100 问	[美] 尼尔·萨尔金德
如何利用互联网做研究	[爱尔兰] 尼奥·欧·杜恰泰
如何成为学术论文写作高手	[美] 史蒂夫·华莱士
——针对华人作者的 18 周技能强化训练	
参加国际学术会议必须要做的那些事	[美] 史蒂夫·华莱士
——给华人作者的特别忠告	
做好社会研究的 10 个关键	[英] 马丁·丹斯考姆
法律实证研究方法（第二版）	白建军
传播学定性研究方法（第二版）	李琨
生命科学论文写作指南	[加拿大] 白青云
学位论文写作与学术规范（第二版）	李武，毛远逸，肖东发
如何为学术刊物撰稿（第三版）（影印版）	[英] 罗薇娜·莫瑞
结构方程模型及其应用	易丹辉，李静萍

四、大学学科地图丛书

管理学学科地图	谭力文
战略管理学科地图	金占明
旅游管理学学科地图	李昕
行为金融学学科地图	崔巍
国际政治学学科地图	陈岳，田野
中国哲学史学科地图	刘乐恒
文学理论学科地图	王先霈
德育原理学科地图	檀传宝 等
外国教育史学科地图	王保星，张斌贤
教育技术学学科地图	李芒 等
特殊教育学学科地图	方俊明，方维蔚

五、北大开放教育文丛

西方的四种文化	[美] 约翰·W.奥马利
人文主义教育经典文选	[美] G.W.凯林道夫
教育究竟是什么？——100 位思想家论教育	[英] 乔伊·帕尔默
教育：让人成为人——西方大思想家论人文和科学教育	杨自伍
透视澳大利亚教育	[澳] 耿华
道尔顿教育计划（修订本）	[美] 海伦·帕克赫斯特

六、跟着名家读经典丛书

中国现当代小说名作欣赏	陈思和 等
中国现当代诗歌名作欣赏	谢冕 等
中国现当代散文戏剧名作欣赏	余光中 等
先秦文学名作欣赏	吴小如 等
两汉文学名作欣赏	王运熙 等
魏晋南北朝文学名作欣赏	施蛰存 等
隋唐五代文学名作欣赏	叶嘉莹 等

宋元文学名作欣赏	袁行霈 等
明清文学名作欣赏	梁归智 等
外国小说名作欣赏	萧乾 等
外国散文戏剧名作欣赏	方平 等
外国诗歌名作欣赏	飞白 等

七、科学元典丛书

天体运行论	[波兰] 哥白尼
关于托勒密和哥白尼两大世界体系的对话	[意] 伽利略
心血运动论	[英] 威廉·哈维
薛定谔讲演录	[奥地利] 薛定谔
自然哲学之数学原理	[英] 牛顿
牛顿光学	[英] 牛顿
惠更斯光论（附《惠更斯评传》）	[荷兰] 惠更斯
怀疑的化学家	[英] 波义耳
化学哲学新体系	[英] 道尔顿
控制论	[美] 维纳
海陆的起源	[德] 魏格纳
物种起源（增订版）	[英] 达尔文
热的解析理论	[法] 傅立叶
化学基础论	[法] 拉瓦锡
笛卡儿几何	[法] 笛卡儿
狭义与广义相对论浅说	[美] 爱因斯坦
人类在自然界的位置（全译本）	[英] 赫胥黎
基因论	[美] 摩尔根
进化论与伦理学（全译本）（附《天演论》）	[英] 赫胥黎
从存在到演化	[比利时] 普里戈金
地质学原理	[英] 莱伊尔
人类的由来及性选择	[英] 达尔文
希尔伯特几何基础	[俄] 希尔伯特
人类和动物的表情	[英] 达尔文
条件反射：动物高级神经活动	[俄] 巴甫洛夫
电磁通论	[英] 麦克斯韦
居里夫人文选	[法] 玛丽·居里
计算机与人脑	[美] 冯·诺伊曼
人有人的用处——控制论与社会	[美] 维纳
李比希文选	[德] 李比希
世界的和谐	[德] 开普勒
遗传学经典文选	[奥地利] 孟德尔等
德布罗意文选	[法] 德布罗意
行为主义	[美] 华生
人类与动物心理学讲义	[德] 冯特
心理学原理	[美] 詹姆斯
大脑两半球机能讲义	[俄] 巴甫洛夫
相对论的意义	[美] 爱因斯坦
关于两门新科学的对谈	[意大利] 伽利略
玻尔讲演录	[丹麦] 玻尔
动物和植物在家养下的变异	[英] 达尔文
攀援植物的运动和习性	[英] 达尔文

食虫植物	[英]达尔文
宇宙发展史概论	[德]康德
兰科植物的受精	[英]达尔文
星云世界	[美]哈勃
费米讲演录	[美]费米
宇宙体系	[英]牛顿
对称	[德]外尔
植物的运动本领	[英]达尔文
博弈论与经济行为（60周年纪念版）	[美]冯·诺伊曼 摩根斯坦
生命是什么（附《我的世界观》）	[奥地利]薛定谔
同种植物的不同花型	[英]达尔文
生命的奇迹	[德]海克尔
阿基米德经典著作	[古希腊]阿基米德
性心理学	[英]霭理士
宇宙之谜	[德]海克尔
圆锥曲线论	[古希腊]阿波罗尼奥斯
化学键的本质	[美]鲍林
九章算术（白话译讲）	张苍 等辑撰，郭书春 译讲

八、其他好书

苏格拉底之道：向史上最伟大的导师学习	[美]罗纳德·格罗斯
大学章程（精装本五卷七册）	张国有
教学的魅力：北大名师谈教学（第一辑）	郭九苓
国立西南联合大学校史（修订版）	西南联合大学北京校友会
我读天下无字书（增订版）	丁学良
科学的旅程（珍藏版）	[美]雷·斯潘根贝格
	[美]黛安娜·莫泽
科学与中国（套装）	白春礼等
如何成为卓越的大学生	[美]肯·贝恩
世界上最美最美的图书馆	[法]博塞等
中国社会科学离科学有多远	乔晓春
道德机器：如何让机器人明辨是非	[美]瓦拉赫等
彩绘唐诗画谱	（明）黄凤池
彩绘宋词画谱	（明）汪氏
如何临摹历代名家山水画	刘松岩
芥子园画谱临摹技法	刘松岩
南画十六家技法详解	刘松岩
明清文人山水画小品临习步骤详解	刘松岩
西方博物学文化	刘华杰
物理学之美（彩图珍藏版）	杨建邺
杜威教育思想在中国	张斌贤，刘云杉
怎样做一名优秀的大学生	王义遒
湖边琐语——王义遒教育随笔（续集）	王义遒
蔡元培年谱新编（插图版）	王世儒